"认识中国·了解中国"书系

"十三五"国家重点出版物出版规划项目

CHINA'S BLUEPRINT

THE SYSTEM FOR NATIONAL REJUVENATION

民族复兴的制度蓝图

靳诺　刘伟◎主编

撰稿人

（按姓氏音序排列）

陈家刚　冯仕政　耿化敏　古琳晖　黄文艺
李琼　欧阳奇　邱海平　宋学勤　宋友文
陶文昭　王芳　王海军　王衡　王腾
王义桅　魏钦恭　温祖俊　颜晓峰　张云飞

中国人民大学出版社

·北京·

目　　录

导　论

坚持和完善中国特色社会主义制度、推进国家治理体系和治理能力现代化，是关系党和国家事业兴旺发达、国家长治久安、人民幸福安康的重大问题。党的十九届四中全会就这个重大问题进行研究部署，是从政治上、全局上、战略上全面考量，立足当前、着眼长远做出的重大决策。党的十九届四中全会全面总结党领导人民在探索中国特色社会主义实践中，在我国国家制度建设和国家治理方面取得的成就、积累的经验、形成的原则，系统阐述坚持和完善中国特色社会主义制度、推进国家治理体系和治理能力现代化的重大意义、总体要求和实践路径，是习近平新时代中国特色社会主义思想的重大成果。党的十九届四中全会通过的《中共中央关于坚持和完善中国特色社会主义制度、推进国家治理体系和治理能力现代化若干重大问题的决定》（简称《决定》），全面回答了在我国国家制度和国家治理体系上应该坚持和巩固什么、完善和发展什么这个重大政治问题，是一篇马克思主义的纲领性文献，也是一篇马克思主义的政治宣言书。

一、坚持和完善中国特色社会主义制度的时代课题

怎样治理社会主义社会这样的全新社会是重大的时代课题。从

人类社会发展的历史进程来看，社会主义的历史是不断从理想走向现实的过程。与其他社会形态根本不同的是，社会主义首先是作为一种理想社会的愿景和蓝图而出现的，其他社会形态都不是事先作为理想而被追求的结果而是历史发展的直接结果。因此，从逻辑上讲，社会主义的建设和发展会比其他社会形态更能充分地自觉地运用社会发展规律。而从实践上看，纵观社会主义从诞生到现在的历史过程，怎样治理社会主义社会这样的全新社会，在以往的世界社会主义实践中并没有得到很好的解决。马克思和恩格斯对未来社会提出了理论设想但在国家治理的实践方面几乎是空白的；列宁在俄国十月革命后不久就去世了，没来得及深入探索国家治理这个问题；苏联在这个问题上进行了探索，取得了一些有效经验，但也犯下了严重错误，没有解决好这个问题。可以说，“怎样治理社会主义社会”对于中国共产党来说完全是一个崭新的时代课题，既然是新课题，那么其探索的经验就显得格外珍贵。中国共产党在领导新民主主义革命的历史进程中，对未来建立什么样的国家治理体系的问题进行过很多有益的思考。新中国成立后不断探索这个问题，虽然也出现了严重曲折，但在国家治理体系和治理能力方面积累了丰富经验、取得了重大成果。特别是改革开放以来，我们党团结带领人民开创了中国特色社会主义，不断完善中国特色社会主义制度和国家治理体系，使当代中国焕发出前所未有的生机活力。

坚持和完善社会主义制度正处于重要的时代节点。从形成更加成熟更加定型的制度看，我国社会主义实践已经走过了前半程。前半程的主要历史任务是建立社会主义基本制度，并在这个基础上进行改革，现在已经有了很好的基础。后半程的主要历史任务是完善和发展中国特色社会主义制度，为党和国家事业发展、为人民幸福安康、为社会和谐稳定、为国家长治久安提供一整套更完备、更稳定和更有效的制度体系。基于这种战略思考，党的十八大以来，我们党把制度建设摆到更加突出的位置，强调“全面建成小康社会，必须以更大的政治勇气和智慧，不失时机深化重要领域改革，坚决破除一切妨碍科学发展的思想观念和体制机制弊端，构建系统完备、科学规范、运行有效的制度体系，使各方面制度更加成熟更加定型”[①]。具体来讲，我们推进全面深化改革，健全党的领导体制机制，加强人民当家作主制度建设，完成宪法部分内容修改，推动社会主义协商民主广泛多层制度化发展，深化党和国家机构改革，深化经济体制改革，深化司法体制综合改革，深化生态文明体制改革，深化国防和军队改革，建立国家监察制度，中国特色社会主义制度日趋成熟定型，中国特色社会主义法治体系不断完善，为推动党和国家事业取得历史性成就、发生历史性变革发挥了重大作用。

坚持和完善社会主义制度是紧迫的改革使命。经过改革开放的持续发展，当前中国特色社会主义制度已经初步成型，亟待成熟定型。邓小平曾经在 1992 年提出，再有 30 年的时间，我们才会在各方面形成一整套更加成熟、更加定型的制度。这正指向当下的时间。时不待人！党的十八大以来，我们坚持把完善和发展中国特色社会主义制度、推进国家治理体系和治理能力现代化作为全面深化改革的总目标，这是对邓小平战略思想的重大创新性发展。全面深化改革是一场全面的社会变革，是一项社会系统工程，既涉及生产力，又涉及生产关系；既涉及经济基础，又涉及上层建筑。只有把生产力和生产关系的矛盾运动同经济基础和上层建筑的矛盾结合起来，把社会基本矛盾作为一个整体来观察，才能全面把握整个社会的基本面貌和发展方向。习近平指出：“社会基本矛盾总是不断发展的，所以调整生产关系、完善上层建筑需要相应地不断进行下去……改革开放只有进行时、没有完成时。这是历史唯物主义态度。”[②] 我们

---

① 中共中央文献研究室．十八大以来重要文献选编：上．北京：中央文献出版社，2014：14.

② 习近平．坚持历史唯物主义不断开辟当代中国马克思主义发展新境界．求是，2020（2）.

要不断推动生产关系同生产力、上层建筑同经济基础相适应，不断完善和发展中国特色社会主义制度，不断推进中国特色社会主义事业向前发展。

经过新中国 70 年的发展，我们自觉地把马克思主义基本原理同中国具体实际相结合，不断深入探索党的执政规律、社会主义建设规律和人类社会发展规律，在具有悠久历史的东方大国建立起保证亿万人民当家作主的新型国家制度，使中国特色社会主义制度成为具有显著优越性和强大生命力的制度，保障我国创造出“经济快速发展、社会长期稳定”两大奇迹，同时为发展中国家走向现代化提供了全新选择，为人类探索建设更好社会制度贡献了中国智慧和中国方案。实践证明，中国特色社会主义制度和国家治理体系是以马克思主义为指导、植根中国大地、具有深厚中华文化根基、深得人民拥护的制度和治理体系，是具有强大生命力和巨大优越性的制度和治理体系，是能够持续推动拥有 14 亿人口大国进步和发展、确保拥有 5 000 多年文明史的中华民族实现“两个一百年”奋斗目标进而实现伟大复兴的制度和治理体系。

二、坚持和完善中国特色社会主义制度的战略要求

坚持和完善中国特色社会主义制度是应对风险挑战、赢得主动的有力保证。当今世界正经历百年未有之大变局，国际形势复杂多变，改革发展稳定、内政外交国防、治党治国治军各方面任务之繁重前所未有，我们面临的风险挑战之严峻前所未有。由于中国的“并联式”现代化是“压缩式发展”，风险社会出现的各种迹象人们或多或少已有所感知，但仅仅有感知还是不够的，还必须有清醒的理性思考和深刻的理论分析。随着社会主义现代化建设的深入推进，我国已经进入全面建成小康社会的决胜阶段。“现在，这个时跨本世纪头二十年的奋斗历程到了需要一鼓作气向终点线冲刺的历史时刻。

完成这一战略任务，是我们的历史责任，也是我们的最大光荣。我们必须清醒看到，如期全面建成小康社会，既具有充分条件，也面临艰巨任务，前进道路并不平坦，诸多矛盾叠加、风险隐患增多的挑战依然严峻复杂。如果应对不好，或者发生系统性风险、犯颠覆性错误，就会延误甚至中断全面建成小康社会进程。”① 这些风险挑战，有的来自国内，有的来自国际，有的来自经济社会领域，有的来自自然界。最近几年已经出现了多方面的风险挑战。要打赢防范化解重大风险攻坚战，必须坚持和完善中国特色社会主义制度、推进国家治理体系和治理能力现代化，运用制度威力应对风险挑战的冲击。

坚持和完善中国特色社会主义制度是实现“两个一百年”奋斗目标的重大任务。与我国经济社会的发展要求相比，与人民群众的热烈期待相比，与当今世界日趋激烈的国际竞争相比，与实现国家长治久安的价值诉求相比，我们在国家治理体系和治理能力方面还有许多不足，有许多亟待改进的地方，特别是中国特色社会主义制度还没有达到更加成熟更加定型的要求，甚至有的体制机制还没有健全或发挥有效的作用，在一定程度上制约着社会主义现代化建设的顺利推进。因此，必须从各个领域推进国家治理体系和治理能力现代化。“推进国家治理体系和治理能力现代化，就是要适应时代变化，既改革不适应实践发展要求的体制机制、法律法规，又不断构建新的体制机制、法律法规，使各方面制度更加科学、更加完善，实现党、国家、社会各项事务治理制度化、规范化、程序化。要更加注重治理能力建设，增强按制度办事、依法办事意识，善于运用制度和法律治理国家，把各方面制度优势转化为管理国家的效能，提高党科学执政、民主执政、依法执政水平。”② 站在两个一百年的历史交汇点，面对深刻而复杂的社会转型，我们要更加自觉地把握

① 中共中央文献研究室．十八大以来重要文献选编：中．北京：中央文献出版社 2016：823.

② 习近平．习近平谈治国理政．北京：外文出版社，2014：92.

社会发展规律，加快推进国家治理体系和治理能力现代化，努力形成更加成熟更加定型的中国特色社会主义制度。面临新形势新任务新要求，需要对坚持和完善中国特色社会主义制度、推进国家治理体系和治理能力现代化进行系统总结和理论提炼，提出更加完善和创新发展的前进方向和工作要求。

坚持和完善中国特色社会主义制度是把新时代改革开放推向前进的根本要求。在改革开放 40 多年历程中，党的十一届三中全会开启了改革开放和社会主义现代化建设历史新时期；党的十八届三中全会开启了全面深化改革、系统整体设计推进改革的新时代，开创了我国改革开放的新局面。党的十八届三中全会推出 336 项重大改革举措。经过多年的努力，重要领域和关键环节改革成效显著，主要领域基础性制度体系基本形成，为推进国家治理体系和治理能力现代化打下了坚实基础。但要清醒地看到，这些改革举措有的尚未完成，有的甚至需要相当长的时间去落实。更为重要的是，与过去相比，新时代改革更多面临的是深层次体制机制问题，对改革顶层设计的要求更高，对改革的系统性、整体性、协同性要求更强，相应地建章立制、构建体系的任务更重。因此，新时代谋划全面深化改革，必须以坚持和完善中国特色社会主义制度、推进国家治理体系和治理能力现代化为主轴，深刻把握我国发展要求和时代潮流，把制度建设和治理能力建设摆到更加突出的位置，继续深化各领域各方面体制机制改革，推动各方面制度更加成熟更加定型，推进国家治理体系和治理能力现代化。

三、坚持和完善中国特色社会主义制度的根本原则

坚持和完善中国特色社会主义制度，必须坚持正确的根本原则，即坚持党的领导、人民当家作主和依法治国三者有机统一，坚持根本制度、基本制度和重要制度三者协调建构，坚持“三步走”的总

体目标与“两个阶段”的战略安排相统一。这三个根本原则对于确保坚持和完善中国特色社会主义制度、推进国家治理体系和治理能力现代化的正确方向，永葆我国国家制度和国家治理体系的生命力与优越性具有重大和深远的指导意义。

坚持党的领导、人民当家作主和依法治国三者有机统一。坚持党的领导、人民当家作主和依法治国三者有机统一，是中国特色社会主义国家制度、国家治理体系中的一个贯通全局、覆盖全局、指导全局的根本指导方针。党的领导、人民当家作主和依法治国三者之所以是统一的，就在于“始终代表最广大人民根本利益，保证人民当家作主，体现人民共同意志，维护人民合法权益，是我国国家制度和国家治理体系的本质属性，也是我国国家制度和国家治理体系有效运行、充满活力的根本所在”[①]。因此，坚持党的领导、人民当家作主和依法治国三者有机统一就是坚持把党的领导作为人民当家作主和依法治国的根本保证，把人民当家作主作为社会主义民主政治的本质特征，把依法治国作为党领导人民治理国家的基本方式，推动三者有机统一于我国国家制度建设和国家治理的伟大实践。

坚持根本制度、基本制度和重要制度三者协调建构。《决定》指出：要着力固根基、扬优势、补短板、强弱项，构建系统完备、科学规范、运行有效的制度体系，突出坚持和完善支撑中国特色社会主义制度的根本制度、基本制度、重要制度。

强调固根基、扬优势、补短板、强弱项是因为我们的国家治理体系和治理能力总体上是好的，是有独特优势的，是适应我国国情和发展要求的。同时也要看到，在我国国家治理体系和治理能力方面还有许多不足，有许多亟待改进的地方。这“许多不足”和“许

① 习近平．坚持和完善中国特色社会主义制度　推进国家治理体系和治理能力现代化．求是，2020（1）．

多亟待改进的地方”，就是“短板”和“弱项”。所谓固根基，不仅是指蕴含在我国社会主义国家制度和国家治理体系中的深厚中华文化根基，也包括巩固党执政的阶级基础、厚植党执政的群众基础，永远保持党同人民群众血肉联系这样的执政根基、群众根基，同时还包括既要认真学习借鉴资本主义创造的包括制度文明在内的有益文明成果，又要坚持独立自主的创新和创造这样一种民族精神独立性、自主性的根基。所谓扬优势，既包括认识到我们国家制度和国家治理体系13个方面的显著优势，也包括把握长期形成的历史传承，把握党和人民在我国国家制度建设和国家治理方面走过的道路、积累的经验、形成的原则，以及继承发扬我们党在国家治理上形成的多方面行之有效的治理优势等。

强调构建系统完备、科学规范、运行有效的制度体系，突出坚持和完善支撑中国特色社会主义的根本制度、基本制度、重要制度是因为，经过新中国70年、改革开放40多年特别是党的十八大以来的不懈探索和实践，我们党创造性地逐步确立并巩固了我们国家的国体、政体、根本政治制度、基本政治制度、基本经济制度和其他各方面重要制度，中国特色社会主义制度不断完善。坚持和完善支撑中国特色社会主义的根本制度、基本制度、重要制度是完善国家制度和国家治理的根本任务。所谓根本制度，就是在中国特色社会主义制度中起顶层决定性、全域覆盖性、全局指导性作用的制度，是覆盖“五位一体”总体布局、“四个全面”战略布局，覆盖改革发展稳定、内政外交国防、治党治国治军等一切方面、所有领域的制度。所谓基本制度，就是通过贯彻和体现国家政治生活、经济生活的基本原则，对国家经济社会发展等发挥重大影响的制度。所谓重要制度，就是由根本制度和基本制度派生而来的、国家治理各领域各方面各环节的具体的主体性制度，包括我国经济体制、政治体制、文化体制、社会体制、生态文明体制、法治体系、党的建设制度等。这些重要制度上接国家治理之顶层，下连社会生产生活方方面面之基层。《决定》科学阐述了中国特色社会主义制度体系的13个方面，深刻阐述支撑中国特色社会主义制度的根本制度、基本制度、重要制度——党的领导制度体系、人民当家作主制度体系、中国特色社会主义法治体系、中国特色社会主义行政体制、社会主义基本经济制度、繁荣发展社会主义先进文化的制度、统筹城乡的民生保障制度、共建共治共享的社会治理制度、生态文明制度体系、党对人民军队的绝对领导制度、"一国两制"制度体系、独立自主的和平外交政策、党和国家监督体系等，覆盖13个方面的制度，勾勒出新时代中国特色社会主义制度体系的基本内容。

坚持"三步走"的总体目标与"两个阶段"的战略安排相统一。制度更加成熟更加定型是一个动态过程，治理能力现代化也是一个动态过程，国家制度和国家治理体系建设的目标必须随着实践发展而与时俱进。坚持和完善中国特色社会主义制度、推进国家治理体系和治理能力现代化的总体目标是：到2020年左右，在各方面制度更加成熟更加定型上取得显著成效；到2035年左右，各方面制度更加完善，基本实现国家治理体系和治理能力现代化；到2050年左右，全面实现国家治理体系和治理能力现代化，使中国特色社会主义制度更加巩固、优越性充分展现。这"三步走"的总体目标，全面部署了开展国家制度和国家治理体系建设的总体目标。"三步走"总体目标与建成社会主义现代化强国"两个阶段"的战略安排，共同构成了新时代中国特色社会主义事业发展的战略部署，为新时代全面建设社会主义现代化国家和实现中华民族伟大复兴擘画出宏伟的制度蓝图。

坚持和完善党的领导制度体系，提高党科学执政、民主执政、依法执政水平

党的十九届四中全会审议通过的《决定》，用 13 个“坚持和完善”阐明了新时代推进国家治理现代化必须遵循的制度导向，为国家治理现代化提供了行动指南。“坚持和完善党的领导制度体系，提高党科学执政、民主执政、依法执政水平”置于首位，充分显示了其极端重要性。

党的领导制度是国家根本领导制度。《决定》从六大制度阐释了坚持和完善党的领导制度体系的具体要求，其中，建立不忘初心、牢记使命的制度以及健全为人民执政、靠人民执政各项制度是基础和前提，完善坚定维护党中央权威和集中统一领导的各项制度以及健全党的全面领导制度是核心和根本，健全提高党的执政能力和领导水平制度以及完善全面从严治党制度是关键和保障。

一、坚持和完善党的领导制度体系的基础和前提

《决定》将不忘初心、牢记使命以制度的形式固定下来，并作为

坚持和完善党的领导制度体系的首要举措，表明中国共产党对初心和使命始终如一的追寻，对不忘初心、牢记使命前所未有的重视。同时，《决定》将为人民执政、靠人民执政作为一项重要制度提出，体现了党不忘初心、牢记使命的为民情怀，实现了治国理政理论思想和方针战略的重大创新。建立不忘初心、牢记使命的制度以及健全为人民执政、靠人民执政各项制度，构成坚持和完善党的领导制度体系的基础和前提。

（一）建立不忘初心、牢记使命的制度

不忘初心，方得始终。党的十九大报告开宗明义指出，“中国共产党人的初心和使命，就是为中国人民谋幸福，为中华民族谋复兴”①。党自成立之日起，时刻牢记初心和使命，时刻践行初心和使命。

1. 建立不忘初心、牢记使命的制度的必要性

“一切向前走，都不能忘记走过的路；走得再远、走到再光辉的未来，也不能忘记走过的过去，不能忘记为什么出发。”② 不忘初心、牢记使命，就要铭记“走过的路”，铭记“为什么出发”。

遵守党章、恪守党的性质和宗旨的核心要义。《中国共产党章程》是党的根本大法，党的一切活动都要遵循党章、贯彻党章。党章的“总纲”部分对党的性质做了明确规定：“中国共产党是中国工人阶级的先锋队，同时是中国人民和中华民族的先锋队，是中国特色社会主义事业的领导核心，代表中国先进生产力的发展要求，代表中国先进文化的前进方向，代表中国最广大人民的根本利益。”③

① 习近平．决胜全面建成小康社会　夺取新时代中国特色社会主义伟大胜利：在中国共产党第十九次全国代表大会上的报告．北京：人民出版社，2017：1.

② 中共中央文献研究室．十八大以来重要文献选编：下．北京：中央文献出版社，2018：345.

③ 中国共产党章程．北京：人民出版社，2017：1.

全心全意为人民服务是党的根本宗旨。初心和使命从何而来？从源头探寻，这是由党章、党的性质和宗旨规定的。建立不忘初心、牢记使命的制度是遵守党章、恪守党的性质和宗旨的核心要义。

把牢理想信念“总开关”的关键之举。“理想信念是共产党人精神上的‘钙’，理想信念坚定，骨头就硬，没有理想信念，或理想信念不坚定，精神上就会‘缺钙’，就会得‘软骨病’。”① 理想信念是共产党人的精气神，集中体现党的初心和使命。夯实党执政的思想基础，坚定理想信念是关键。当前，一些党员干部理想信念缺失，对党不忠，利益面前经不住诱惑，将个人利益看得高于集体利益，唯官、权、钱至上，一步步沦为腐败分子甚至走向犯罪，严重损害党的形象，败坏社会风气，动摇执政根基。从根源上解决理想信念滑坡这一紧迫难题，把牢理想信念“总开关”，就要着眼于加强党的思想建设，建立不忘初心、牢记使命的制度，使党员在思想上时刻做到守初心、明是非、担使命。

实现新时代中国共产党的历史使命的内在要求。“实现中华民族伟大复兴是近代以来中华民族最伟大的梦想”②，要实现伟大梦想，就必须进行伟大斗争、建设伟大工程、推进伟大事业。这是以习近平同志为核心的党中央站在党和国家发展的全局，从新时代中国现实出发做出的科学战略部署，对全党在新时代如何发展提供了方向性、原则性指导。党的十九大提出，以县处级以上领导干部为重点，在全党开展“不忘初心、牢记使命”主题教育。习近平总书记明确指出，开展主题教育是“党中央统揽伟大斗争、伟大工程、伟大事业、伟大梦想作出的重大部署”③。建立不忘初心、牢记使命的制度

① 习近平．习近平谈治国理政．北京：外文出版社，2014：414.

② 习近平．决胜全面建成小康社会　夺取新时代中国特色社会主义伟大胜利：在中国共产党第十九次全国代表大会上的报告．北京：人民出版社，2017：13.

③ 习近平．在“不忘初心、牢记使命”主题教育工作会议上的讲话．求是，2019(13).

是实现新时代中国共产党的历史使命的内在要求。统揽伟大斗争、伟大工程、伟大事业、伟大梦想要求全党既要不忘本来、继承传统，又要立足当下、面向未来。

2. 锤炼忠诚干净担当的政治品格

《决定》强调，要“把不忘初心、牢记使命作为加强党的建设的永恒课题和全体党员、干部的终身课题，形成长效机制，坚持不懈锤炼党员、干部忠诚干净担当的政治品格”①。要坚持党在长期实践探索中形成的优良传统，使其上升为具体制度，用完善的制度约束、激励党员、干部守护初心和使命。

完善党内政治生活制度。党的十八大以来，以习近平同志为核心的党中央下大力气严肃党内政治生活、重塑党内政治生态，设立一系列制度、出台一系列文件、开展一系列主题教育，党内政治风气明显好转。从制定关于改进工作作风、密切联系群众的八项规定，开展党的群众路线教育实践活动、“三严三实”专题教育、“两学一做”学习教育、“不忘初心、牢记使命”主题教育，到修订、出台《中国共产党巡视工作条例》《中国共产党廉洁自律准则》《关于新形势下党内政治生活的若干准则》《中国共产党纪律处分条例》《中国共产党问责条例》等，都体现出党内政治生活的制度化、规范化、法制化。不忘初心，牢记使命，就要完善党内政治生活制度，“加强和规范党内政治生活，增强党内政治生活的政治性、时代性、原则性、战斗性，发展积极健康的党内政治文化，营造风清气正的良好政治生态”②。

完善理论学习和实践制度。“学习马克思主义基本理论是共产党人的必修课”③，中国共产党“依靠学习创造了历史，更要依靠学习

① 本书编写组．《中共中央关于坚持和完善中国特色社会主义制度、推进国家治理体系和治理能力现代化若干重大问题的决定》辅导读本．北京：人民出版社，2019：7.

② 中国共产党章程．北京：人民出版社，2017：10.

③ 习近平．学习马克思主义基本理论是共产党人的必修课．求是，2019（22）.

走向未来”[①]，这是为历史和现实所证明的正确道路。马克思主义是关于无产阶级和全人类解放的科学理论，实现了实践基础上科学性和革命性的统一。党一经成立，就把坚持马克思主义的指导鲜明写在自己的旗帜上。无论是在领导人民进行新民主主义革命，还是进行社会主义建设、改革开放的时期，中国共产党人都十分重视理论学习。不忘初心，牢记使命，就要完善理论学习和实践制度，在理论学习和实践中重温初心和使命。要使学习马克思主义经典作家重要论述、学习党在实践中形成的中国化马克思主义理论成果尤其是习近平新时代中国特色社会主义思想常态化，自觉运用马克思主义立场、观点、方法指导工作，并在实践中总结经验，使之上升为科学的世界观和方法论。

完善党史、新中国史、改革开放史教育制度。《决定》提出，要“加强党史、新中国史、改革开放史教育”[②]。学习历史使人明智，党史、新中国史、改革开放史蕴含着丰富的教育资源，承担着以古鉴今、资政育人的重要使命。“要把学习领悟党史、新中国史作为牢记党的初心和使命的重要途径”[③]，只有了解中国共产党近百年艰苦卓绝的历史、新中国 70 年披荆斩棘的历史、改革开放 40 余年波澜壮阔的历史，才能更好理解中国共产党为什么能、马克思主义为什么行、中国特色社会主义为什么好，才能自觉拥护党的领导、坚定马克思主义的指导、坚持走中国特色社会主义道路。不忘初心，牢记使命，就要完善党史、新中国史、改革开放史教育制度，“做到知史

① 中共中央党史和文献研究室，中央“不忘初心、牢记使命”主题教育领导小组办公室．习近平关于“不忘初心、牢记使命”论述摘编．北京：中央文献出版社，2019：226.

② 本书编写组．《中共中央关于坚持和完善中国特色社会主义制度、推进国家治理体系和治理能力现代化若干重大问题的决定》辅导读本．北京：人民出版社，2019：25.

③ 中央“不忘初心、牢记使命”主题教育领导小组印发《通知》认真学习党史、新中国史．人民日报，2019－08－01（2）.

爱党、知史爱国，做到常怀忧党之心、为党之责、强党之志”①。

3. 确保党始终走在时代前列

建立不忘初心、牢记使命的制度的落脚点在于“确保党始终走在时代前列、得到人民衷心拥护”②，这一目标的实现离不开对时代形势的正确研判、对人民呼声的及时响应、对指导思想的全面坚持、对各项事业的发展创新。

准确把握时代发展大势、发展规律、人民愿望。“当前，我国处于近代以来最好的发展时期，世界处于百年未有之大变局，两者同步交织、相互激荡。”③ 在国内，中国共产党致力于带领人民推进中国特色社会主义事业；在国际，中国共产党积极承担大国责任，推动构建人类命运共同体。当前，世界多极化、经济全球化、社会信息化、文化多样化深入发展，前进道路上机遇和挑战并存，中国共产党要加强前瞻性，提升洞察力，准确把握时代发展脉搏、认清形势变化规律，一切从实际出发，实事求是制定方针政策，使一切作为有根可寻、有源可溯。要倾听人民的愿望，及时反映人民的意见和呼声，在为人民服务的实践中实现守初心、担使命，找差距、抓落实的目标。

全面贯彻党的基本理论、基本路线、基本方略。党的十九大提出，“全党同志必须全面贯彻党的基本理论、基本路线、基本方略，更好引领党和人民事业发展”④，《决定》再次强调，要“全面贯彻党

---

① 中央“不忘初心、牢记使命”主题教育领导小组印发《通知》认真学习党史、新中国史．人民日报，2019-08-01（2）.

② 本书编写组．《中共中央关于坚持和完善中国特色社会主义制度、推进国家治理体系和治理能力现代化若干重大问题的决定》辅导读本．北京：人民出版社，2019：7.

③ 中共中央党史和文献研究院．改革开放四十年大事记．北京：人民出版社，2018：126.

④ 习近平．决胜全面建成小康社会　夺取新时代中国特色社会主义伟大胜利：在中国共产党第十九次全国代表大会上的报告．北京：人民出版社，2017：26.

的基本理论、基本路线、基本方略”[①]，表明党的基本理论、基本路线、基本方略的极端重要性。“越是长期执政，越不能丢掉马克思主义政党的本色”[②]，马克思主义政党最鲜明的本色，就是坚持马克思主义的指导。“我们党的初心和使命是建立在马克思主义科学理论基础之上的”[③]，马克思主义中国化的理论成果也是建立在马克思主义科学理论基础之上的，要毫不动摇牢牢坚持。党在社会主义初级阶段的基本路线规定了党和国家的前进方向、目标任务，指引国家和社会沿着正确道路前行。党的十九大提出新时代坚持和发展中国特色社会主义的基本方略，是治国理政的重大方针原则，必须全面贯彻。

持续推进党的理论创新、实践创新、制度创新。习近平总书记在总结我国改革开放的成就和经验时指出，“我们始终坚持解放思想、实事求是、与时俱进、求真务实，坚持马克思主义指导地位不动摇，坚持科学社会主义基本原则不动摇，勇敢推进理论创新、实践创新、制度创新、文化创新以及各方面创新，不断赋予中国特色社会主义以鲜明的实践特色、理论特色、民族特色、时代特色”[④]。创新是一个民族的灵魂，是一个国家兴旺发达的不竭动力，也是一个政党永葆生机的源泉。只有与时俱进不断创新，才能紧跟时代发展潮流，使党永远走在时代前列。不忘初心，牢记使命，就要持续推进党的理论创新、实践创新、制度创新，使理论创新真正回答和解决时代问题，实践创新真正检验和推动时代发展，制度创新真正规范和引导时代治理。

（二）健全为人民执政、靠人民执政各项制度

党同人民群众联系问题，关系党的生死存亡。健全为人民执政、

---

① 本书编写组．《中共中央关于坚持和完善中国特色社会主义制度、推进国家治理体系和治理能力现代化若干重大问题的决定》辅导读本．北京：人民出版社，2019：7.

②③习近平．牢记初心使命，推进自我革命．求是，2019（15）.

④ 习近平．在庆祝改革开放40周年大会上的讲话．北京：人民出版社，2018：11.

靠人民执政各项制度，是党坚持民主执政的重要体现，是坚持和完善党的领导制度体系的基础和前提。

1. 健全为人民执政、靠人民执政各项制度的必要性

为什么人的问题，是检验一个政党、一个政权性质的试金石。为人民执政、靠人民执政深刻而正确地回答了中国共产党执政的本质问题。

体现中国共产党执政的本质要求。党章规定："党除了工人阶级和最广大人民群众的利益，没有自己特殊的利益。党在任何时候都把群众利益放在第一位，同群众同甘共苦，保持最密切的联系，坚持权为民所用、情为民所系、利为民所谋，不允许任何党员脱离群众，凌驾于群众之上。"① 作为中国工人阶级、中国人民和中华民族的先锋队，党必须为中国工人阶级服务，为中国人民服务，为中华民族服务。为人民执政、靠人民执政是中国共产党执政的本质要求。党坚持立党为公、执政为民，带领人民创造美好生活，依靠人民创造历史伟业，就要健全为人民执政、靠人民执政各项制度。

厚植党执政的群众基础的根本途径。"我们党来自人民、植根人民、服务人民，一旦脱离群众，就会失去生命力。加强作风建设，必须紧紧围绕保持党同人民群众的血肉联系，增强群众观念和群众感情，不断厚植党执政的群众基础。"② 密切联系群众是党的最大政治优势，脱离群众是党执政后的最大危险。当前，一些党员干部忘记自己从何而来、靠谁而为、向何处去，与群众毫无感情，得不到群众的拥护和支持，丧失群众基础，这种现象是极其危险的。如果不筑牢群众基础，党很容易失去执政资格。厚植党执政的群众基础，根本是坚持以人民为中心的发展思想，健全为人民执政、靠人民执政各项制度，使党的执政地位更加坚固。

---

① 中国共产党章程．北京：人民出版社，2017：10.

② 习近平．决胜全面建成小康社会　夺取新时代中国特色社会主义伟大胜利：在中国共产党第十九次全国代表大会上的报告．北京：人民出版社，2017：66.

发挥党的领导力量和人民的主体力量的制胜法宝。人民是历史的创造者，是决定党和国家前途命运的根本力量。党始终坚持人民主体地位，把人民利益摆在至高无上的位置。“时代是出卷人，我们是答卷人，人民是阅卷人。”[①] 党的领导力量和人民的主体力量是统一的，只有坚持党的领导、发挥党的领导力量，才能实现人民的主体力量；人民的主体力量只有得到充分发挥，党的正确主张变为群众的自觉行动，才能更好检验党的领导效果，更好坚持和完善党的领导。健全为人民执政、靠人民执政各项制度是二者统一的制胜法宝。

2. 完善党员、干部联系群众制度

党员、干部联系群众制度，是为人民执政、靠人民执政各项制度中最根本、最重要的制度。

贯彻党的群众路线。群众路线是党的根本工作路线，党章规定，“党在自己的工作中实行群众路线，一切为了群众，一切依靠群众，从群众中来，到群众中去”[②]。党的十八大以来，以习近平同志为核心的党中央心系人民，将群众路线贯彻到治国理政全部实践中，以优良党风带动政风民风，以实际行动赢得人民群众的拥护和支持。党的十九大将“坚持以人民为中心”作为习近平新时代中国特色社会主义思想的重要组成部分，“坚持以人民为中心”也构成新时代坚持和发展中国特色社会主义的基本方略。坚持群众路线是党的优良传统和政治优势，在新时代中国特色社会主义事业伟大征程中更应得到全面贯彻。

创新互联网时代群众工作机制。我国坚定不移贯彻新发展理念，供给侧结构性改革深入推进，数字经济等新兴产业蓬勃发展，大数据、人工智能、“互联网＋”在各行业广泛应用，人们无时无刻不处

---

① 人民日报社评论部．论学习贯彻习近平总书记“1·5”重要讲话．北京：人民出版社，2018：3.

② 中国共产党章程．北京：人民出版社，2017：10.

在互联网时代。习近平总书记为网信事业发展指明了方向："网信事业要发展，必须贯彻以人民为中心的发展思想"[①]，"建设网络良好生态，发挥网络引导舆论、反映民意的作用"[②]。《决定》进一步强调，要"创新互联网时代群众工作机制，始终做到为了群众、相信群众、依靠群众、引领群众，深入群众、深入基层"[③]，为新时代探索新型群众工作机制提供了思路方法。要把握互联网时代新特点，积极用好"两微一端"等大众传媒，用大众喜闻乐见的方式开展群众工作。

坚持在发展中保障和改善民生。"在新时代的征程上，全党同志一定要抓住人民最关心最直接最现实的利益问题，坚持把人民群众关心的事当作自己的大事，从人民群众关心的事情做起，多谋民生之利，多解民生之忧，在幼有所育、学有所教、劳有所得、病有所医、老有所养、住有所居、弱有所扶上不断取得新进展，不断促进社会公平正义，不断促进人的全面发展、全体人民共同富裕。"[④] 完善党员、干部联系群众制度，就要坚持在发展中保障和改善民生，及时解决人民群众反映强烈的突出问题，真正做到为百姓排忧虑、解难题。

3. 健全联系广泛、服务群众的群团工作体系

党的群团工作是党的一项不可或缺的工作，是党动员组织广大群众的法宝。要坚持党对群团组织的领导，发挥群团组织的重要作用，调动亿万人民参与社会主义现代化建设的积极性。

加强党对群团工作的领导。党章规定，"党必须加强对工会、共产主义青年团、妇女联合会等群团组织的领导，使它们保持和增强

---

① 习近平．在网络安全和信息化工作座谈会上的讲话．北京：人民出版社，2016：5.

② 同①6.

③ 本书编写组．《中共中央关于坚持和完善中国特色社会主义制度、推进国家治理体系和治理能力现代化若干重大问题的决定》辅导读本．北京：人民出版社，2019：8－9.

④ 习近平．在党的十九届一中全会上的讲话．求是，2018（1）.

政治性、先进性、群众性，充分发挥作用”[①]。《中共中央关于加强和改进党的群团工作的意见》指出，“党的领导是做好群团工作的根本保证。各级党组织必须负起政治责任，加强对群团组织的政治领导、思想领导、组织领导，把党的理论和路线方针政策贯彻落实到群团工作各方面、全过程”[②]。党的十八大以来，工会、共青团、妇联等群团组织在党的领导下，发挥自身密切联系群众的优势，积极团结各自战线的人民群众，党的群团事业取得良好效果。在新时代，要继续加强党对群团工作的领导，最大限度把人民群众团结在党的周围。

坚定不移走中国特色社会主义群团发展道路。“中国特色社会主义群团发展道路，是对党的群团工作长期奋斗历史经验的科学总结。这条道路是中国共产党开展群众工作、推进党的事业的伟大创造，是党领导群众实现共同梦想的历史选择，是群团组织与时俱进、发展壮大的必由之路。”[③] 各群团要自觉接受党的领导，牢记为群众服务的根本职能，从党和国家发展大局出发，紧紧围绕统筹推进“五位一体”总体布局、协调推进“四个全面”战略布局，围绕外交工作和祖国统一大业，团结服务所联系群众，依法依章程开展工作，促进中国特色社会主义群团发展道路长足发展。

发挥群团组织的桥梁和纽带作用。群团组织是党和政府联系人民群众的桥梁和纽带。要加强思想政治引领，认真研究群团工作在新时代表现出的新情况新问题，改进工作方法，帮助群团组织解决实际困难，密切依靠群团组织，在群众中宣传党的各项方针政策，促进党的理论和政策在实践中贯彻落实。“促进党政机构同群团组织功能有机衔接，支持和鼓励群团组织承担适合其承担的公共职能，

---

① 中国共产党章程．北京：人民出版社，2017：11.

② 中共中央关于加强和改进党的群团工作的意见．北京：人民出版社，2015：5.

③ 同②4－5.

增强群团组织团结教育、维护权益、服务群众功能，更好发挥群团组织作为党和政府联系人民群众的桥梁和纽带作用。”①

二、坚持和完善党的领导制度体系的核心和根本

完善坚定维护党中央权威和集中统一领导的各项制度以及健全党的全面领导制度，从政治原则上规定了坚持和完善党的领导制度体系的根本遵循，是坚持和完善党的领导制度体系的核心和根本。

（一）完善坚定维护党中央权威和集中统一领导的各项制度

中国共产党之所以不断发展成熟，取得一个又一个胜利，全党上下坚定维护党中央权威和集中统一领导是极其重要的原因。

1. 完善坚定维护党中央权威和集中统一领导的各项制度的必要性

中国共产党是执政党，是中国特色社会主义事业的坚强领导核心，坚定维护党中央权威和集中统一领导，是坚守中国共产党执政地位、推进中国特色社会主义事业前进的根本保证。

党的历史、理论、实践逻辑相统一的要求。“我们党的历史经验表明，凡是党中央权威和集中统一领导坚持得好，党的事业就兴旺发达；反之，党的事业就遭受挫折。”② 从历史逻辑看，中国革命、建设、改革事业离不开党的领导；从理论逻辑看，人民群众是历史的创造者，是社会历史的主体，党始终遵循初心，紧紧依靠人民、团结带领人民创造历史；从实践逻辑看，“要治理好我们这个大党、

① 中共中央关于深化党和国家机构改革的决定．北京：人民出版社，2018：31.

② 中共中央政治局召开民主生活会强调：树牢“四个意识”坚定“四个自信”坚决做到“两个维护”勇于担当作为　以求真务实作风把党中央决策部署落到实处．人民日报，2018－12－27（1）.

治理好我们这个大国，保证党的团结和集中统一至关重要，维护党中央权威至关重要”①。党的领导是历史、理论和实践逻辑的统一，坚定维护党中央权威和集中统一领导是这一过程的体现和要求。只有完善坚定维护党中央权威和集中统一领导的各项制度，才能保证党前进的方向不偏、道路不移。

党的政治建设的首要任务。旗帜鲜明讲政治是中国共产党作为马克思主义政党的根本要求。“在革命、建设、改革各个时期，我们党都高度重视党的政治建设，形成了讲政治的优良传统。党的十八大以来，以习近平同志为核心的党中央把党的政治建设摆在更加突出位置，加大力度抓，形成了鲜明的政治导向，消除了党内严重政治隐患，推动党的政治建设取得重大历史性成就。”② 党的十九大将党的政治建设作为党的根本性建设，并提出党的政治建设的首要任务，即“保证全党服从中央，坚持党中央权威和集中统一领导”③，从根本上规定了坚定维护党中央权威和集中统一领导的重要地位，为坚定维护党中央权威和集中统一领导的各项制度的设立提供了根本依据。

增强“四个意识”、坚定“四个自信”、做到“两个维护”的需要。增强政治意识、大局意识、核心意识、看齐意识，是全面从严治党、巩固党执政地位的迫切要求；坚定道路自信、理论自信、制度自信、文化自信是提升全国人民精气神、提升我国综合国力和国际竞争力的必然要求；维护习近平总书记党中央的核心、全党的核心地位，维护党中央权威和集中统一领导，是“保证全党团结统一、步调一致，带领全国各族人民决胜全面建成小康社会、奋力夺取新

① 习近平．习近平谈治国理政：第2卷．北京：外文出版社，2017：188.

② 中共中央关于加强党的政治建设的意见．北京：人民出版社，2019：2.

③ 习近平．决胜全面建成小康社会 夺取新时代中国特色社会主义伟大胜利：在中国共产党第十九次全国代表大会上的报告．北京：人民出版社，2017：62.

时代中国特色社会主义伟大胜利的根本政治保证”①。在全面从严治党形势下，当前仍然存在党员干部党性意识淡薄、不遵守政治规矩和纪律、阳奉阴违、看齐意识不强、政治立场不稳、执行党中央决策部署不力等问题，迫切需要完善坚定维护党中央权威和集中统一领导的各项制度。

2. 健全党中央对重大工作的领导体制

“加强党的全面领导，首先要加强党对涉及党和国家事业全局的重大工作的集中统一领导。”② 党的十九届三中全会审议通过的《中共中央关于深化党和国家机构改革的决定》将“建立健全党对重大工作的领导体制机制”作为“完善坚持党的全面领导的制度”的首要任务。党的十九届四中全会审议通过的《决定》再次强调了“健全党中央对重大工作的领导体制”，并将其作为坚定维护党中央权威和集中统一领导的制度安排之一，彰显了健全党中央对重大工作的领导体制的必要性和重要性。

强化党中央决策议事协调机构职能作用。根据深化党和国家机构改革的方案，党中央新组建中央全面依法治国委员会、中央审计委员会、中央教育工作领导小组，以中央全面深化改革委员会、中央财经委员会、中央网络安全与信息化委员会、中央外事工作委员会代替“领导小组”称谓，进一步强化机构职能。党中央决策议事协调机构要在中央政治局及其常委会领导下开展工作。要优化党中央决策议事协调机构，负责重大工作的顶层设计、总体布局、统筹协调、整体推进。加强和优化党对深化改革、依法治国、经济、农业农村、纪检监察、组织、宣传思想文化、国家安全、政法、统战、

① 中共中央政治局召开民主生活会强调：树牢“四个意识”坚定“四个自信”坚决做到“两个维护”勇于担当作为 以求真务实作风把党中央决策部署落到实处．人民日报，2018-12-27（1）.

② 中共中央关于深化党和国家机构改革的决定．北京：人民出版社，2018：20.

民族宗教、教育、科技、网信、外交、审计等工作的领导①。

完善推动党中央重大决策落实机制。党章规定，“党必须集中精力领导经济建设，组织、协调各方面的力量，同心协力，围绕经济建设开展工作，促进经济社会全面发展”，“党必须实行民主的科学的决策，制定和执行正确的路线、方针、政策，做好党的组织工作和宣传教育工作，发挥全体党员的先锋模范作用”②。党中央重大决策，是在严格遵守党章党规、宪法和法律的各项规定，坚持一切从实际出发、广泛调查研究、从群众中来又到群众中去的基础上做出的。要完善推动党中央重大决策落实机制，建立落实习近平总书记指示批示及党中央重大决策情况的检查、报告制度，保证各地区各单位各部门执行畅通、有效。

严格执行向党中央请示报告制度。请示报告制度历来是党的一项重要政治制度，能够保证全党意志和行动向党中央看齐，更好坚持党的领导地位、发挥党的领导作用。2019 年，中共中央印发《中国共产党重大事项请示报告条例》，肯定、明确了请示报告制度的重要性：请示报告制度是我们党的一项重要政治纪律、组织纪律、工作纪律，是执行民主集中制的有效工作机制，对于坚决维护习近平总书记党中央的核心、全党的核心地位，坚决维护党中央权威和集中统一领导，保证全党团结统一和行动一致，具有重要意义。要严格执行向党中央请示报告制度，对“超出党组织和党员、领导干部自身职权范围，或者虽在自身职权范围内但关乎全局、影响广泛的重要事情和重要情况”，下级党组织要向上级党组织，党员、领导干部要向党组织“就重大事项请求指示或者批准”，“呈报重要事情和重要情况”③。

① 中共中央关于深化党和国家机构改革的决定．北京：人民出版社，2018：20－21.
② 中国共产党章程．北京：人民出版社，2017：11.
③ 中国共产党重大事项请示报告条例．北京：人民出版社，2019：4.

3. 健全维护党的集中统一的组织制度

作为拥有9 000多万名党员的政党，中国共产党不断发展壮大走到今天，离不开党的集中统一领导。要更好维护党的集中统一，没有健全的组织制度是不行的。

增强党的政治领导力、思想引领力、群众组织力、社会号召力。党的十八届六中全会正式提出“以习近平同志为核心的党中央”，党的十九大把“坚定维护以习近平同志为核心的党中央权威和集中统一领导”写入党章，从根本上规定了维护党的集中统一根本原则。党的十九大提出，要“不断增强党的政治领导力、思想引领力、群众组织力、社会号召力，确保我们党永葆旺盛生命力和强大战斗力”①。党对中国特色社会主义事业的坚强政治领导、对全体人民团结奋斗的共同思想基础的旗帜鲜明引领、对依靠群众实现“两个一百年”奋斗目标的高效有力组织、对不同社会群体的影响号召凝聚，都需要健全的组织制度。只有维护党的集中统一，才能保证党和国家事业发展的正确方向，实现全党全国各族人民美好生活愿景。

促进党的中央组织、地方组织、基层组织上下贯通、执行有力。中国共产党是按照马克思主义建党原则建立起来的，形成了包括党的中央组织、地方组织、基层组织在内的严密组织体系。党的各级组织职能明确：党中央是大脑和中枢，党中央必须有定于一尊、一锤定音的权威。党的地方组织的根本任务是确保党中央决策部署贯彻落实，有令即行、有禁即止。党组在党的组织体系中具有特殊地位，要贯彻落实党中央和上级党组织决策部署。每个党员特别是领导干部都要强化党的意识和组织观念，自觉做到思想上认同组织、政治上依靠组织、工作上服从组织、感情上信赖组织②。健全维护党的集中统一的组织制度，就要充分发挥党的各级组织的职能，促进

---

① 习近平．决胜全面建成小康社会　夺取新时代中国特色社会主义伟大胜利：在中国共产党第十九次全国代表大会上的报告．北京：人民出版社，2017：16.

② 习近平．在全国组织工作会议上的讲话．北京：人民出版社，2018：12.

党的中央组织、地方组织、基层组织上下贯通、执行有力，实现党的组织和党的工作全覆盖。

坚持全国一盘棋，做到有令即行、有禁即止。《决定》将“坚持全国一盘棋，调动各方面积极性，集中力量办大事”作为我国国家制度和国家治理体系的显著优势之一，高度肯定了中国特色社会主义制度的优越性。健全维护党的集中统一的组织制度，就要做到全国一盘棋，使全党上下、中央和地方心往一处想，劲往一处使，保证党中央的决策部署落到实处。坚持全国一盘棋，要在中央的统一领导下，合理划分中央和地方国家机构的职权，充分发挥中央和地方两个积极性。

（二）健全党的全面领导制度

坚持党的全面领导，是中国特色社会主义事业持续发展和国家治理现代化不断推进的根本政治保证。必须健全党的全面领导制度，发挥党在中国特色社会主义事业各领域的领导作用。

1. 健全党的全面领导制度的必要性

党政军民学，东西南北中，党是领导一切的。党的十九大提出14条新时代坚持和发展中国特色社会主义的基本方略，“坚持党对一切工作的领导”居于首位。

新中国70年实践发展的根本保证。新中国成立70年来，党团结带领全国各族人民完成社会主义革命这一中华民族最为广泛而深刻的社会变革，进行改革开放新的伟大革命，开辟中国特色社会主义道路，形成中国特色社会主义理论体系，确立中国特色社会主义制度。我国的根本政治制度、基本政治制度、基本经济制度等各方面制度不断完善和发展。党带领人民创造了举世瞩目的发展成就，国内生产总值稳居世界第二，对世界经济增长贡献率超过30%，中华民族实现了从站起来、富起来到强起来的伟大转变。历史和人民选择了中国共产党，选择了马克思主义，选择了社会主义道路，选择了改革开放。新中国70年实践发展，离不开党的全面领导制度。

坚持和完善党的领导，“是党和国家的根本所在、命脉所在，是全国各族人民的利益所在、幸福所在”①。

新时代战胜各种风险挑战的必然要求。中国特色社会主义进入新时代，标志我国发展进入新的历史方位。“国内外形势正在发生深刻复杂变化，我国发展仍处于重要战略机遇期，前景十分光明，挑战也十分严峻。”② 在国际上，以美国为首的西方资本主义国家长期奉行单边主义、霸权主义，“中国崩溃论”“中国威胁论”此起彼伏；在国内，中华民族正处于决胜全面建成小康社会关键时期、全面深化改革攻坚阶段，推进党的建设新的伟大工程亦面临严峻形势。面对新时代的各种风险挑战，我们必须牢牢坚持党的全面领导，健全党的全面领导制度，在党的全面领导下克服困难和挑战。

中国特色社会主义制度实现集中力量办大事的内在逻辑。“我国社会主义政治制度优越性的一个突出特点是党总揽全局、协调各方的领导核心作用，形象地说是‘众星捧月’，这个‘月’就是中国共产党。”③ 我国经济、政治、文化、社会、生态文明等各项事业的发展，都是在党的领导下，最大限度发挥人民群众主观能动性、群策群力实现的。比如，“一带一路”建设、京津冀协同发展、长江经济带发展、创新型国家建设等，都体现了集中力量办大事的制度优势。健全党的全面领导制度是中国特色社会主义制度实现集中力量办大事的内在逻辑。

2. 充分发挥党总揽全局、协调各方的领导核心作用

健全党的全面领导制度，就要坚持和加强党的全面领导，充分发挥党总揽全局、协调各方的领导核心作用。

---

① 中共中央文献研究室．十八大以来重要文献选编：下．北京：中央文献出版社，2018：355.

② 习近平．决胜全面建成小康社会　夺取新时代中国特色社会主义伟大胜利：在中国共产党第十九次全国代表大会上的报告．北京：人民出版社，2017：2.

③ 中共中央文献研究室．习近平关于全面建成小康社会论述摘编．北京：中央文献出版社，2016：96.

确保党在各种组织中发挥领导作用。《决定》指出，要“完善党领导人大、政府、政协、监察机关、审判机关、检察机关、武装力量、人民团体、企事业单位、基层群众自治组织、社会组织等制度，健全各级党委（党组）工作制度，确保党在各种组织中发挥领导作用”[①]。要把党的领导贯穿治国理政各领域全过程，保证各方在党的领导下，充分发挥具体职能作用，促进党的方针政策落到实处。“党的地方委员会在本地区发挥总揽全局、协调各方的领导核心作用，按照协调推进‘四个全面’战略布局，对本地区经济建设、政治建设、文化建设、社会建设、生态文明建设实行全面领导，对本地区党的建设全面负责。”[②] 要认真贯彻《中国共产党地方委员会工作条例》，发挥党的地方委员会在本地区的领导核心作用。“党组是党在中央和地方国家机关、人民团体、经济组织、文化组织和其他非党组织的领导机关中设立的领导机构，在本单位发挥领导作用，是党对非党组织实施领导的重要组织形式。”[③] 要认真贯彻《中国共产党党组工作条例》，促进党组在本单位发挥领导作用。

完善党领导各项事业的具体制度。《决定》指出，要“完善党领导各项事业的具体制度，把党的领导落实到统筹推进‘五位一体’总体布局、协调推进‘四个全面’战略布局各方面”[④]。全面推进经济建设、政治建设、文化建设、社会建设、生态文明建设，全面建成小康社会、全面深化改革、全面依法治国、全面从严治党等各项事业都需要党的领导。党要对各项事业做出顶层设计、科学决策；要对各项事业具体实施过程全程领导、纠错纠偏，保证各项事业沿着正确方向前进；要及时根据新情况新问题调整方针政策，一切从

---

① 本书编写组．《中共中央关于坚持和完善中国特色社会主义制度、推进国家治理体系和治理能力现代化若干重大问题的决定》辅导读本．北京：人民出版社，2019：8.

② 中国共产党地方委员会工作条例．北京：人民出版社，2016：1－2.

③ 中国共产党党组工作条例．北京：人民出版社，2019：4.

④ 同①.

实际出发，实事求是；要加强“回头看”力度，及时检查、监督各项事业进展，不断推进各项事业顺利进行。

党的领导必须是全面的、系统的、整体的。加强党对一切工作的领导不是空洞的、抽象的，要在各方面各环节落实和体现。党的领导地位必须贯穿经济建设、政治建设、文化建设、社会建设、生态文明建设和国防军队、祖国统一、外交工作、党的建设等各方面。哪个领域、哪个方面、哪个环节有所缺失，党的力量都会弱化。全面、系统、整体是党的领导的鲜明特征和本质要求，体现在党的领导各方面。健全党的全面领导制度，就要在加强党的领导的同时，更加注重党的领导的全面性、系统性、整体性。

3. 党的领导贯穿党和国家所有机构履行职责全过程

党的十九届三中全会聚焦深化党和国家机构改革问题，强调要加强党对深化党和国家机构改革的领导。党的十九届四中全会进一步强调，要“把党的领导贯彻到党和国家所有机构履行职责全过程，推动各方面协调行动、增强合力”①。

完善党和国家机构职能体系。“党和国家机构职能体系是中国特色社会主义制度的重要组成部分，是我们党治国理政的重要保障。”② 要按照党中央统一部署的时间表、路线图、任务书，完善党和国家机构职能体系，“构建系统完备、科学规范、运行高效的党和国家机构职能体系，形成总揽全局、协调各方的党的领导体系，职责明确、依法行政的政府治理体系，中国特色、世界一流的武装力量体系，联系广泛、服务群众的群团工作体系，推动人大、政府、政协、监察机关、审判机关、检察机关、人民团体、企事业单位、社会组织等在党的统一领导下协调行动、增强合力，全面提高国家治理能力和治理水平”③。

---

① 本书编写组．《中共中央关于坚持和完善中国特色社会主义制度、推进国家治理体系和治理能力现代化若干重大问题的决定》辅导读本．北京：人民出版社，2019：8.

② 中共中央关于深化党和国家机构改革的决定．北京：人民出版社，2018：4.

③ 同②6.

健全干部、组织、人才工作制度。制度的生命力在于执行，执行的效果靠人发挥。党的领导贯穿党和国家所有机构履行职责全过程，关键靠党的干部。要健全干部、组织、人才工作制度，充分发挥干部、组织、人才在党领导各项事业中的作用。要“落实党管干部原则，强化党组织领导和把关作用，着力培养选拔信念坚定、为民服务、勤政务实、敢于担当、清正廉洁的好干部”①；“坚持党管人才原则，以识才的慧眼、爱才的诚意、用才的胆识、容才的雅量、聚才的良方，把党内外、国内外各方面优秀人才集聚到党和人民的伟大奋斗中来”②；健全科学周全的组织制度，保证党的中央组织、地方组织、基层组织更好地发挥组织效能。

使党的主张通过法定程序上升为国家意志。依法执政是党执政的基本方式，党的领导贯穿党和国家所有机构履行职责全过程，必须依照宪法和法律的规定。党的执政地位是历史形成的，是宪法确立的。推进“四个全面”战略布局中的“全面推进依法治国”，总目标是建设中国特色社会主义法治体系，建设社会主义法治国家。实现这个总目标，必须坚持党的领导，把党的领导贯彻落实到依法治国全过程和各方面。依法治国首先是依宪治国，依法执政首先是依宪执政。支持人民代表大会依法履行职能，使党的主张通过法定程序上升为国家意志，是党依法执政的重要体现。党的领导贯穿党和国家所有机构履行职责全过程，要坚持实现党领导立法、保证执法、支持司法、带头守法。

三、坚持和完善党的领导制度体系的关键和保障

只有善于领导，才能更好坚持和完善党的领导；只有全面从严

① 习近平．在全国组织工作会议上的讲话．北京：人民出版社，2018：5.

② 同①5－6.

治党，才能更好保障和加强党的领导。健全提高党的执政能力和领导水平制度以及完善全面从严治党制度，是坚持和完善党的领导制度体系的关键和保障。

（一）健全提高党的执政能力和领导水平制度

党的十九大提出，“坚定不移全面从严治党，不断提高党的执政能力和领导水平”。《决定》将提高党的执政能力和领导水平作为一项制度，体现了对党的十九大精神的贯彻，对党长期执政的深远思考。

1. 健全提高党的执政能力和领导水平制度的必要性

在拥有14亿人口的大国长期执政，作为世界最有活力和坚强的执政党，中国共产党要巩固长期执政地位、实现历史使命，提高自身执政能力和领导水平尤为重要。

坚持和完善党的领导制度体系的重要环节。坚持和完善党的领导制度体系是多要素的统一，包括加强党的政治建设、思想建设、组织建设、纪律建设等，其中一项重要领域就是执政能力建设。中国共产党在西柏坡时期面临从战争到和平、从革命到建设、从局部执政到全面执掌政权的变化，其中最为重要的是全面执政的考验。新中国成立70年来，党的执政地位不断巩固，执政能力不断增强，领导水平不断提高，这是一代又一代中国共产党人实践探索的重要成果。不断健全提高党的执政能力和领导水平制度是中国共产党得以长期执政的成功之道。

推进国家治理体系和治理能力现代化的有力支撑。我国国家治理体系和治理能力是中国特色社会主义制度及其执行能力的集中体现。“国家治理体系是在党领导下管理国家的制度体系，包括经济、政治、文化、社会、生态文明和党的建设等各领域体制机制、法律法规安排，也就是一整套紧密相连、相互协调的国家制度；国家治理能力则是运用国家制度管理社会各方面事务的能力，包括改革发展稳定、内政外交国防、治党治国治军等各个方面。”[①] 国家治理体系是否适用于国家发展，治理能力能否促进国家发展，都与党的执政能力和领导水平息息相关。健全提高党的执政能力和领导水平制度是推进国家治理体系和治理能力现代化的有力支撑，只有不断提高执政能力和领导水平，国家治理体系才能更加完善，治理能力才能更加有效。

把我国制度优势更好转化为国家治理效能的内在要求。《决定》用“13 个坚持”概括了我国国家制度和国家治理体系的显著优势，提出要把我国制度优势更好转化为国家治理效能。推进国家治理体系和治理能力现代化，最根本的是坚持和完善党的领导，促进党的领导的现代化。党的领导的现代化是国家治理体系和治理能力现代化的前提，也是把我国制度优势更好转化为国家治理效能的保障。制度优势转化为治理效能的多与少，关键看党领导能力的发挥。提高党的领导能力，促进党的领导的现代化，就要健全提高党的执政能力和领导水平制度，提高党把方向、谋大局、定政策、促改革的能力。

2. 完善发展党内民主和实行正确集中的相关制度

《决定》强调要坚持民主集中制这一党的根本组织制度，提出要完善发展党内民主和实行正确集中的相关制度。发展党内民主和实行正确集中，是党一贯坚持的科学领导原则。

坚持民主集中制。“民主集中制是民主基础上的集中和集中指导下的民主相结合。它既是党的根本组织原则，也是群众路线在党的生活中的运用。”[②] 民主集中制是党的优良传统和政治优势，贯穿于党的各项活动之中，有利于促进党内政治生活的科学化规范化，妥善处理党内关系。坚持民主集中制，要把握好民主与集中的辩证关

① 中共中央文献研究室．习近平关于全面深化改革论述摘编．北京：中央文献出版社，2014：24.

② 中国共产党章程．北京：人民出版社，2017：10.

系。要“完善和落实民主集中制的各项制度，坚持民主基础上的集中和集中指导下的民主相结合，既充分发扬民主，又善于集中统一”①。一方面，民主是集中的前提和基础，离开了民主，不可能有正确的集中；另一方面，集中是民主得以实现的必要条件和保障，离开必要的集中，民主就会失去正确的方向和目标。

完善发展党内民主和实行正确集中的相关制度。党章规定，“必须充分发扬党内民主，尊重党员主体地位，保障党员民主权利，发挥各级党组织和广大党员的积极性创造性。必须实行正确的集中，牢固树立政治意识、大局意识、核心意识、看齐意识，坚定维护以习近平同志为核心的党中央权威和集中统一领导，保证全党的团结统一和行动一致，保证党的决定得到迅速有效的贯彻执行”②。完善发展党内民主的相关制度，就要严格按照党章党规的要求保障党员的表决权、选举权、被选举权等权利；坚持和完善党的代表大会制度，促使党代表密切联系党员群众，反映党员群众的意见与建议。完善实行正确集中的相关制度，就要使党员个人服从党的组织，少数服从多数，下级组织服从上级组织，全党各个组织和全体党员服从党的全国代表大会和中央委员会；要落实“两个维护”相关制度，使“两个维护”成为全党的思想自觉和行动自觉。

健全决策机制。党的十九大提出，要“健全依法决策机制，构建决策科学、执行坚决、监督有力的权力运行机制”③。《决定》进一步强调，健全决策机制，要“加强重大决策的调查研究、科学论证、风险评估，强化决策执行、评估、监督”④。党的决策关系党和国家长治久安，关系人民群众美好生活。做到科学决策、民主决策、依

① 习近平．决胜全面建成小康社会　夺取新时代中国特色社会主义伟大胜利：在中国共产党第十九次全国代表大会上的报告．北京：人民出版社，2017：62－63.

② 中国共产党章程．北京：人民出版社，2017：10.

③ 同①37.

④ 本书编写组．《中共中央关于坚持和完善中国特色社会主义制度、推进国家治理体系和治理能力现代化若干重大问题的决定》辅导读本．北京：人民出版社，2019：9.

法决策，决策的前期、中期、后期等各个阶段都要严格依照程序规定，发展党内民主，积极听取党内外意见。要重视调查研究对于科学决策形成的重要作用，使各项决策做到有事实、有依据，从群众中来、到群众中去，使调查研究在全党蔚然成风。要加强决策的执行、评估、监督，建立健全决策问责和纠错制度，以健全的体制机制为科学决策保驾护航。

3. 改进党的领导方式和执政方式

增强党的执政能力，提高党科学执政、民主执政、依法执政水平，就要密切结合时代和实践特点，及时改进党的领导方式和执政方式。

增强各级党组织政治功能和组织力。党组织是党的肌体的细胞，只有每一个党组织坚强有力，才能汇集成全党的力量。政治功能是党组织的根本功能，体现为各级党组织对本单位的政治领导。组织力是确定组织结构、配置组织资源、领导组织发展的能力。党的十九大明确提出“组织力”这一概念，强调“以提升组织力为重点，突出政治功能，把企业、农村、机关、学校、科研院所、街道社区、社会组织等基层党组织建设成为宣传党的主张、贯彻党的决定、领导基层治理、团结动员群众、推动改革发展的坚强战斗堡垒”①。党的中央组织、地方组织、基层组织要充分发挥政治功能，积极锻造组织力，把自身建设得更坚强有力。

完善担当作为的激励机制。新时代有新使命，新时代有新作为。要建设高素质专业化干部队伍，激发广大干部干事创业的热情，使广大干部投身时代大潮、自觉担当作为。“对干部最大的激励是正确用人导向，用好一个人能激励一大片。”② 要坚持正确选人用人导向，匡正选人用人风气，大力选拔忠诚干净担当的好干部。要认真落实

① 习近平．决胜全面建成小康社会　夺取新时代中国特色社会主义伟大胜利：在中国共产党第十九次全国代表大会上的报告．北京：人民出版社，2017：65.

② 习近平．在全国组织工作会议上的讲话．北京：人民出版社，2018：22.

《关于进一步激励广大干部新时代新担当新作为的意见》，教育引导干部担当作为、干事创业，重实干重实绩，发挥干部考核评价的激励作用，为敢于担当的干部撑腰鼓劲，凝聚形成创新创业的强大合力。

全面增强执政本领。“领导十三亿多人的社会主义大国，我们党既要政治过硬，也要本领高强。”① 党的十九大提出全面增强执政本领的要求，即各级领导干部要增强学习本领、政治领导本领、改革创新本领、科学发展本领、依法执政本领、群众工作本领、狠抓落实本领、驾驭风险本领。增强执政本领，是提高党的执政能力和领导水平的内在要求，只有具备强大高超的本领，将本领应用于工作，并在实践中不断丰富和发展本领，党才能更出色地完成任务。此外，还要发扬斗争精神，增强斗争本领。要充分认识当前在各领域进行伟大斗争的必然性，只有不断增强斗争本领，党才能更好团结带领人民有效应对重大挑战、抵御重大风险、克服重大阻力、解决重大矛盾。

（二）完善全面从严治党制度

“一个政党，一个政权，其前途命运取决于人心向背”②，只有坚持党要管党、全面从严治党，才能把党建设得更加坚强有力。《决定》将全面从严治党作为一项制度纳入党的领导制度体系，以更完善的制度推动全面从严治党向纵深发展。

1. 完善全面从严治党制度的必要性

打铁必须自身硬，新时代党面临更加复杂的内外部环境，全面从严治党也面临前所未有的挑战，具有必要性、紧迫性、复杂性等特点。

克服影响党的先进性、弱化党的纯洁性的因素的迫切需要。决

① 习近平．决胜全面建成小康社会　夺取新时代中国特色社会主义伟大胜利：在中国共产党第十九次全国代表大会上的报告．北京：人民出版社，2017：68.

② 同①61.

胜全面建成小康社会、实现中华民族伟大复兴的中国梦，党的坚强、正确领导至关重要。中国共产党始终走在时代和人民前列，是具有先进性的政党，能否始终保持先进性关系党和国家前途命运。新时代党面临的执政环境是复杂的，影响党的先进性、弱化党的纯洁性的因素也是复杂的。精神懈怠危险、能力不足危险、脱离群众危险、消极腐败危险长期存在，形式主义、官僚主义、享乐主义、奢靡之风屡禁不止，执政考验、改革开放考验、市场经济考验、外部环境考验无处不有……各种有形无形挑战严重制约党的先进性和纯洁性，要解决这些问题，就要完善全面从严治党制度，以健全的制度为党的建设保驾护航。

推进党的自我革命的必然要求。“勇于自我革命，从严管党治党，是我们党最鲜明的品格。”① 自我革命是党的优良传统，在革命、建设、改革各个历史时期，党依靠自我革命解决了自身存在的思想、政治、组织、作风等问题，取得了良好效果，积累了丰富经验。党的十八大以来，以习近平同志为核心的党中央坚持全面从严治党，坚决改变管党治党宽松软状况，党在革命性锻造中更加坚强。全面从严治党是推进党的自我革命的必然要求，自我净化、自我完善、自我革新、自我提高“这‘四个自我’，既有破又有立，既有施药动刀的治病之法又有固本培元的强身之举”②，规定了党推进自我革命要达到的基本目标。只有以正视问题的自觉和刀刃向内的勇气自我革命，不断完善全面从严治党制度，党才能永葆先进性和纯洁性，做到“四个自我”。

一以贯之推进党的建设新的伟大工程的内在逻辑。习近平总书记曾提出三个“一以贯之”，即“做到坚持和发展中国特色社会主义要一以贯之，推进党的建设新的伟大工程要一以贯之，增强忧患意

① 习近平．决胜全面建成小康社会　夺取新时代中国特色社会主义伟大胜利：在中国共产党第十九次全国代表大会上的报告．北京：人民出版社，2017：26.

② 习近平．牢记初心使命，推进自我革命．求是，2019 (15).

识、防范风险挑战要一以贯之”①。党的建设这个伟大工程无论什么时候都要努力推进，确保党永葆旺盛生命力和强大战斗力。一以贯之推进党的建设新的伟大工程，不仅强调党的建设新的伟大工程的延续性、全程性、始终性，而且对推进党的建设提出更高要求。完善全面从严治党制度是一以贯之推进党的建设新的伟大工程的内在逻辑，要坚定不移全面从严治党，绝不能有松口气、歇歇脚的想法。

2. 深化党的建设制度改革

没有规矩，不成方圆。要用制度管权管事管人，以各项制度贯穿全面从严治党，不断深化党的建设制度改革。

贯彻新时代党的建设总要求。党的十九大提出新时代党的建设总要求，为新时代党的建设指明了方向和目标，要坚持贯彻，严格落实。要坚持和加强党的全面领导，“以加强党的长期执政能力建设、先进性和纯洁性建设为主线，以党的政治建设为统领，以坚定理想信念宗旨为根基，以调动全党积极性、主动性、创造性为着力点，全面推进党的政治建设、思想建设、组织建设、作风建设、纪律建设，把制度建设贯穿其中，深入推进反腐败斗争”②，从而不断提高党的建设质量，使党能够始终走在时代前列，得到人民衷心拥护，成为经得起各种风浪考验、朝气蓬勃的马克思主义执政党。

坚持依规治党。党内法规制度建设是全面从严治党的治本之策。党的十八大以来，以习近平同志为核心的党中央高度重视依规治党，出台了一大批具有全局性、关键性、统领性的党内法规，加强党内法规制度建设，党内法规制度建设上升到新高度。2019 年 9 月，中共中央印发修订后的《中国共产党党内法规制定条例》、《中国共产党党内法规和规范性文件备案审查规定》及新制定的《中国共产党

① 人民日报社评论部．论学习贯彻习近平总书记“1·5”重要讲话．北京：人民出版社，2018：1-2.

② 习近平．决胜全面建成小康社会 夺取新时代中国特色社会主义伟大胜利：在中国共产党第十九次全国代表大会上的报告．北京：人民出版社，2017：62.

党内法规执行责任制规定（试行）》，进一步规范了党内法规制定工作，有利于形成完善的党内法规体系。要以党章这一最根本的党内法规制定准则、条例、规定、办法、规则、细则，并严格落实党内法规执行责任制，使党员干部切实担负起执行党内法规的政治责任。

建立健全以党的政治建设为统领，全面推进党的各方面建设的体制机制。要以党的政治建设为统领，把党的政治建设摆在首位。党的政治建设关乎党的领导地位，关乎全党政治安全。政治建设这一党的根本性建设执行得是否到位，直接决定党的建设前进方向。《决定》提出，要建立健全以党的政治建设为统领，全面推进党的各方面建设的体制机制，就要切实做到坚持党的政治建设不放松、不动摇，以政治建设统率、领导党的各方面建设，“把政治标准和政治要求贯穿党的思想建设、组织建设、作风建设、纪律建设以及制度建设、反腐败斗争始终，以政治上的加强推动全面从严治党向纵深发展”①，不断推进党的政治建设与各方面建设紧密结合、相互促进。

3. 推动全面从严治党向纵深发展

全面从严治党永远在路上。要坚持问题导向，保持战略定力，推动全面从严治党向纵深发展，为推进国家治理体系和治理能力现代化提供坚强保障。

坚持新时代党的组织路线。组织路线是党进行组织工作的根本原则和方针，正确的组织路线为执行政治路线提供正确的组织保证，有利于坚持党的领导、做好党的组织工作。“全面贯彻新时代中国特色社会主义思想，以组织体系建设为重点，着力培养忠诚干净担当的高素质干部，着力集聚爱国奉献的各方面优秀人才，坚持德才兼备、以德为先、任人唯贤，为坚持和加强党的全面领导、坚持和发展中国特色社会主义提供坚强组织保证。”② 构成新时代党的组织路

① 中共中央关于加强党的政治建设的意见．北京：人民出版社，2019：3－4.

② 习近平．在全国组织工作会议上的讲话．北京：人民出版社，2018：11.

线推动全面从严治党向纵深发展，就要将新时代党的组织路线贯穿党的一切组织工作，不断健全党管干部、选贤任能制度，为新时代推进党的建设新的伟大工程集聚一大批高素质专业化年轻干部。

全面净化党内政治生态。“党要管党必须从党内政治生活管起，从严治党必须从党内政治生活严起。”[①] 党的十八届六中全会通过《关于新形势下党内政治生活的若干准则》，详细规定了一系列规范党内政治生活的制度和原则；党的十九大进一步提出要严格执行新形势下党内政治生活若干准则；党的十九届四中全会进一步强调，要“规范党内政治生活，严明政治纪律和政治规矩，发展积极健康的党内政治文化，全面净化党内政治生态”[②]。全面从严治党，要从党内政治生活入手，严肃认真开展党内政治生活，使实事求是、理论联系实际、密切联系群众、批评和自我批评、民主集中制、严明党的纪律等党内政治生活基本规范全面贯彻落实。

完善和落实全面从严治党责任制度。全面从严治党不是口号而是扎扎实实的行动，要保证全面从严治党落到实处，就要用制度监督、检验全面从严治党实效。《决定》提出，要完善和落实全面从严治党责任制度，有效维护了全面从严治党制度的严肃性和权威性。各级党委要将落实全面从严治党责任制度应用于党组织的日常管理和建设中，使全面从严治党成为常态化；领导干部要带头做落实全面从严治党责任制度的榜样，以身作则落实全面从严治党，推动全面从严治党制度的执行；党委要落实主体责任，纪委要落实监督责任，各级纪律检查机关要加大责任追究力度，做好监督执纪问责工作。

---

① 关于新形势下党内政治生活的若干准则．北京：人民出版社，2016：1.

② 本书编写组．《中共中央关于坚持和完善中国特色社会主义制度、推进国家治理体系和治理能力现代化若干重大问题的决定》辅导读本．北京：人民出版社，2019：10.

坚持和完善人民当家作主制度体系，发展社会主义民主政治

党的十九届四中全会明确提出“坚持和完善人民当家作主制度体系，发展社会主义民主政治”，体现了我国社会主义民主政治的本质，符合我国民主政治发展的逻辑。我国是工人阶级领导的、以工农联盟为基础的人民民主专政的社会主义国家，国家的一切权力属于人民。要使国家制度和国家治理更好体现人民意志、保障人民权益、激发人民创造，确保人民依法通过各种途径和形式管理国家事务、管理经济文化事业、管理社会事务，就必须坚持人民主体地位，坚定不移走中国特色社会主义政治发展道路，健全民主制度、丰富民主形式、拓宽民主渠道、贯彻落实“全过程民主”，依法实行民主选举、民主协商、民主决策、民主管理、民主监督。在实现人民主权、维护人民权益方面，中国特色社会主义民主政治是广泛的、真实的、管用的。社会主义民主政治的发展就是要用制度体系保证人民当家作主。

一、人民当家作主制度体系面临新形势和新挑战

就政治制度的建构来说，世界上并无完全相同的制度模式，政

治制度的设计与特定的经济社会条件和历史文化传统密切相关。社会主义民主政治不是无本之木、无源之水。中国特色社会主义政治发展道路，是在自身经济社会变革基础上渐进发展、内生演化的结果，既传承了中国的历史文化与传统，又吸收借鉴了人类政治文明的有益成果，有明确的价值取向，有具体的实现形式和可靠的推动力量。

1. 人民当家作主制度体系的内在逻辑

人民当家作主制度体系，是马克思主义基本原理与中国政治发展实际有机结合的产物，是深刻总结近代以来中国政治实践各种经验教训之后得出的基本结论，是中国人民在人类政治制度史上的伟大创造。

近代中国面临的一个历史性课题，就是建立什么样的符合中国自身文化、传统与国情的政治制度。为此，从1840年起，中国人民进行了长期艰辛的探索。太平天国运动、洋务运动、戊戌变法、清末新政等都未能取得成功；君主立宪制、议会制、多党制、总统制等制度形式也都尝试过，但始终没能找到解决问题的答案。自成立之日起，中国共产党就把为中国人民谋幸福、为中华民族谋复兴作为自己的历史使命。新民主主义革命时期，工农兵苏维埃、“三三制”制度设计等就是政治制度建构的尝试性探索。新中国成立后，人民当家作主制度体系的实践探索具备了坚实的基础。1949年9月召开的中国人民政治协商会议明确宣告：“中华人民共和国的国家政权属于人民。人民行使国家政权的机关为各级人民代表大会和各级人民政府。”1954年宪法开宗明义规定：“中华人民共和国是工人阶级领导的、以工农联盟为基础的人民民主国家。中华人民共和国的一切权力属于人民。人民行使权力的机关是全国人民代表大会和地方各级人民代表大会。”为了维护人民群众的根本利益，从社会主义建设时期到改革开放时期，以至中国特色社会主义进入新时代，我们党始终将探索实现和保障人民当家作主制度形式作为自己的重要任务，并在实践中不断取得新的成就。“中国特色社会主义政治制度之所以行得通、有生命力、有效率，就是因为它是从中国的社会土壤中生长起来的。”[①]

科学的理论指导伟大的实践。马克思主义民主理论的科学性和实践性为人民当家作主制度体系指明了探索的方向。为了实现未来“自由人联合体”，马克思主义经典作家明确提出，“工人革命的第一步就是使无产阶级上升为统治阶级，争得民主”[②]。由此，每个人的自由发展才可能为一切人的自由发展创造条件。而巴黎公社的实践更是使经典作家找到了区别于旧式“议会式的机构”的、兼具行政机关和立法机关的政治形式，即“终于发现的可以使劳动在经济上获得解放的政治形式”[③]。列宁在第一个社会主义国家关于“真正民主的和确实代表人民意志的机关”[④] 的制度设计就是“工农苏维埃”。“工农苏维埃，这是新的国家类型，新的最高的民主类型。”[⑤] 在他看来，苏维埃民主，“与巴黎公社比起来，它是具有世界历史意义的第二步”[⑥]。1940 年，毛泽东在《新民主主义论》一文中也指出，“没有适当形式的政权机关，就不能代表国家。中国现在可以采取全国人民代表大会、省人民代表大会、县人民代表大会、区人民代表大会直到乡人民代表大会的系统，并由各级代表大会选举政府”[⑦]。人民当家作主制度体系是马克思主义民主理论在实践中的逻辑展开。

人民当家作主制度体系，是由根本制度、基本制度和重要制度构成的制度架构，这些制度有层次、有领域，有骨干、有支撑。既

---

① 中共中央文献研究室．习近平关于社会主义政治建设论述摘编．北京：中央文献出版社，2017：12.

② 马克思，恩格斯．马克思恩格斯选集：第 1 卷．3 版．北京：人民出版社，2012：421.

③ 马克思，恩格斯．马克思恩格斯选集：第 3 卷．3 版．北京：人民出版社，2012：102.

④ 列宁．列宁全集：第 33 卷．2 版增订版．北京：人民出版社，2017：106.

⑤ 列宁．列宁全集：第 35 卷．2 版增订版．北京：人民出版社，2017：61.

⑥ 列宁．列宁全集：第 36 卷．2 版增订版．北京：人民出版社，2017：294.

⑦ 毛泽东．毛泽东选集：第 2 卷．2 版．北京：人民出版社，1991：677.

有在国家制度和国家治理体系“四梁八柱”中起着“主梁”和“顶梁柱”作用的根本制度，也有体现社会主义民主政治本质和原则的基本制度，还有体现人民当家作主各领域各方面的重要制度。人民民主专政是我们的国体，人民代表大会制度是我国的根本政治制度，体现了中国特色社会主义的本质特征和国家性质，是在中国特色社会主义制度中起决定性作用的制度。中国共产党领导的多党合作和政治协商制度、民族区域自治制度、基层群众自治制度，体现了我国社会主义民主政治的本质规定性，规范着人民当家作主的各个方面、各个领域的基本原则和要求，对我国民主政治发展具有重大的影响。建立在根本政治制度和基本政治制度基础上的重要制度如立法制度、监督制度、新型政党制度、协商民主制度等，连接着人民当家作主制度体系的顶层，向下延伸到我国政治生活的方方面面，使党和国家关于民主政治建设的总体要求、目标和具体的政策举措落实落细，使中国特色社会主义制度优势和国家治理体系的功能作用得到充分发挥。

2. 人民当家作主制度体系面临新形势和新挑战

人民当家作主制度体系的实践表明，中国特色社会主义民主道路，不是中国传统政治的“再版”，也不是西式民主的“翻版”，而是经过反复比较、长期探索、实践验证的“原版”。中国道路的成功不是偶然性的“奇迹”，而是合乎历史发展规律的必然的合理结果。

中国特色社会主义进入新时代，人民当家作主制度体系面临各种新的形势。(1) 新的历史方位。新时代是坚持和完善人民当家作主制度体系的基本方位。新时代的人民当家作主制度体系，要适应中华民族从站起来、富起来到强起来的伟大历史进程，在新时代进一步加强自身建设，进一步完善和健全各方面体制机制；新时代的人民当家作主制度体系，要围绕党和国家关于社会主义民主政治发展的战略设计，服务党和国家中心工作，更好地满足人民日益增长的美好生活需要；新时代的人民当家作主制度体系，要坚持自身民主政治发展的道路不动摇，给世界上那些既希望推动发展又希望保持独立自主的国家和民族提供多样性的政治选择。（2）新的历史变化。人民当家作主制度体系要积极主动适应新变化。要适应社会主要矛盾变化的需要，更好地坚持以人民为中心的理念，更好地满足人民群众在民主、法治、公平、正义、安全、环境等方面的需要；要适应十八大以来的深层次变革，深刻把握这些历史性变革对政治制度具体体制机制运作的意义；要适应全面从严治党取得压倒性胜利的现实，从政治制度建设的视角思考党面临的重大风险考验和党内存在的突出问题；要适应世界大发展大变革大调整，以及不稳定性不确定性更加突出的实际，清醒认识世界范围内民粹主义的兴起、西方民主政治困境，以及发展中国家民主政治多样性实践的挫折。（3）新的历史课题。十八大以来的一个重大课题，就是必须从理论和实践结合上系统回答新时代坚持和发展什么样的中国特色社会主义、怎样坚持和发展中国特色社会主义。人民当家作主制度体系要围绕这个重大课题，紧密结合新的时代条件和实践要求，以全新的视野深化对于坚持什么、巩固什么，完善什么、发展什么，以及怎样坚持、怎样发展的认识，系统总结人民当家作主制度体系的实践经验，健全面向未来的体制机制和程序，进一步拓展人民当家作主的理论空间、制度空间、实践空间。

民主的政治制度总是在不断回应现实所提问题的过程中逐步完善和发展的。人民当家作主制度体系在新时代也面临着诸多的挑战。（1）从外部环境看。全球化极大地满足了各个地方对于发展与进步的要求，但是也带来了风险及其潜在的破坏力。与此同时，民粹主义在世界范围的兴起，以及逆全球化潮流也给不同政治制度带来了冲击。人民当家作主制度体系也必须面对全球风险社会的大环境，既要应对不稳定的预期，也要考虑如何反映多元利益诉求。另外，互联网、大数据、人工智能技术的发展，使既有制度体系的实践操作具备了更好的技术支撑，但是否能够及时有效应用现代新技术，则是一个更为紧迫的挑战。（2）从内在关系看。其一是如何把握“党性”与“人民性”的统一。在当代中国，“党性”与“人民性”是一致的，但在现实中“替党说话，还是替老百姓说话”的论调割裂了“党性”与“人民性”的统一性。“以往国家的特征是什么呢？社会为了维护共同的利益，最初通过简单的分工建立了一些特殊的机关。但是，随着时间的推移，这些机关——为首的是国家政权——为了追求自己的特殊利益，从社会的公仆变成了社会的主人。这样的例子不但在世袭君主国内可以看到，而且在民主共和国内也同样可以看到。”① 党的领导和干部究竟是“公仆”还是“主人”，是“人民主体地位”是否得以坚持的试金石，也是衡量社会主义民主政治的标尺。其二是如何把握“定型”与“发展”的结合。改革开放以来，我们在推动形成更加成熟更加定型的制度体系方面取得了长足进展。但制度定型并不意味着制度不再“发展”。成熟定型的制度既具有稳定性、持续性，也具有开放性、适应性。只有能够适应新的实践和时代需要而不断发展的制度，才是成熟的制度。其三是如何把握“传统”与“现代”的平衡。当代中国的制度，是从自身的历史文化与传统中，在现代国家构建过程中经由革命、建设和改革实践发展起来的。如何坚持创造性转化、创新性发展，顺应时代发展、实现文明互鉴，坚持制度创新的“传统”与“现代”的平衡，是在新时代坚持和完善人民当家作主制度体系的关键问题。（3）从时空维度看。人民当家作主制度体系，既是中国特色社会主义制度和国家治理体系的具体体现，又是全球多样性政治发展实践中体现人民主权原则的一种重要模式。当代中国的民主政治进步恰恰是由于伴随全球化进程才显得尤其令人瞩目，它不仅反映了世界整体发生的社会变革，也呈现了中国在民主政治发展方面的独特之处。从时间维度讲，坚持和完善人民当家作主制度体系，既要解决好传统与现代的

① 马克思，恩格斯．马克思恩格斯选集：第3卷．3版．北京：人民出版社，2012：54.

关系，更要解决好自身建立、发展、完善的历史脉络及其对自身不断超越的问题；从空间维度讲，坚持和完善人民当家作主制度体系，既要不断推进自身在当下的完善问题，也要阐释好与不同地域和国度同质或异质性制度体系的竞争性关系。

3. 坚持和完善人民当家作主制度体系符合时代和实践要求

中国特色的社会主义民主政治，是不断发展进步的制度体系，具有强大的自我革新能力。人民当家作主制度体系是坚持党的本质属性、践行党的根本宗旨的必然要求。坚持和完善人民当家作主制度体系，符合唯物史观，符合时代需要，符合实践要求。

“中国特色社会主义民主是个新事物，也是个好事物。当然，这并不是说，中国政治制度就完美无缺了，就不需要完善和发展了。制度自信不是自视清高、自我满足，更不是裹足不前、固步自封，而是要把坚定制度自信和不断改革创新统一起来，在坚持根本政治制度、基本政治制度的基础上，不断推进制度体系完善和发展。”① 发展社会主义民主政治，关键是要增加和扩大我们的优势与特点，而不是要削弱和缩小我们的优势与特点。坚持和完善人民当家作主制度体系，就是为了使中国特色社会主义制度更加成熟、规范、持久，更大程度地发挥其应有的优势和功能。用制度体系保证人民当家作主，既是一项系统工程，又是一个重大现实课题。当然，坚持中国特色社会主义政治发展道路并不等于简单地排斥人类政治文明的共同成果。在人类政治文明，包括西方政治文明中，有一些做法和经验体现了人类文明的共同价值，我们可以在认真研究的基础上合理地借鉴和吸收。总之，我们要不断推进社会主义民主政治制度化、规范化、程序化，更好地发挥中国特色社会主义政治制度的优越性，为国家繁荣、人民幸福提供更加完善的制度保障。

---

① 中共中央文献研究室．习近平关于社会主义政治建设论述摘编．北京：人民出版社，2017：16.

二、坚持和完善人民代表大会制度

作为我国的根本政治制度，人民代表大会制度充分体现了人民是国家权力最终来源的要旨。要保障人民当家作主，就必须支持和保证人民通过人民代表大会行使国家权力、参与国家政治生活，例如，表达自身的利益诉求，选举国家领导人，监督国家机关，等等。人民民主是否充分、是否广泛、是否健全，关键看人民的权益有无得到保障、公权力有无得到制约，是通过制度的稳定性预期得以保障，还是根据政策的阶段性任务得到保障以及宪法法律如何在更高层级上更规范地体现民主价值并保障民主的发展。“我们实行的就是全国人民代表大会一院制，这最符合中国实际。如果政策正确，方向正确，这种体制益处很大，很有助于国家的兴旺发达，避免很多牵扯。”① 新形势下，我们既要毫不动摇坚持人民代表大会制度，也要与时俱进完善人民代表大会制度。

1. 支持和保证人民通过人民代表大会行使国家权力

“保证各级人大都由民主选举产生、对人民负责、受人民监督，保证各级国家机关都由人大产生、对人大负责、受人大监督。支持和保证人大及其常委会依法行使职权，健全人大对‘一府一委两院’监督制度。”② 要通过人民代表大会，从各层次各领域扩大公民有序政治参与，依法保证全体社会成员平等参与、平等发展的权利。“无论是党委换届还是人大、政府、政协换届，都要体现工人阶级领导的、以工农联盟为基础的人民民主专政的国体，要保证基本群众代表比例，党政干部、企业负责人不要挤占应该给基本群众的名额，不得搞偷天换日、移花接木的欺骗手段。在中国共产党领导的社会

① 邓小平．邓小平文选：第3卷．北京：人民出版社，1993：220.

② 中共中央关于坚持和完善中国特色社会主义制度 推进国家治理体系和治理能力现代化若干重大问题的决定．人民日报，2019－11－06（1）．

主义国家，一切权力属于人民，决不能依据地位、财富、关系分配政治权力！"① 畅通社情民意反映和表达渠道，统筹兼顾不同利益诉求，善于调动积极因素、化解消极因素。拓宽人民监督权力的渠道。人民是无所不在的监督力量，只有让人民来监督政府，政府才不会懈怠；只有人人起来负责，才不会人亡政息。

2. 支持和保证人大及其常委会依法行使职权

"国无常强，无常弱。奉法者强则国强，奉法者弱则国弱。"法律体系必须随着时代和实践发展而不断发展。在立法方面，要坚持问题导向，提高立法的针对性、及时性、系统性、可操作性。要抓住提高立法质量这个关键，更多地促进和吸纳人民群众参与立法过程，使人民意愿和利益得到充分表达，深入推进科学立法、民主立法，完善立法体制和程序，努力使每一项立法都符合宪法精神、反映人民意愿、得到人民拥护。

在法律实施方面，各级国家行政机关、监察机关、审判机关、检察机关必须担负法律实施的法定职责，坚决纠正有法不依、执法不严、违法不究现象，坚决整治以权谋私、以权压法、徇私枉法问题，严禁侵犯群众合法权益。要全面落实依法治国基本方略，坚持法律面前人人平等。要深入推进依法行政，加快建设法治政府。各级行政机关必须依法履行职责，坚持法定职责必须为、法无授权不可为，决不允许任何组织或者个人有超越法律的特权。深入推进公正司法，加快建设公正高效权威的司法制度，完善人权司法保障制度，严肃惩治司法腐败，让人民群众在每一个司法案件中都感受到公平正义。

在法律监督方面，人民代表大会制度的重要原则和制度设计的基本要求，就是任何国家机关及其工作人员的权力都要受到制约和监督。各级人大及其常委会要担负起宪法法律赋予的监督职责，维

① 中共中央文献研究室．习近平关于社会主义政治建设论述摘编．北京：中央文献出版社，2017：49.

护国家法制统一、尊严、权威，加强监督，确保法律法规得到有效实施。地方人大及其常委会要依法保证宪法法律、行政法规和上级人大及其常委会决议在本行政区域内得到遵守和执行。要加强党纪监督、行政监察、审计监督、司法监督和国家机关内部各种形式的纪律监督。要拓宽人民监督权力的渠道，公民对于任何国家机关和国家工作人员有提出批评和建议的权利，对于任何国家机关和国家工作人员的违法失职行为有向有关国家机关提出申诉、控告或者检举的权利。要健全申诉控告检举机制，加强检察监督，切实做到有权必有责、用权受监督、侵权要赔偿、违法必追究。

3. 密切人大代表同人民群众的联系

人民代表大会制度之所以具有强大生命力和显著优越性，关键在于它深深植根于人民之中。我们国家的名称，我们各级国家机关的名称，都冠以“人民”的称号，这是我们对中国社会主义政权的基本定位。中国260多万名各级人大代表，都要忠实代表人民利益和意志，依法参加行使国家权力。各级国家机关及其工作人员，不论做何种工作，说到底都是为人民服务。各级国家机关加强同人大代表的联系、加强同人民群众的联系，是实行人民代表大会制度的内在要求，是人民对自己选举和委派代表的基本要求。各级国家机关及其工作人员一定要把加强同人大代表和人民群众的联系作为对人民负责、受人民监督的重要内容，虚心听取人大代表、人民群众意见和建议，积极回应社会关切，自觉接受人民监督，认真改正工作中的缺点和错误。一方面，各级人大代表要通过调研、视察、走访、代表之家、代表活动室、代表接待日、网络平台等方式和渠道，了解社情民意，反映群众诉求，宣传国家法律法规和方针政策。另一方面，各级人大常委会要完善代表联系制度，支持和保证代表依法履职，充分发挥代表作用。同时，要虚心听取人大代表、人民群众意见和建议，积极回应来信来访和社会关切，把高效解决人民群众的切身利益问题当作工作的重点。

4. 加强人大制度自身建设

新的形势和任务对各级人大及其常委会工作提出了更高要求。要按照总结、继承、完善、提高的原则，推进人民代表大会制度理论和实践创新，推动人大工作提高水平。各级人大及其常委会要坚持正确的政治方向，增强代表人民行使管理国家权力的政治责任感，履行宪法法律赋予的职责。要健全人大常委会组成人员联系本级人大代表机制，畅通社情民意反映和表达渠道。支持和保证人大代表依法履职，优化人大常委会、专门委员会组成人员结构，完善人大组织制度、工作制度、议事程序。健全人大组织制度和运行机制，使各级人大及其常委会成为全面担负起宪法法律赋予的各项职责的工作机关，成为同人民群众保持密切联系的代表机关。健全人大组织制度、选举制度和议事规则，完善论证、评估、评议、听证制度。适当增加基层人大代表数量。加强地方人大及其常委会建设。加强县乡人大工作和建设，充分发挥基层国家权力机关和人大代表作用，把解决老百姓身边的问题作为当务之急，巩固党的执政基础。支持和保证人大及其常委会依法行使职权，健全人大对“一府一委两院”监督制度。密切人大代表同人民群众的联系，健全代表联络机制，更好发挥人大代表作用。各级党委要加强和改善党对人大工作的领导，支持和保证人大及其常委会依法行使职权、开展工作。

在我国这样有着悠久历史文化传统的国家建立起人民当家作主的新型政治制度，在政治发展史上都是具有划时代意义的。“人民代表大会制度是中国特色社会主义制度的重要组成部分，也是支撑中国国家治理体系和治理能力的根本政治制度。”① 作为我国的根本政治制度，人民代表大会制度明确了人民与国家的关系、公民与国家的关系、民族之间的关系和国家政权的组成、国家结构形式、国家

① 中共中央文献研究室．十八大以来重要文献选编：中．北京：中央文献出版社，2016：56.

机关之间的关系、国家机构奉行的共同原则以及中国共产党在国家政权中的地位等重大问题。人民代表大会制度调整的政治关系是管根本、管全局、管长远的。人民代表大会制度是党有效实施全面领导的主要途径和制度载体，是人民当家作主的根本途径和最高形式，是全面推进依法治国的力量源泉和基础平台。

三、坚持和完善中国共产党领导的多党合作和政治协商制度

2018 年 3 月，习近平总书记在全国政协十三届一次会议上参加委员联组讨论时指出，我国“共产党领导、多党派合作，共产党执政、多党派参政”的新型政党制度与西方多党制、两党制存在本质区别。新型政党制度作为我国的一项基本政治制度，不仅符合当代中国实际，而且符合中华民族一贯倡导的天下为公、兼容并蓄、求同存异等优秀传统文化，是对人类政治文明的重大贡献。我国新型政党制度，新就新在它是马克思主义政党理论同中国实际相结合的产物，能够真实、广泛、持久代表和实现最广大人民根本利益、全国各族各界根本利益，有效避免了旧式政党制度代表少数人、少数利益集团的弊端；新就新在它把各个政党和无党派人士紧密团结起来、为着共同目标而奋斗，有效避免了一党缺乏监督或者多党轮流坐庄、恶性竞争的弊端；新就新在它通过制度化、程序化、规范化的安排集中各种意见和建议、推动决策科学化民主化，有效避免了旧式政党制度囿于党派利益、阶级利益、区域和集团利益决策施政导致社会撕裂的弊端。

中国共产党领导的多党合作和政治协商制度作为我国的一项基本政治制度，是中国共产党和中国人民的伟大政治创造，是从中国的社会土壤中生长出来的新型政党制度，是适应我国实际的政党制度模式，是对世界政党模式多样性的丰富。这种新型的政党制度具

有长期性、稳定性和巨大的包容性、凝聚力，必须长期坚持、不断发展。“中国共产党领导的多党合作和政治协商制度，反映了人民当家作主的社会主义民主政治的本质，是我国政治格局稳定的重要制度保证。”① 新时代我们应该更加明确地坚持和完善中国共产党领导的多党合作和政治协商制度。

1. 始终坚持中国共产党的集中统一领导

中国共产党的领导是包括各民主党派、各团体、各民族、各阶层、各界人士在内的全体中国人民的共同选择。当今世界正经历百年未有之大变局，我国正处于实现中华民族伟大复兴关键时期。要不忘多党合作的初心，从中国共产党同各民主党派和无党派人士一道前进、一道经受考验的成功实践中，深刻认识中国共产党领导的多党合作和政治协商制度的优越性。要着力完善执政党党内法规制度体系建设，大力推进执政党党内民主建设，以党内民主的示范效应带动党际民主的发展。

2. 着力健全相互监督的制度机制

中国共产党与民主党派之间互相监督，是多党合作的重要制度安排。由于中国共产党处于领导和执政地位，更加需要自觉接受监督。邓小平指出，“在中国来说，谁有资格犯大错误？就是中国共产党。犯了错误影响也最大。”② 习近平总书记指出，“要继续加强民主监督。对中国共产党而言，要容得下尖锐批评，做到有则改之、无则加勉；对党外人士而言，要敢于讲真话，敢于讲逆耳之言，真实反映群众心声”③。要从制度上保障和完善民主监督，健全相互监督特别是中国共产党自觉接受监督、对重大决策部署贯彻落实情况实施专项监督等机制。2016 年起，受中共中央委托，各民主党派中央

① 中共中央文献研究室．习近平关于社会主义政治建设论述摘编．北京：中央文献出版社，2017：74－75.

② 邓小平．邓小平文选：第 1 卷．2 版．北京：人民出版社，1994：270.

③ 习近平．在同党外人士共迎新春时的讲话．人民日报，2013－02－08（1）.

对口8个脱贫攻坚任务重的中西部省区，持续开展脱贫攻坚的民主监督工作，就是真正使民主监督的过程成为推动责任落实、政策落实和工作落实的过程。

3. 建立健全政党协商的机制程序

政党协商是社会主义协商民主的重要组成部分和重要渠道，是实现国家治理体系和治理能力现代化的重要途径。要完善会议协商、约谈协商、书面协商等政党协商形式，细化实施步骤和工作流程。协商前，党委和政府有关部门应向民主党派和无党派人士通报有关情况；协商中应增加讨论交流的平台和机会，有互动、有商量；协商后应对意见和建议认真研究，及时反馈情况。同时，要进一步完善民主党派中央直接向中共中央提出建议制度，包括以调研报告、建议等形式直接向中共中央提出意见和建议，民主党派中央负责同志以个人名义向中共中央和国务院直接反映情况、提出建议等，从而更好地凝聚共识、推动发展。

4. 加强政协委员履职的制度保障

各级党委（党组）应搭建知政知情平台，建立党政部门定期围绕重大问题举行通报会等制度机制；政府有关部门、司法机关应加强与民主党派的联系，视情邀请民主党派列席有关会议、参加专项调研和检查督导工作。要真诚欢迎民主党派提出意见、批评和建议，通过深入坦诚的协商出共识、出办法、出感情、出团结。应支持民主党派培养高水平的参政议政人才，提高协商能力；协助民主党派提高分析问题解决问题的能力和议政建言的水平。

5. 协调推动执政党建设与参政党建设相互促进

发展社会主义民主政治，中国共产党要加强自身建设，民主党派也要加强自身建设。一方面，中国共产党作为执政党，要以勇于自我革命精神打造和锤炼自己，把党建设得更加坚强有力。另一方面，民主党派作为参政党，作为中国共产党的“好参谋、好帮手、好同事”，要引导广大成员增进对中国共产党和中国特色社会主义的认同；加强领导班子建设，推进代表人士队伍建设，提高组织发展质量；发挥自身人才智力优势和界别特色，着力提升参政议政、民主监督、参加中国共产党领导的政治协商的能力；完善制度建设、议事规则和决策程序设置，构建适合自身特点、系统规范、运行有效的制度体系。

6. 更好发挥人民政协重要政治形式和组织形式作用

人民政协是中国共产党领导的多党合作和政治协商的重要机构，是实行我国新型政党制度的重要政治形式和组织形式，应健全制度、丰富载体、创新方法，展现我国新型政党制度优势。更好发挥人民政协作为协商民主重要渠道和专门协商机构的作用，深入开展多种协商，形成完备的制度程序和全面的参与实践。健全发扬民主和增进团结相互贯通、建言资政和凝聚共识双向发力的程序机制。健全社会主义协商民主制度，统筹推进政党协商、人大协商、政府协商、政协协商、人民团体协商、基层协商以及社会组织协商，构建程序合理、环节完整的协商民主体系，完善协商于决策之前和决策实施之中的落实机制，丰富有事好商量、众人的事情由众人商量的制度化实践。

7. 不断巩固和发展最广泛的爱国统一战线

党的领导、武装斗争、统一战线是中国共产党人在民主革命时期的三大法宝。中国特色社会主义进入新时代，同样还要坚持巩固和发展最广泛的爱国统一战线，促进社会主义现代化建设事业的发展。“坚持大统战工作格局，坚持一致性和多样性统一，完善照顾同盟者利益政策，做好民族工作和宗教工作，健全党外代表人士队伍建设制度，凝聚港澳同胞、台湾同胞、海外侨胞力量，谋求最大公约数，画出最大同心圆，促进政党关系、民族关系、宗教关系、阶层关系、海内外同胞关系和谐。”① 坚持大统战工作格局，就要在原

① 中共中央关于坚持和完善中国特色社会主义制度 推进国家治理体系和治理能力现代化若干重大问题的决定．人民日报，2019－11－06（1）．

有的基础上发展更加广泛的爱国统一战线，团结一切可以团结的力量，组成浩浩荡荡的社会主义现代化建设大军，为中华民族的伟大复兴而共同奋斗；就要坚持一致性和多样性统一，把所有社会主义的建设者和爱国者团结在中华民族伟大复兴的旗帜下，为实现社会主义现代化的宏伟目标而共同奋斗。

四、坚持和完善民族区域自治制度

我国是一个统一的多民族国家。中华民族多元一体是先人们留给我们的丰厚遗产，也是我国发展的巨大优势。在我国 5 000 多年文明发展史上，各民族共同开拓了中国的辽阔疆域、共同书写了悠久的中国历史、共同创造了灿烂的中华文化、共同培育了伟大的中华民族精神。我们党坚持把马克思主义民族理论同中国民族问题具体实际相结合，创造性地制定出并不断完善民族区域自治制度。目前，我国共有 5 个自治区、30 个自治州、120 个自治县（旗），还有将近 1 100 个民族乡作为民族区域自治的重要补充形式。实践证明，民族区域自治制度符合我国国情，在维护国家统一、领土完整，在加强民族平等团结、促进民族地区发展、增强中华民族凝聚力等方面都起到了重要作用。

在新的历史条件下，我们要加深对民族区域自治制度历史必然性的认识，不断提高坚持和完善民族区域自治制度的思想自觉和行动自觉。坚持和完善民族区域自治制度，事关中国特色社会主义制度的巩固和发展，事关全国各族人民的根本利益，事关社会主义中国的长治久安。坚持和完善民族区域自治制度，关键在于做到坚持统一和自治相结合、民族因素和区域因素相结合。

1. 坚定不移走中国特色解决民族问题的正确道路

要坚持各民族一律平等，坚持各民族共同团结奋斗、共同繁荣发展，保证民族自治地方依法行使自治权，保障少数民族合法权益，巩固和发展平等团结互助和谐的社会主义民族关系。坚持在中国共产党领导下，坚持中国特色社会主义道路，坚持维护祖国统一，坚持各民族一律平等，坚持和完善民族区域自治制度，坚持各民族共同团结奋斗、共同繁荣发展，坚持打牢中华民族共同体的思想基础，坚持依法治国，加强各民族交往交流交融，促进各民族和睦相处、和衷共济、和谐发展，巩固和发展平等团结互助和谐的社会主义民族关系，共同实现中华民族伟大复兴。

2. 坚持不懈巩固中华民族共同体思想基础

全面深入持久开展民族团结进步创建，加强各民族交往交流交融。只有铸牢中华民族共同体意识，才能不断加强各民族交往交流交融，促进各民族像石榴籽一样紧紧抱在一起，推动中华民族走向包容性更强、凝聚力更大的命运共同体。要加强社会主义核心价值观教育，加强马克思主义民族观、党的民族政策、民族区域自治制度教育，加强全国各族人民维护国家统一、推动国家发展的光荣历史教育，不断增强各族群众对国家、民族、文化、制度的认同，让各族人民不断增强加强民族团结、反对民族分裂的思想自觉。要尊重差异、包容多样，让各民族在中华民族大家庭中手足相亲、守望相助。要全面贯彻落实民族区域自治法，健全民族工作法律法规体系，依法妥善处理涉民族因素的案事件，保证各族公民平等享有权利、平等履行义务，确保民族事务治理在法治轨道上运行。对各种渗透颠覆破坏活动、暴力恐怖活动、民族分裂活动、宗教极端活动，要严密防范、坚决打击。

3. 支持和帮助民族地区加快发展，不断提高群众生活水平

客观地说，一些民族地区群众困难多、困难群众多，同全国一道实现全面建成小康社会目标难度较大，必须加快发展，实现跨越式发展。支持民族地区加快经济社会发展，是党和国家的基本方针。要把民族团结进步事业作为基础性事业抓紧抓好，紧紧围绕全面建成小康社会目标，顺应各族群众新期盼，深化改革开放，调动广大干部群众的积极性，激发市场活力和全社会创新创造热情；发挥民族地区特殊优势，加大各方面支持力度，提高自我发展能力，释放发展潜力；发展社会事业，更加注重改善民生，促进公平正义；大力传承和弘扬民族文化，为民族地区发展提供强大精神动力；加强生态环境保护，提高持续发展能力。要把政策动力和内生潜力有机结合起来，发挥好中央、发达地区、民族地区三个积极性，对边疆地区、贫困地区、生态保护区实行差别化的区域政策，优化转移支付和对口支援体制机制，实施好促进民族地区和人口较少民族发展、兴边富民行动等规划，谋划好少数民族和民族地区发展。要紧扣民生抓发展，重点抓好就业和教育；发挥资源优势，重点抓好惠及当地和保护生态；搞好扶贫开发，重点抓好特困地区和特困群体脱贫；加强边疆建设，重点抓好基础设施和对外开放。

“民族区域自治制度是我国的一项基本政治制度，是中国特色解决民族问题的正确道路的重要内容和制度保障。”① 民族区域自治制度是符合我国各民族人民的共同利益和发展要求，根据我国的历史发展、文化特点、民族关系和民族分布等具体情况做出的制度安排。它既实行单一制的国家形式，维护了国家的统一，又在少数民族聚集地方实行自治，有效地处理了民族平等关系。“一个民主国家必须承认各地区的自治权，特别是居民的民族成分复杂的地区和专区的自治权。这种自治同民主集中制一点也不矛盾；相反地，一个民族成分复杂的大国只有通过地区的自治才能够实现真正民主的集中制。”②

① 中共中央文献研究室．习近平关于社会主义政治建设论述摘编．北京：人民出版社，2017：150－151.

② 列宁．列宁全集：第25卷．2版增订版．北京：人民出版社，2017：73.

五、健全充满活力的基层群众自治制度

基层群众自治制度，是指人民群众在党的领导下，依照宪法和法律对农村村级、城市社区公共事务和公益事业直接行使当家作主民主权利，实现基层群众自我管理、自我教育、自我服务、自我监督的一系列法律、规范和程序。基层群众自治制度是伴随新中国发展历程而生长起来的基本政治制度，在我国政治制度体系中有着十分独特的作用。在长期的实践中，我国的基层群众自治制度已经形成了鲜明的特色并积累了许多成功经验。新时代有新要求，健全充满活力的基层群众自治制度，需要加强和完善各个方面各个环节的工作。

1. 将坚持党的领导贯穿于基层群众自治的各个方面与各个环节

在民主选举中，基层党组织要把握选举的方向，做好宣传工作，认真做好选举基层群众自治组织的各项准备活动。基层党组织成员应当通过合法程序进入民主选举机构，主持选举机构工作，城乡社区党组织书记应当通过法定程序担任村（居）委会主任，村（居）“两委”班子交叉任职。在民主决策中，基层党组织要与基层群众自治组织、集体经济组织或企业组织一道积极组织群众参与民主决策。基层重大事项、重要安排、重点工作，要在基层党组织研究讨论后，由村（居）民会议、村（居）民代表会议依照法律和有关规定做出决定。在民主管理和监督中，基层自治组织的监督委员会要善于组织党员和群众监督民主决策事项的实施情况，党的农村基层组织应当健全党组织领导的自治、法治、德治相结合的乡村治理体系，城市社区要建立党建引领下的社区居民委员会、业主委员会、物业服务企业协调运行机制，充分调动居民参与积极性，形成社区治理合力。

2. 积极推进基层民主制度化、规范化、程序化

基层是民主政治的发源地和试验田，创新和完善具体的体制机制、程序技术，能够从原则走向具体，确保人民群众在基层自治实践中当家作主。例如，建立健全公开、公正、公平的选人、用人制度和机制，落实民主选举；建立健全议事协商决策制度和机制，落实民主决策、民主协商；建立健全村务公开、民主评议、问责制度和机制，落实民主管理、民主监督。切实防止基层群众自治中出现群众形式上有权、实际上无权的现象。要大力推进规范化，坚持法定的事情不能随意变，规定的步骤不能随意少，不能怕麻烦，更不能走过场。创新参与办法和渠道，充分兼顾“走出去”和“留下来”的村民在村民自治组织和集体经济组织中的权利和权益。要适应互联网时代的新形势，善于运用网络技术服务基层群众自治实践。对实践中出现的问题，如村（居）民选举委员会的推选程序、村（居）民委员会成员罢免程序、新旧班子交接工作程序、村（居）民会议向村（居）民代表会议授权程序、民主评议干部程序等，要不断地总结经验，提出新的解决思路和对策。

3. 重视企事业单位民主管理制度，维护职工合法权益

企业民主管理是工人阶级当家作主最直接的体现形式。在社会主义市场经济条件下，如何更好推进企事业单位民主实践，尤其需要付出艰辛的努力。在实践探索中，要健全以职工代表大会为基本形式的企事业单位民主管理制度，涉及职工切身利益的重大问题必须经过职工代表大会审议；要建立健全非公有制企业职工民主管理制度，推动形成和谐稳定的劳动关系；探索企业职工参与管理的有效方式，注意企业民主管理各种制度之间的有效衔接，以及企业民主管理制度和企业管理制度的有效对接，不断提高企业民主管理制度效能。

民主政治建设取决于许多因素，如经济发展、文化观念、制度设计、创造性精神等。但最为直接、最为基础的，则是那些充满活力的基层的群众参与和活动。直接的人们之间的信任、网络关系与健康的民主发展和人民福祉关系极大。民主的改革者必须从基层开始，切实鼓励普通公民之间的参与和交往。健全基层党组织领导的基层群众自治机制，确保人民民主权利的享有和落实。完善相关法律法规建设，提高基层群众自治的可操作性；在实践运作中提高基层群众自治的制度化水平，畅通基层选举、议事、公开、述职、问责等民主渠道，健全基层自治机制，既充分保障人民依法直接行使民主权利，又积极引导群众自治纳入制度化轨道。

坚持和完善中国特色社会主义法治体系，建设更高水平的法治中国

从法治的角度看，如果说党的十八届四中全会确立了法治中国建设1.0版行动纲领，那么党的十九届四中全会则确立了法治中国建设2.0版行动纲领。《决定》关于法治中国建设的战略性部署，以《决定》第四部分内容为主，但不限于《决定》第四部分内容，而是贯穿到、辐射到《决定》几乎所有部分。《决定》基于对新时代全面依法治国面临的新形势新挑战的深刻分析，明确了下一阶段坚持和完善中国特色社会主义法治体系的总蓝图、路线图、施工图，是引领社会主义法治迈向良法善治新境界的强大思想武器和科学行动指南。

一、新时代法治中国建设面临的新形势新挑战

当今世界正经历百年未有之大变局，我国正处于实现中华民族伟大复兴关键时期。国际国内形势的深刻变革，给法治中国建设既提供了不可多得的新机遇，也带来了前所未有的新挑战。《决定》虽未专门分析新时代法治中国建设面临的新情况新问题，但有关法治中国建设的新任务新举措却把握时代脉搏、回答时代课题、反映时

代大势，具有很强的时代感和创新性。我们要深入理解这些新任务新举措，必须深刻理解新时代法治中国建设面临的新形势新挑战。

1. 社会主要矛盾的历史性变化

随着我国社会主要矛盾发生历史性变化，人民日益增长的美好生活需要将转化为更高层次的民主法治、权利自由诉求，必将带来一场中国版的“权利革命”①，呼唤更高水平的良法善治。适应人民从满足基本物质文化需要向同步追求高品位物质文化生活转变，中国法治应加强对社会保障权、环境权、文化权等权利的保护，让人民生活更加舒心、更加幸福。适应人民从满足外在物质文化需要向同步追求精神心理满足转变，中国法治应加强对个人信息、隐私、名誉、荣誉等人格权的保护，让每个社会成员活得更有尊严、更加高贵。适应人民从注重现实安全向同步追求长远安宁转变，中国法治应加强对财产安全、人身安全、生产经营安全的有效保障，让每个人有更长远的预期和更持久的信心。适应人民从单纯的个体受益向同步追求参与公共事务转变，中国法治应加强对公民的知情权、参与权、表达权、监督权的保障，让公共事务人人参与、人人尽责。与上述变化相适应，《决定》提出了加强人权法治保障，保证人民依法享有广泛的权利和自由，保障职工群众的知情权、参与权、表达权、监督权，依法保护个人信息，建设人人有责、人人尽责、人人享有的社会治理共同体等一系列理念和举措。

2. 经济发展方式的加快转变

充分发挥法治固根本、稳预期、利长远的作用，有力保障经济持续健康发展，是中国特色社会主义法治的基本功能定位。当前，我国经济正从高速增长向高质量发展蹄疾步稳挺进，迈向富有活力和竞争力的现代化经济体系，对法治建设提出了一系列新任务新要求。适应更高标准的产权保护要求，执法司法机关应树立谦抑、审

① 桑斯坦．权利革命之后：重塑规制国．北京：中国人民大学出版社，2008：13－35.

慎、善意理念，能用民事、行政法律手段处理的经济案件，就不使用刑事法律手段，能不采用查封、扣押、冻结等强制措施的，就尽量不采用这些措施，确实需要采取强制措施的，也要最大限度减少对企业生产经营活动的影响。适应改善营商环境的要求，执法司法机关应加强对各种所有制主体合法权益的平等保护，健全落实维护公平竞争的法律制度，提高严格规范公正文明执法司法的水平，为经济发展创造公平、公正、透明、稳定的法治环境。根据这些新要求，《决定》提出了健全以公平为原则的产权保护制度，营造各种所有制主体依法平等使用资源要素、公开公平公正参与竞争、同等受到法律保护的市场环境等政策举措。

3. 新一轮科技革命的蓬勃兴起

在马克思主义思想传统中，科学技术一直被视为推动人类历史发展的革命性力量。针对近代工业革命的技术创新，马克思评价说，“蒸汽、电力和自动走锭纺纱机甚至是比巴尔贝斯、拉斯拜尔和布朗基诸公民更危险万分的革命家”①。新一轮科技革命正在以远远超出前几次科技革命的颠覆性力量，改变人类的生产方式、生活方式、交往方式，改写法治的生态环境、运行模式、作用形式。例如，生命科技的发展，使得自然人的生理、心理、精神要素变得可控制、可更改，能以优生、健康、增能等美好名义进行基因编辑、器官调换、记忆植入等操作。自然人正在成为一架从出生之前开始就可订制、可修改、可升级的完美机器。此外，人工智能技术的发展，使得机器人正在获得自然人所拥有的各种能力，甚至具有比自然人更“优等”的品质，诸如不知疲倦、不闹情绪、不计回报等。这不仅带来了一系列伦理、法律问题，而且正在推动人、人性、人道、人的尊严等与人相关的传统法律概念的重构，还将催生法律主体、人权保障等领域法制变革。又如，互联网从信息互联网、价值互联网到

① 马克思，恩格斯．马克思恩格斯文集：第2卷．北京：人民出版社，2009：579.

秩序互联网的快速发展，正在创造一个比真实世界更真实、更强悍、更风云变幻的虚拟世界。网上世界已深深嵌入网下世界，正在改变网下世界的资源配置、游戏规则、运行法则、权力格局。这要求我们重新考量传统的以网下世界为摹本的各种法律概念和制度，特别是时间、空间、关系、结构、正义、权利、权力等基础性概念和制度设计。适应新一轮科技革命的汹涌来袭，《决定》提出了建立健全运用互联网、大数据、人工智能等技术手段进行行政管理的制度规则，健全科技伦理治理体制，建立健全网络综合治理体系，完善科技支撑的社会治理体系等一系列理念和举措。

4. 全面依法治国的新阶段

新时代全面依法治国已进入系统推进、攻坚克难、提质增效的新阶段，迫切需要以大境界、大格局深入谋划大蓝图、大思路、大战略，让社会主义法治的优越性充分释放。立法上的要求，已不是有没有、多不多的问题，而是好不好、管不管用、有不有效的问题[①]，提高立法质量成为当务之急。执法司法上的要求，已不仅是严格执法、公正司法，还要追求精准化、文明化、人性化，展现出社会主义法治的力度、温度、风度。守法上的要求，已不是一般意义上的遵守法律，而是让尊法、信法、守法、用法、护法成为全体人民的共同追求[②]。法治建设在国家治理中的使命，已不只是服务经济社会发展，更重要的是推进国家治理体系和治理能力现代化，增强国家核心竞争力。面对这些新使命新要求，《决定》提出了提高立法质量和效率、健全社会公平正义法治保障制度、加强对法律实施的监督，引导全体人民做社会主义法治的忠实崇尚者、自觉遵守者、坚定捍卫者等一系列理念和举措。

---

① 中共中央文献研究室．习近平关于全面依法治国论述摘编．北京：中央文献出版社，2015：43.

② 同①90.

5. 全面开放格局的加快形成

我国正在实施更大范围、更宽领域、更深层次的全面开放，已深深嵌入全球结构和全球体系之中。当前，影响我国安全稳定的不少问题源头在境外，例如恐怖主义、毒品走私、电信诈骗、网络攻击等犯罪。我国政法机关只有主动与有关国家加强执法安全合作，从源头上铲除祸根，才能有效保障国内安宁。随着“一带一路”倡议下我国一系列重大工程的逐步推进，海外利益保护问题迫在眉睫。近年来，境外侵犯我国公民、企业合法权益的事件呈上升之势。这迫切要求政法机关树立国家利益拓展到哪里、安全保护和法治服务就跟进到哪里的理念，加快构建海外安全保护体系，切实保障我国海外机构企业和人员的合法权益。面对中国与世界关系的新变化，中国法治建设只有树立全球视野、开放思维，构建起适应全方位对外开放新格局的对外法治工作体系，才能更好肩负起维护国家主权、安全、发展利益的重任。《决定》明确提出，加强涉外法治工作，建立涉外工作法务制度，加强国际法研究和运用，完善涉外经贸法律和规则体系。

6. 世界法治格局的深刻变革

当今世界法治发展正处于多元竞争、迭代更新的大变革时期，中国法治迫切需要抢占世界法治制高点，大幅提升国际法治话语权，为世界法治发展提供中国智慧、中国方案。当前，随着全球治理体系结构发生深刻变革，国际法治领导权竞争更为激烈，各国纷纷争夺国际规则制定权、国际组织主导权、国际法律服务市场占有权。与西方主要国家相比，我国在这方面还存在明显的短板和弱项。这要求我们加快培养一批具有全球视野、精通国际规则的高层次涉外法治人才，加快建设一批具有国际影响力的司法、仲裁机构，加快推进法律服务走出去战略，努力占领国际法治制高点。做好国际法治人才培养推荐工作，推举更多优秀人才到国际组织特别是国际仲裁机构、国际司法机构任职，让国际组织有更多中国面孔、中国声音、中国元素。《决定》从国际治理角度提出了积极参与全球治理体系改革和建设、推动构建更加公正合理的国际治理体系的目标任务。

二、坚持和完善中国特色社会主义法治体系的总体思路

全面依法治国是国家治理的一场深刻革命，构建中国特色社会主义法治体系是国家制度建设的一项伟大工程。《决定》提出，必须坚定不移走中国特色社会主义法治道路，全面推进依法治国，坚持依法治国、依法执政、依法行政共同推进，坚持法治国家、法治政府、法治社会一体建设，加快形成完备的法律规范体系、高效的法治实施体系、严密的法治监督体系、有力的法治保障体系，加快形成完善的党内法规体系，全面推进科学立法、严格执法、公正司法、全民守法，推进法治中国建设。这明确了坚持和完善中国特色社会主义法治体系的正确方向和科学思路。

1. 坚定不移走中国特色社会主义法治道路

中国特色社会主义法治道路，是社会主义法治建设成就和经验的集中体现，是建设社会主义法治国家的唯一正确道路。党的十八大以来，以习近平同志为核心的党中央把全面依法治国纳入"四个全面"战略布局，坚持和拓展中国特色社会主义法治道路，谱写了法治中国建设新篇章。在新的历史起点上，坚持和完善中国特色社会主义法治体系，应坚持党的领导、人民当家作主和依法治国有机统一，坚持中国特色社会主义法治体系建设与推进国家治理体系和治理能力现代化有效衔接，坚持体制机制改革与现代科技运用深度融合，使中国特色社会主义法治道路的内涵更加丰富、特色更加鲜明、优势更加凸显①。

① 汪永清．中国特色社会主义法治道路越走越宽广．求是，2017（12）：45－47.

2. 坚持依法治国、依法执政、依法行政共同推进，坚持法治国家、法治政府、法治社会一体建设

在中国法治版图结构中，依法治国、依法执政、依法行政是三个关键环节，法治国家、法治政府、法治社会是三大重点板块。在推进法治中国建设的过程中，无论哪一个关键环节明显滞后，无论哪一个重点板块成为短板，都会严重影响法治建设的质量和速度。习近平总书记指出，全面依法治国是一项系统工程，必须统筹兼顾、把握重点、整体谋划，更加注重系统性、整体性、协同性。坚持依法治国、依法执政、依法行政共同推进，坚持法治国家、法治政府、法治社会一体建设，是法治建设系统推进、整体推进、协同推进的要害所在。未来的法治建设，应加强三个关键环节、三大重点板块整体谋划、衔接配套，确保 2035 年基本建成法治国家、法治政府、法治社会。

3. 加快形成完备的法律规范体系、高效的法治实施体系、严密的法治监督体系、有力的法治保障体系和完善的党内法规体系

法律规范体系、法治实施体系、法治监督体系、法治保障体系、党内法规体系是中国特色社会主义法治体系的主体内容，加快形成这五个体系是完善中国特色社会主义法治体系的题中应有之义。一是加快形成完备的法律规范体系。法律规范体系就是过去所讲的中国特色社会主义法律体系，由宪法及宪法相关法、民商法、行政法、经济法、社会法、刑法、诉讼与非诉讼程序法等七大法律部门构成。虽然这一法律规范体系已经形成，但还是“毛坯房”，需要“精装修”，切实提高法律的可执行性、可操作性。二是加快形成高效的法治实施体系。法治实施体系由依法执政、严格执法、公正司法、全民守法等四大环节构成，履行着把本本上的法转变为生活中的法的功能。应持续深化依法执政体制、行政执法体制、司法体制和法治宣传教育体制改革，加快构建高效的法治实施体制，做到有法必依、执法必严、违法必究。三是加快形成严密的法治监督体系。法治监督体系由党内监督、人大监督、民主监督、监察监督、行政监督、司法监督、审计监督、社会监督、舆论监督等监督形式构成，履行着防错纠错功能。应抓紧制定完善各类监督法律和制度，健全立法、执法、司法权力运行制约和监督机制，织密织牢法治监督之网，确保监督有序、有力、有效。四是加快形成有力的法治保障体系。法治保障体系由人才保障、队伍保障、经费保障、科技保障、设施保障等五大保障机制构成，履行着保障法治有效运转的功能。应建立可持续、高效益、制度化的各类保障机制，构建起坚实有力的法治保障体系。五是加快形成完善的党内法规体系。党内法规体系是指以党章为根本、由各领域各层级党内法规组成的有机统一整体，是管党治党的主要依据。要适应新时代坚持和加强党的全面领导、以党的政治建设为统领全面推进党的各项建设的需要，到建党 100 周年时形成以党章为根本、以准则条例为主干，覆盖党的领导和党的建设各方面的党内法规制度体系。

4. 统筹推进依法治国和依规治党

依法治国和依规治党是中国特色社会主义法治的一体两翼。依法治国要解决的是包括党的活动在内的一切政治和经济社会活动的制度化问题，而依规治党是在依法治国解决普遍性问题基础上，进一步解决规范党的领导和党的建设活动的特殊性问题。党的十八大之后，中国的制度建设由原来的国家法治建设一马当先，转变为党内法规制度建设和国家法治建设并驾齐驱。下一步，应在中央全面依法治国委员会的统一领导下，统筹安排依法治国和依规治党的顶层规划、行动计划，形成党内法规建设和国家法治建设相辅相成、相互促进、相互保障的格局，创造更高水平的社会主义制度文明。

5. 全面推进科学立法、严格执法、公正司法、全民守法

科学立法、严格执法、公正司法、全民守法，既是法治中国建设的目标状态，又是法治中国建设的重点任务。在迈向良法善治的过程中，这四项任务之间的关联性、制约性不断增强。例如，立法环节上制度供给的科学性、及时性、操作性的不足，对执法、司法、守法产生不利影响。又如，行政执法上出现的“宽松软”现象，对社会成员的守法产生负面激励效应。因此，需要加强对这四项任务的统筹协调，形成前后呼应、首尾贯通的全链条推进体系。

三、坚持和完善中国特色社会主义法治体系的基本任务

《决定》第四部分站在推进国家治理体系和治理能力现代化的角度，对中国特色社会主义法治体系建设的主体工程做出了战略部署，为实现权利有保障、权力受制约、违法必追责、正义可预期、公平看得见的良法善治提供了战略指引。

1. 健全保证宪法全面实施的体制机制

宪法是国家的根本法，是治国理政的总章程，是全面依法治国的总依据。全面实施宪法是全面依法治国的首要任务，是建设社会主义法治国家的基础性工作。《决定》第四部分提出，加强宪法实施和监督，落实宪法解释程序机制，推进合宪性审查工作，加强备案审查制度和能力建设，依法撤销和纠正违宪违法的规范性文件。

健全宪法实施机构和制度是保证宪法全面实施的前提条件。2018年党和国家机构改革后，全国人大设立了宪法和法律委员会，承担推动宪法实施、开展宪法解释、推进合宪性审查、加强宪法监督等职责。要健全和落实宪法解释程序机制，积极回应涉及宪法有关问题的关切，及时对宪法有关问题做出宪法解释，有效维护宪法的权威。坚持宪法法律至上，健全法律面前人人平等保障机制，维护国家法制统一、尊严、权威，一切违反宪法法律的行为都必须予以追究。

合宪性审查是保证宪法有效实施的关键制度。要严格落实宪法规定，健全中国特色合宪性审查机制，确保违宪行为及时得到纠正和追究。加强备案审查制度和能力建设，依法依规把所有法规规章、

司法解释和其他规范性文件出台纳入备案审查范围，做到有件必备、有备必审、有错必纠。全国人大常委会的备案审查工作，应当包括审查有关规范性文件是否存在不符合宪法规定、不符合宪法精神的内容。其他国家机关发现规范性文件可能存在合宪性问题的，应当及时报告全国人大常委会或者依法提请全国人大常委会审查。

2. 完善立法体制机制

立法是为国家定规矩、立方圆的神圣工作。完善立法体制机制，是推进科学立法、民主立法、依法立法的必然要求。《决定》第四部分提出，完善党委领导、人大主导、政府依托、各方参与的立法工作格局，立改废释并举，完善以宪法为核心的中国特色社会主义法律体系，加强重要领域立法，加快我国法域外适用的法律体系建设。

党委领导、人大主导、政府依托、各方参与是中国特色社会主义立法格局的鲜明特色。《立法法》第3条明确规定，立法应当坚持中国共产党的领导。加强党对立法工作的领导，是完善立法体制的首要任务，有利于实现党的主张与人民意志的统一，破解立法工作中的难题困境。加强党对立法工作的领导，首先是加强党中央对国家立法工作的领导，健全党中央领导立法工作的体制机制，完善党对立法工作中重大问题决策的程序。人大主导是人民代表大会制度在立法上的内在要求。应健全人大主导立法工作的体制机制，建立由全国人大相关专门委员会、全国人大常委会法制工作委员会组织有关部门起草综合性、全局性、基础性等重要法律草案制度，依法建立健全专门委员会、工作委员会立法专家顾问制度。政府是立法工作的重要主体。应加强和改进政府立法制度建设，完善行政法规、规章制定程序，建立由专门的机构组织起草法律法规的工作机制。公众参与是民主立法的根本要求。应健全社会公众参与立法工作的体制机制，完善基层立法联系点制度，健全法律法规规章草案公开征求意见和公众意见采纳情况反馈机制，做到民有所呼、法有所应。

完善以宪法为核心的中国特色社会主义法律体系，是我国立法工作的根本任务。在新的历史条件下，要抓住提高立法质量这个关键，加快完善法律、行政法规、地方性法规体系，以及与之相配套的制度规定和社会规范体系，不断增强法律法规的科学性、针对性、操作性、有效性，为全面依法治国提供基本依据。坚持立改废释并举，立新法、改旧法、废老法、释粗法，做到立法同改革发展的要求同步，防止慢半拍、拖后腿。加强重要领域立法，对涉及全面深化改革、推动经济发展、完善社会治理、保障人民生活、维护国家安全等方面的法律法规抓紧制定、及时修改。加快我国法域外适用的法律体系建设，在国家安全、反恐、金融、反洗钱、网络安全和经济安全等领域重要立法中确立域外效力条款，强化域外适用规则中的法律责任，加大域外适用程序规则的设置力度，牢牢掌握国际法律斗争主动权。

3. 深化行政执法体制改革

执法是把纸面上的法律变为现实生活中的法律的关键环节。据不完全统计，80％以上的法律、90％的地方性法规和几乎100％的行政法规、规章都由行政机关组织实施。当前，行政执法是全面依法治国的突出短板。《决定》提出，深化行政执法体制改革，最大限度减少不必要的行政执法事项，继续探索实行跨领域跨部门综合执法，推动执法重心下移，规范执法自由裁量权，落实行政执法责任制和责任追究制度，加大关系群众切身利益的重点领域执法力度。

最大限度减少不必要的行政执法事项，既是转变政府职能的题中应有之义，也是完善行政执法体制的关键举措。这一改革举措，体现了政府权力谦抑审慎、最后干预的现代法理，是对当前法治实践中存在的执法滥权、执法腐败、执法扰民等问题的源头治理之策，是法治思维在执法体制改革中的典范运用。落实这一改革举措，首先，应当从立法环节开始，通过法律法规严格限定行政执法事项的范围，明确取消不合理、不必要的执法事项，尽可能不留弹性操作空间。其次，在执法环节，应严格遵循法定职责必须为、法无授权不可为的原则，做到依照法定职权和程序行使执法权，防止随意扩权、任性滥权。

提高严格规范公正文明执法水平是深化行政执法体制改革的基本目标。各级行政机关要在完成党的十八大以来部署的各项任务的基础上，持续深入推进下列改革。一是优化配置执法力量，推动整合同一领域或相近领域执法队伍，实行综合设置，组建市场监管、生态环境保护、文化市场、交通运输、农业等综合执法队伍。二是建立健全行政裁量权基准制度，细化、量化行政裁量标准，规范执法裁量范围、种类、幅度，坚决防止任性执法。三是全面落实行政执法责任制，严格确定不同部门及机构、岗位执法人员执法责任和责任追究机制，坚决防止与克服地方和部门保护主义。四是健全行政执法和刑事司法衔接机制，坚决克服有案不移、有案难移、以罚代刑现象，实现行政处罚和刑事处罚无缝对接。

4. 深化司法体制综合配套改革

司法体制综合配套改革，是以习近平同志为核心的党中央将经济领域的“综合配套改革”思想应用于司法领域提出的具有鲜明中国特色的新范畴，是在新的历史起点上全面深化司法体制改革的重大战略举措，对于建设公正高效权威的社会主义司法制度、提高我国司法国际话语权和公信力具有重要意义。《决定》第四部分提出，深化司法体制综合配套改革，完善审判制度、检察制度，全面落实司法责任制，完善律师制度，加强对司法活动的监督，确保司法公正高效权威，努力让人民群众在每一个司法案件中感受到公平正义。

完善审判制度、检察制度是司法体制综合配套改革的重点任务。最高人民法院《关于深化人民法院司法体制综合配套改革的意见》提出了“十大任务”，最高人民检察院《2018—2022 年检察改革工作规划》提出了“六大任务”。法院、检察院系统应以深化综合配套改革为契机，加快完善中国特色社会主义审判制度、检察制度，努力让人民群众在每一个司法案件中感受到公平正义。

律师制度是中国特色社会主义司法制度的重要组成部分，深化律师制度改革是司法体制综合配套改革的重要内容。完善律师执业保障机制，健全完善侦查、起诉、审判各环节重视律师辩护代理意见的工作机制，扩大和保障律师收集证据的权利，切实维护律师执业权利和人身权利。健全律师执业管理制度，完善律师执业行为规范体系，实行律师不良执业信息记录披露和查询制度，构建律师行业优胜劣汰的激励约束机制。加强律师队伍建设，统筹城乡、区域律师资源，解决基层和欠发达地区律师资源不足问题，积极发展公职律师、公司律师队伍，构建社会律师、公职律师、公司律师等优势互补、结构合理的律师队伍。

司法体制改革综合配套改革是司法领域的整体性、系统性改革，所涉及的部门已不限于法院、检察院，还包括与司法工作有密切关系的党委政法委、公安、司法行政、国家安全等政法机关，包括与司法机关人财物管理和纠纷解决相关的组织、人社、财政以及各行业管理部门、工青妇等群团组织。这要求，在各级党委的统一领导下，党政机关和群团组织积极参与综合配套改革，共同破解司法实践中存在的诉讼案件快速增长、执法司法衔接不够、司法权威不足、司法生态环境不优等难题困境，加快推进司法体系和司法能力现代化。

5. 完善全民守法的体制机制

在我们这样一个有 14 亿人口的发展中大国，实现人人尊法信法守法，是一项长期而艰巨的历史任务。《决定》第四部分提出，加大全民普法工作力度，增强全民法治观念，完善公共法律服务体系，夯实依法治国群众基础。各级党和国家机关以及领导干部要带头尊法学法守法用法，提高运用法治思维和法治方式深化改革、推动发展、化解矛盾、维护稳定、应对风险的能力。

普法教育是提高公民法治素养、培养全民法治信仰的基础工程。这要求，创新普法工作方式方法，加强新媒体新技术的深度运用，创作更多有正能量、有感染力的法治文化作品，丰富人民群众精神文化生活的法治蕴涵；加强社会主义法治文化建设，推动宪法法律至上、法律平等、程序正义、罪刑法定、疑罪从无等理念深入人心，让法治成为全社会的思维方式和行为习惯。

领导干部带头尊法学法守法用法对全民守法具有很重要的示范带动作用。创新完善国家工作人员学法用法制度，加大党委（党组）中心组学习宪法法律知识的力度，提高党校、行政学院、干部学院、社会主义学院干部教育培训课程中法学法治课程的比重。要加重法治建设成效考核在政绩考核中的分量，把能不能遵守法律、依法办事作为考察干部重要标准，优先提拔使用法治素养好、依法办事能力强的干部。

6. 加强对法律实施的监督

法律的生命力在于实施，法律的权威也在于实施。《决定》提出，保证行政权、监察权、审判权、检察权得到依法正确行使，坚决排除对执法司法活动的干预，拓展公益诉讼案件范围，加大对严重违法行为处罚力度，实行惩罚性赔偿制度，严格刑事责任追究。

行政机关、监察机关、审判机关、检察机关是国家执法司法机关，在法治实施体系中居于重要地位。各级党政机关和领导干部应支持和保证行政机关、监察机关、审判机关、检察机关依法正确行使职权。严格执行《领导干部干预司法活动、插手具体案件处理的记录、通报和责任追究规定》，坚决排除对司法活动的非法干预，确保审判机关、检察机关依法独立公正行使职权。任何党政机关和领导干部都不得让司法机关做违反法定职责、有碍司法公正的事情，任何司法机关都不得执行党政机关和领导干部违法干预司法活动的要求。

近年来，随着执法司法规范化建设深入推进，任性用权、粗暴执法的现象减少了，但执法失之于宽、失之于软的问题有所抬头。执法机关应坚持把严格执法放在第一位，对挑战法律权威、挑衅公共秩序等违法行为，坚决依法予以惩治，防止引发“破窗”效应。加大对校闹、医闹、车闹、讼闹等严重违法行为的惩治力度，对制假卖假、侵犯知识产权等行为实行惩罚性赔偿制度，运用法治手段祛邪扶正、激浊扬清，促进社会风气根本性好转。

加强对法治实施情况的评估，是提高法律实施质量的重要举措。要积极推进法治实施部门的自我评估，特别是大力推进社会力量的第三方评估，为创新完善法治实施体制机制提供客观信息和可靠依据。《法治政府建设与责任落实督察工作规定》规定，督察单位可以委托科研院校、专业机构、人民团体、社会组织等对被督察单位开展第三方评估，提出意见建议。

四、坚持和完善中国特色社会主义法治体系的重要举措

除第四部分外，《决定》第二部分至第十四部分对经济政治社会、内政外交国防、治党治国治军等各领域法治建设做出了具体部署，提出了一系列具有前瞻性、创新性举措，确立了一种全方位、全覆盖、无死角的大国气派法治建设纲领。

1. 完善依规治党制度体系

《决定》提出，完善全面从严治党制度，坚持依规治党，加快形成完善的党内法规体系。加强党内法规制度建设，是依规治党的必然要求。应坚持以党章为根本遵循，本着于法周延、于事有效的原则，制定新的法规制度，完善已有的法规制度，废止不适应的法规制度，加快形成覆盖党的领导和党的建设各方面的党内法规制度体系。制定党内法规制度必须牢牢抓住质量这个关键，方向要正确、内容要科学、程序要规范，保证每项党内法规制度都立得住、行得通、管得了。建立高效的党内法规制度实施体系，确保各级党组织依规决策、依规执行、依规监督。加强监督检查，将党内法规制度实施情况作为各级党委督促检查、巡视巡察的重要内容，对重要党

内法规制度实施情况开展定期督查、专项督查。

2. 完善市场经济的法治保障机制

市场经济是法治经济，法治是经济高质量发展的制度保障。《决定》从加强产权保护、维护公平竞争、保护消费者权益、改善营商环境等方面提出了一系列重要举措。

产权制度是市场经济的基石。应健全以公平为原则的产权保护制度，增强企业家和人民群众的财产财富安全感，激发各类经济主体创业创新动力。针对知识产权侵权成本低、维权成本高的问题，应建立知识产权侵权惩罚性赔偿制度，有效保障知识产权人的合法权益。完善知识产权案件审理机制，研究知识产权市场价值的司法认定办法，加大对知识产权侵权行为惩治力度，防止权利人赢了官司、丢了市场。针对商业秘密维权案件举证难、成本高、赔偿低的问题，健全商业秘密的司法保护机制，打造一体化商业秘密保护机制，切实维护企业利益、产业安全和国家经济安全。

法治是最好的营商环境。要坚持依法平等保护各类市场主体合法权益，营造各种所有制主体依法平等使用资源要素、公开公平公正参与竞争、同等受到法律保护的市场环境，最大限度激发社会创造活力。充分认识非公有制经济在促进增长、推动创新、扩大就业等方面的重要作用，依法保护非公有制企业的财产权，依法惩治侵犯其合法权益的违法犯罪活动，为其健康发展提供有力司法保障。对改革开放以来各类企业尤其是民营企业因经营不规范引发的问题，要以历史和发展的眼光予以对待，严格遵循法不溯及既往、罪刑法定、从旧兼从轻等原则公正处理，不盲目翻旧账。严格区分罪与非罪的界限，坚持查办案件和规范行为、采取强制措施和保障合法权益、惩治犯罪和挽回损失并重，防止因执法办案不当加剧企业生产经营困难。

3. 推进民主政治法治化

民主政治是法治政治。《决定》提出了一系列民主制度化、法治化的新任务，诸如健全民主制度，丰富民主形式，拓宽民主渠道，依法实行民主选举、民主协商、民主决策、民主管理、民主监督；构建程序合理、环节完整的协商民主体系，完善协商于决策之前和决策实施之中的落实机制，丰富有事好商量、众人的事情由众人商量的制度化实践；保证民族自治地方依法行使自治权，保障少数民族合法权益。这要求，完善国家机构组织法，完善选举法律制度和工作机制，完善行政决策、执行、监督程序法律制度，保证人民依法进行民主选举、民主协商、民主决策、民主管理、民主监督。加强社会主义协商民主法律制度建设，推进协商民主广泛多层制度化发展。完善民族区域自治法律制度，切实保障民族自治地方自治权和少数民族合法权益。

4. 完善先进文化的法治保障机制

礼法结合、德法共治是中华治理传统的精髓。《决定》提出，坚持依法治国和以德治国相结合，完善弘扬社会主义核心价值观的法律政策体系，把社会主义核心价值观要求融入法治建设；完善诚信建设长效机制，健全覆盖全社会的征信体系，加强失信惩戒。为此，要善于运用法治手段解决道德领域突出问题。加强相关立法工作，明确对失德行为的惩戒措施。依法加强对群众反映强烈的失德行为的整治。对突出的诚信缺失问题，既要抓紧建立覆盖全社会的征信系统，又要完善守法诚信褒奖机制和违法失信惩戒机制，使人不敢失信、不能失信。对见利忘义、制假售假的违法行为，要加大执法力度，让败德违法者受到惩治、付出代价。

5. 推进社会治理法治化

法治是社会治理的最优模式，是推进社会治理现代化的必由之路。《决定》重申，法治保障是社会治理体系的重要特征，并提出了完善人民调解、行政调解、司法调解联动工作体系，完善社会矛盾纠纷多元预防调处化解综合机制，提高社会治安法治化水平，健全国家安全法律制度体系等要求。为此，要加快构建多元衔接、各尽其能的纠纷解决体系，推动矛盾纠纷分类分道分流防范化解，促进社会更加和睦和谐和美。要完善基层依法治理体系，构建起尊法、学法、用法、守法、护法的治理机制，让法治成为百姓思维习惯和生活方式。贯彻落实总体国家安全观，加快国家安全法治建设，抓紧出台维护政治安全、经济安全、国土安全等领域急需法律，推进公共安全法治化，构建国家安全法律制度体系。健全公共安全事件问责追责机制，既严肃查处直接责任人员的法纪责任，又严格追究负有领导、监管职责的领导干部的法纪责任，真正起到处理一案、教育一片的效果。

6. 完善生态文明的法治保障机制

随着生态文明建设纳入“五位一体”总体布局并“入宪”，我国生态文明领域法治建设实现了由“环境法制”向新时代“生态法治”的飞跃[①]。《决定》提出，健全环境保护法律体系和执法司法制度，完善生态环境公益诉讼制度，落实生态补偿和生态环境损害赔偿制度。近年来，随着中国改革与发展的推进和深化，生态问题层出不穷，原有法律制度已不能适应生态文明建设的需要。因而，《决定》提出实行“最严格”的生态环境保护制度的主张，“最严格”也成为法律体系与执法司法制度建设的时代特色。我国生态环境保护立法应向系统化、精细化发展，加快健全国土资源使用、绿色生产与消费、绿色技术创新、污染许可与治理等领域立法，加快编纂环境保护法典[②]。生态环境诉讼建设应聚焦法律责任落实问题，规范生态补偿和生态损害赔偿制度运作，探索环境公益诉讼的“中国模式”。

7. 加强中国特色军事法治建设

深入推进依法治军从严治军，是全面依法治国的重要组成部分。

---

① 刘洪岩．接驳与拓展：“生态文明入宪”与环境法制革新．吉林大学社会科学学报，2019（5）：112－124.

② 吕忠梅，窦海阳．机遇与挑战：民法典“绿色化”与环境法典的调适．中外法学，2018（4）：862－882.

《决定》提出，加强中国特色军事法治建设。新时代军队法治建设，要紧紧围绕党在新形势下的强军目标，着眼全面加强军队革命化现代化正规化建设，创新发展依法治军理论和实践，构建完善的中国特色军事法治体系，提高国防和军队建设法治化水平。中国特色军事法治体系包括军事法规制度体系、军事法治实施体系、军事法治监督体系、军事法治保障体系。要健全适应现代军队建设和作战要求的军事法规制度体系，严格规范军事法规制度的制定权限和程序，将所有军事规范性文件纳入审查范围，完善审查制度，增强军事法规制度科学性、针对性、适用性。要坚持从严治军铁律，加大军事法规执行力度，明确执法责任，完善执法制度，健全执法监督机制，严格责任追究，推动依法治军落到实处。要改革军事司法体制机制，完善统一领导的军事审判、检察制度，维护国防利益，保障军人合法权益，防范打击违法犯罪。建立军事法律顾问制度，在各级领导机关设立军事法律顾问，完善重大决策和军事行动法律咨询保障制度。

8. 完善依法治港治澳机制

依法治港治澳既是全面依法治国的题中应有之义，也是香港、澳门保持长期繁荣稳定的重要保障。《决定》主要从健全中央依照宪法和基本法对特别行政区行使全面管治权、完善特别行政区法律制度两个方面，提出了一系列完善依法治港治澳机制的举措。一是完善中央对特别行政区行政长官和主要官员的任免制度与机制、全国人大常委会对基本法的解释制度，依法行使宪法和基本法赋予中央的各项权力。二是建立健全特别行政区维护国家安全的法律制度和执行机制，支持特别行政区强化执法力量。三是健全特别行政区行政长官对中央政府负责的制度，支持行政长官和特别行政区政府依法施政。四是完善特别行政区同宪法和基本法实施相关的制度机制，坚持以爱国者为主体的“港人治港”“澳人治澳”，提高特别行政区依法治理水平。

9. 加强涉外法治工作

加强涉外法治工作，是法治中国建设的重要组成部分，是构建全方位对外开放格局的时代需要。《决定》提出了一系列加强涉外法治工作的重要举措，有利于维护我国国家主权、安全和发展利益，提高中国法治话语权和影响力。一是健全外商投资国家安全审查、反垄断审查、国家技术安全清单管理、不可靠实体清单等制度，提高应对境外安全风险能力和反制能力。二是建立涉外工作法务制度，推动驻外使领馆设立法务参赞、警务联络官，及时向赴境外人员提供安全和法律服务，支持有关企业和人员在境外依法维权。三是以我国海外利益密集、海外安全问题突出的地区为重点，建立健全海外法律和安全风险的评估与防范机制，确保我国海外投资项目安全。四是加强专门法院、仲裁机构建设，提高涉外案件裁判水平，打造一批有国际美誉度的司法、仲裁机构。五是鼓励和支持国内大型律师事务所通过在境外设立分支机构、海外并购、联营等方式，开拓海外法律服务市场，增强国际竞争力。

10. 推进党和国家监督法治化

《决定》提出，推进纪检监察工作规范化、法治化，推进反腐败国家立法。党的十八大以来，反腐败国家立法和党内立法取得了前所未有的成就。但是，面对依然严峻复杂的反腐败斗争形势，如何在反腐败斗争中依法保护当事人的合法权益，如何完善执纪与执法有效衔接的程序，如何实现监察、检察、审判证据一体化等，都需要通过科学立法来解决。当前，既要进一步完善《中华人民共和国刑法》《中华人民共和国刑事诉讼法》等法律中有关惩治腐败的规则体系，又要探索制定一部专门的、综合性反腐败法律，使反腐败法律法典化。

坚持和完善中国特色社会主义行政体制

行治必先修制。行政体制处于政治体制、经济体制、文化体制、社会体制和生态文明体制等各方面改革的联结点上，承担着按照党和国家决策部署推动经济社会发展、管理社会事务、服务人民群众的重大职责，是政策执行、工作落实、改革推进的“发力点”，在国家制度和国家治理体系中居于重要位置。比如，新冠肺炎疫情发生以来，一件件具体的救治、防控工作看似只是专业性、技术性的工作，背后却凝结着从中央到地方各个层级行政架构的领导、组织、协调运转力量。各级行政部门各司其职用力方向一致，最终才能汇聚为抗疫斗争的强大合力。正是在这个意义上，我们说疫情防控也是对我国行政体制的一次大考和淬炼。党的十九届四中全会提出“坚持和完善中国特色社会主义行政体制，构建职责明确、依法行政的政府治理体系”，彰显了新时代中国共产党人深化行政体制改革、推进国家治理体系和治理能力现代化的坚定意志与决心。深刻理解把握坚持和完善中国特色社会主义行政体制所面临的新形势与新挑战、目标和任务以及重点举措，对于我们更好地将制度优势转化为制度效能、推进国家治理体系和治理能力现代化具有十分重要的意义。

一、新时代坚持和完善中国特色社会主义行政体制的新形势与新挑战

“为政而不行，甚者必变而更化之，乃可理也。”新中国成立70年来，党和国家始终高度重视构建与社会经济发展要求相适应的行政体制，不断推动中国特色社会主义行政体制发展和完善。尤其是改革开放以来，我们一以贯之地推进行政体制的理论创新和实践创新，先后开展了八次大规模的机构改革，我国政府职责体系日益健全、政府组织结构不断优化、政府职能得到有效发挥、政府作用成效愈发显著，为推动经济社会持续快速发展和国家长治久安提供了有力保障。“凡是过往，皆为序章。”随着中国特色社会主义进入新时代，我国深化行政体制改革面临新的形势和挑战，这给坚持和完善中国特色社会主义行政体制提出了新的、更高的要求。

1. 新时代社会主要矛盾转化要求加快建设人民满意的服务型政府

从1981年党的十一届六中全会正式提出“我国所要解决的主要矛盾，是人民日益增长的物质文化需要同落后的社会生产之间的矛盾”[①]之后，在30多年的时间内党和国家对于社会主要矛盾的基本判断是社会生产供给和物质文化需要之间“量”的矛盾。2017年，党的十九大提出新时代我国社会主要矛盾已经转化为“人民日益增长的美好生活需要和不平衡不充分的发展之间的矛盾”，这意味着一方面不能再简单地以“落后的社会生产”描述社会矛盾的“供给侧”，另一方面社会矛盾的“需求侧”也发生了深刻变化，“人民美好生活需要日益广泛，不仅对物质文化生活提出了更高要求，而且

① 中共中央文献研究室．三中全会以来重要文献选编：下．北京：人民出版社，1982：839.

在民主、法治、公平、正义、安全、环境等方面的要求日益增长”①。很显然，人民群众对这些美好生活的需要，不仅要求政府在推动生产力发展、经济增长方面发挥更大的作用，而且要承担更多的公共服务、公共利益协调等社会职能，甚至政府本身的服务质量也成为美好生活需求的重要组成部分。应该认识到，目前我国各级政府的服务理念、服务方式、服务质量与人民群众对美好生活的期待之间仍然存在差距，新时代要推动更加平衡更加充分的发展，就必须进一步转变政府职能，加快建设人民满意的服务型政府。

2. “让市场在资源配置中起决定性作用”要求进一步转变政府职能

正确处理政府和市场的关系是改革开放以来我国行政体制改革的一条主线。习近平指出：“我们对政府职能的认识和定位，是随着改革开放和社会主义市场经济发展而发展的，从传统计划经济体制向社会主义市场经济体制转变是一个不断前进的过程。改革的推进，经济基础的发展，自然而然会对上层建筑提出新的要求。我们党在实践中不断深化对这个问题的认识，持续推进政府职能转变。”② 只有进一步转变政府职能，更大激发市场活力和社会创造力，才能从广度和深度上继续推进市场化改革，实现让市场在资源配置中起决定性作用的目标。

3. 统筹推进“五位一体”总体布局要求行政部门间密切协调配合

在“五位一体”总体布局中，行政体制不仅是政治建设的有机组成部分，而且对经济建设、文化建设、社会建设和生态文明建设起到辐射和带动作用。只有行政部门间密切协调配合，各领域的改革才能全面发力、多点突破、纵深推进，改革的系统性、整体性、协同性才能得到体现，形成综合效应、集成效应，助力破解经济社

---

① 习近平．决胜全面建成小康社会　夺取新时代中国特色社会主义伟大胜利：在中国共产党第十九次全国代表大会上的报告．北京：人民出版社，2017：11.

② 中共中央文献研究室．习近平关于社会主义政治建设论述摘编．北京：中央文献出版社，2017：109.

会发展中的深层次矛盾和问题。

4. 实现全面建成小康社会目标要求行政体制运转更加高效顺畅

全面建成小康社会意味着经济高质量发展、人民生活水平和质量普遍提高、国民素质和社会文明程度显著提高、生态环境质量总体改善、各方面制度更加成熟更加定型。人民群众利益的整体性实现和全方位发展需要不断补齐社会发展的短板，这归根结底离不开行政体制效能的支撑。习近平指出，“现在政府职能转变还不到位，政府对微观经济运行干预过多过细，宏观经济调节还不完善，市场监管问题较多，社会管理亟待加强，公共服务比较薄弱，这些问题的存在与全面建成小康社会的新要求是不相符合的”①。只有建立起更加高效顺畅运行的行政体制，才能为全面建成小康社会目标的实现提供强大的动能。

5. 全面推进依法治国要求加快建设法治政府

目前我国行政机构组织结构设置的法治化程度与“职能科学、权责法定、执法严明、公开公正、廉洁高效、守法诚信的法治政府”目标还有较大差距，完善行政组织法律制度，推进机构、职能、权限、程序、责任法定化仍然任重道远。在一些地方和部分领域，有法不依、执法不严、违法不究现象相对比较严重，执法体制权责脱节、多头执法、选择性执法现象仍然存在，执法司法不规范、不严格、不透明、不文明现象较为突出，群众对执法司法不公和腐败问题反映相对强烈。只有“坚持依法治国、依法执政、依法行政共同推进，坚持法治国家、法治政府、法治社会一体建设”②，全面依法治国才能落到实处。

① 中共中央文献研究室．习近平关于社会主义政治建设论述摘编．北京：中央文献出版社，2017：109－110.

② 中共中央文献研究室．十八大以来重要文献选编：中．北京：中央文献出版社，2016：188.

6. 解决政府“缺位”、“越位”和“失位”问题要求优化政府职责体系

目前我国政府“缺位”、“越位”和“失位”问题仍然存在。所谓“缺位”，主要指在一些领域政府职能配置还不够健全有力，本来应当由政府生产和提供的公共产品和服务，政府却没有充分尽职尽责，“该管的没有管、没管到位”。所谓“越位”，主要指该放给市场和社会的权没有放足，“不该管的乱管”，对微观经济事务干预过多过细，束缚了市场主体的手脚，降低了行政效率，甚至影响了政府的公信力。所谓“失位”，主要指一些领域政府职责虽然已经覆盖到，但由于能力不足，“该管的不会管”，结果导致“管了却没管好”。要从源头上解决上述问题，就必须优化政府职责体系。

7. 解决“条块分割”问题要求优化政府组织结构

当前我国政府组织结构中的“统”与“分”、“放”与“管”、“条”与“块”、“块”与“块”、“事”与“财”、“权”与“责”并未完全理顺，政府体系内部因组织的“错位”产生的职能混乱情况仍然存在，“你干我的事，我越你的权，互相打乱仗”的现象屡见不鲜。政府组织结构在横向和纵向上的“条块分割”导致权力分割、权责不清、政策冲突、政府公信力与效率受损。只有优化政府组织结构才能彻底解决行政权力“碎片化”的问题。

8. 国家治理现代化要求有效控制行政成本

在计划经济体制下，政府为了对全国各个方面有效履行监管、管制职能，建立起众多的职能机构，配置了大量的工作人员，形成了一个庞大的行政组织体系，行政管理成本也随之大幅上升，给国家财政造成巨大压力。对行政成本进行有效控制是行政管理现代化的内在要求。目前我国行政成本总量偏高、增长过快、成本结构配置不科学、成本制度化管理缺乏等问题较为突出，控制行政成本使之增长平缓、总量适度、配置科学、结构合理、管理规范、高效利用面临的任务较重、压力较大，这与国家治理现代化的要求不相适应，必须下大力气解决。

9. 大国治理复杂性要求进一步充分发挥中央和地方两个积极性

对于中国这样一个超大治理规模的国家而言，没有统一意志和统一步调是不行的，不支持与鼓励地方和基层从实际出发创造性地开展工作也是不行的。但在现实中，央地关系的处理既存在政策执行"一刀切"现象，也存在一些地区受到局部利益、眼前利益的掣肘，没有把中央的方针政策落到实处的现象，这些都影响到了全局利益的统一性和兼顾局部利益的灵活性的有机结合。大国治理的复杂性迫切要求构建从中央到地方权责清晰、运行顺畅、充满活力的工作体系。

二、新时代坚持和完善中国特色社会主义行政体制的目标和任务

为了应对上述新形势新挑战，新时代坚持和完善中国特色社会主义行政体制必须以问题为导向，提出具有现实针对性的目标。2013年11月，党的十八届三中全会通过的《中共中央关于全面深化改革若干重大问题的决定》专门把"加快转变政府职能"的三项重点任务——健全宏观调控体系、全面正确履行政府职能、优化政府组织结构——列进"改革60条"，并提出了"必须切实转变政府职能，深化行政体制改革，创新行政管理方式，增强政府公信力和执行力，建设法治政府和服务型政府"的改革目标[①]。这一改革思路从部门设置和功能发挥两方面入手，体现了"调结构"与"转职能"的有机统一。2017年10月，党的十九大报告在"健全人民当家作主制度体系，发展社会主义民主政治"篇章中提出"统筹考虑各类机构设

---

① 中共中央文献研究室．十八大以来重要文献选编：上．北京：中央文献出版社，2014：519.

置，科学配置党政部门及内设机构权力、明确职责。统筹使用各类编制资源，形成科学合理的管理体制，完善国家机构组织法。转变政府职能，深化简政放权，创新监管方式，增强政府公信力和执行力，建设人民满意的服务型政府。赋予省级及以下政府更多自主权。在省市县对职能相近的党政机关探索合并设立或合署办公。深化事业单位改革，强化公益属性，推进政事分开、事企分开、管办分离"①。这是对新时代深化机构和行政体制改革的目标的进一步细化。2019年10月，党的十九届四中全会审议通过的《决定》将"坚持和完善中国特色社会主义行政体制，构建职责明确、依法行政的政府治理体系"列为新时代引领"中国之治"方向的"13个坚持和完善"之一，为深化新时代国家行政体制改革提供了根本遵循。《决定》中关于坚持和完善中国特色社会主义行政体制1 100多字阐明的目标和任务可以概括为12个方面。

1. 坚持和加强党的全面领导

党的全面领导是新时代坚持和完善中国特色社会主义行政体制的根本保证。必须把坚持和加强党的全面领导贯穿行政体制改革各方面和全过程，不断完善党对重大工作领导的体制机制，进一步强化党统揽全局、协调各方的制度性安排，确保党的领导全覆盖，使党的领导更加坚强有力。要保障党中央决策议事协调机构发挥好谋大事、议大事、抓大事的作用，科学设置决策议事协调机构的办事机构，完善与职能部门的工作关系。要进一步加强党政机构职能统筹，继续坚持党的有关机构同职能相近、联系紧密的政府部门实行合并设立或合署办公，整合优化力量资源，发挥整体效能。

2. 建设人民满意的服务型政府

坚持一切行政机关为人民服务、对人民负责、受人民监督是新

① 习近平．决胜全面建成小康社会　夺取新时代中国特色社会主义伟大胜利：在中国共产党第十九次全国代表大会上的报告．北京：人民出版社，2017：39.

时代坚持和完善中国特色社会主义行政体制的基本遵循。习近平指出，“不论政府职能怎么转，为人民服务的宗旨都不能变。要坚持以人为本、执政为民，接地气、通下情，想群众之所想，急群众之所急，解群众之所忧，在服务中实施管理，在管理中实现服务”①。新时代坚持和完善中国特色社会主义行政体制，要切实解决人民群众最关心最直接最现实的利益问题，不断增强人民群众的获得感、幸福感、安全感，建设人民满意的服务型政府。

3. 大力推进法治政府建设

改革和法治如同车之两轮、鸟之两翼，要注重发挥法治规范和保障改革的作用，高度重视运用法治思维和方式推进改革。习近平指出：“政府职能转变到哪一步，法治建设就要跟进到哪一步。要发挥法治对转变政府职能的引导和规范作用，既要重视通过制定新的法律法规来固定转变政府职能已经取得的成果，引导和推动转变政府职能的下一步工作，又要重视通过修改或废止不合适的现行法律法规为转变政府职能扫除障碍。”② 完善国家行政体制，必须依法更加严密规范地设定行政权力，完善行政规则程序，强化对行政权力的制约和监督，将权力关进制度的笼子，并明确行政权力行使的法律责任与政治责任，将政府活动全面纳入法治轨道，不断推进依法行政、切实加强法治政府建设。

4. 进一步厘清政府、市场、社会的关系

习近平指出，“行政体制改革是经济体制改革和政治体制改革的重要内容，必须随着改革开放和社会主义现代化建设发展不断推进。转变政府职能是深化行政体制改革的核心，实质上要解决的是政府应该做什么、不应该做什么，重点是政府、市场、社会的关系，即哪些事应该由市场、社会、政府各自分担，哪些事应该由三者共同

①② 中共中央文献研究室．习近平关于社会主义政治建设论述摘编．北京：中央文献出版社，2017：113.

承担”①。新时代坚持和完善中国特色社会主义行政体制，要最大限度减少政府对市场资源的直接配置、政府对市场活动的直接干预，使政府和市场各归其位、各展其长。这也是上层建筑适应经济基础要求的具体体现。

5. 科学配置政府组织结构

要通过持续优化政府组织机构，加强综合部门，强化宏观管理职能，鼓励和引导政府部门内设机构综合设置，减少细化的行业、专业内设机构，推动职能转变。要牢固树立“编制资源是一种稀缺资源”理念，注重顶层设计，提升统筹使用各类编制的层次，严格落实根据职责核定编制，加强编制核定源头性管理。以治理能力和服务水平提升为目的，加强权力流程管理，实现部门和单位的功能再造，发挥现有编制资源最大效益。要按照政府总体职能的定位，遵循权责对称、权责一致的原则，科学界定、明确界定各层级政府、各职能部门的职责权力，理顺部门间职责分工，健全部门间协调配合机制。

6. 不断创新行政方式

创新行政方式要求实现行政管理方式的现代化、科学化、制度化、民主化、透明化、灵活化、多样化。积极推进多元治理、协同治理、网络治理等现代治理形式，积极运用互联网、大数据、人工智能等新兴技术手段，积极推动行政服务的信息化、智能化、精准化，努力形成办事依法、遇事找法、解决问题靠制度的法治习惯和制度习惯，切实提高政府科学行政、民主行政、依法行政水平。

7. 降低行政成本，提高政府效能

降低行政成本、提高政府效能是深化行政管理体制改革的重要

---

① 中共中央文献研究室．习近平关于社会主义政治建设论述摘编．北京：中央文献出版社，2017：109.

内容和目标，也是建设节约型政府的必然要求。在计划经济体制下，政府缺乏成本意识和责任意识，造成行政成本非理性膨胀和公共支出不合理。在发展社会主义市场经济条件下，通过深化行政管理体制改革降低行政成本，遏制行政费用过高、过快增长和铺张浪费，进一步提高政府效能，使公共资源更好地用于公共服务和社会管理，是摆在我们面前的一项重要任务。

8. 加强和完善政府服务类职能

要保证政府职责“到位”，就必须加强和完善政府经济调节、市场监管、社会管理、公共服务、生态环境保护等职能。这些职能关乎市场经济运行、社会公平正义、人民生命财产安全、群众就业、收入分配调节、社会稳定、教育文化卫生事业健康发展、公共服务水平的提高、美丽的生态等与人民群众美好生活密切相关的领域。只有让政府把这些该管的领域真正管好，才能更好地满足人民群众对高质量公共服务的新需要。

9. 持续创新和完善宏观调控

科学有效有度的宏观调控是实现经济社会平稳健康发展的重要保障。适应我国经济社会发展的阶段性特征和国际国内经济形势的新变化，必须健全以国家发展规划为战略导向，以财政政策和货币政策为主要手段，就业、产业、投资、消费、区域等政策协同发力的宏观调控制度体系，让政府把应该承担的宏观调控职责履行好。

10. 深入推进简政放权、放管结合、优化服务

要坚持进一步创新管理、强化服务，把更多行政资源从事前审批转到加强事中事后监管和提供公共服务上来，着力为优化营商环境创条件，为群众办事、生活增便利。坚持精简行政许可和审批，对确需保留的许可、证明等事项实行清单管理，并大力推行告知承诺制，提高审批服务效率。

11. 维护中央权威，确保政令畅通

坚持全国统一一盘棋，维护中央的最高权威，确保中央政令畅通、令行禁止，地方不能各行其是、各自为政，而要按照中央的统一部署行动。要切实强化全局观念、大局意识，坚决反对地方保护主义、部门利益主义，坚决防止地方利益、部门利益凌驾于大局利益之上，坚决纠正为了地区利益而不顾整体利益和损害其他地区利益的错误倾向。要注重发挥社会主义制度集中力量办大事的优势，进一步完善统筹全局利益、统筹各方资源的体制机制，确保在重大任务、重大改革、重大风险挑战面前上下同心、众志成城，以强大的国家动员能力攻坚克难。

12. 充分调动和发挥地方的主动性

我国国家治理具有超大规模性和高度复杂性，30 多个省级行政区划、300 多个地市级行政区域、2 800 多个县级行政单位不仅存在因管理层级不同而导致的管理职责不同，而且经济文化发展水平、产业结构和发展规划、民族构成等方面的差异也都决定了在机构设置和职能配置上要因地制宜。要尊重基层首创精神，在维护中央集中统一领导的前提下赋予地方更多的自主权，鼓励和支持基层结合实际在加快发展、服务群众、化解矛盾、改善环境、创造更加美好生活的伟大实践中大胆探索、先行先试。

三、新时代坚持和完善中国特色社会主义行政体制的重点举措

1. 深化改革、提质增效：完善国家行政体制

“善张网者引其纲，不一一摄万目而后得”。完善国家行政体制是坚持和完善中国特色社会主义行政体制的“提纲挈领”之举，是构建职责明确、依法行政的政府治理体系的“强基固本”工程。完善国家行政体制的核心在于通过深化改革提高行政质量、增强行政效能，重点举措包括以下六个方面：

一是以推进国家机构职能优化协同高效为着力点，优化行政决

策、行政执行、行政组织、行政监督体制。所谓优化，就是要科学合理、权责匹配、精益求精；所谓协同，就是要主次分明、步调一致、形成合力；所谓高效，就是要履职到位、流程通畅、事半功倍。为此，必须从政府机构的职能转变、横向组织的协调联动、纵向组织的层级调整等各个方面系统推进改革。要围绕公共政策“制定—执行—反馈”的全过程，从行政“决策—管理—监督”的全流程入手优化体制机制。在行政决策体制方面，要进一步健全科学、民主、依法决策机制，规范重大行政决策程序，完善公众参与、专家论证、风险评估、合法性审查、集体讨论决定等制度，提高决策质量和效率；在行政执行方面，要进一步完善行政执行的实施、评价、问责等机制，确保各项政策举措执行有力、落实到位；在行政监督方面，要强化对行政权力的制约和监督，完善各项监督制度，确保行政机关按照法定权限和程序行使权力，确保各种行政行为的规范、透明。

二是健全部门协调配合机制，防止政出多门、政策效应相互抵消。“坚持和完善民主集中制的制度和原则，促使各类国家机关提高能力和效率、增进协调和配合，形成治国理政的强大合力，切实防止出现相互掣肘、内耗严重的现象”① 是我国社会主义民主政治的重要优势。充分发挥这一优势，就必须在健全部门协调配合机制上下功夫。要坚持着眼提升政府整体效能，完善各司其职、各负其责、顾全大局、协调配合的工作格局，充分发挥部门专业优势，强化政策协调，注重协同推进，确保各项政策取得预期成效；要在落实部门职责分工的基础上，进一步加强部门间协调配合，形成工作合力，切实避免“政出多门”“九龙治水”局面；要强化工作统筹，完善部门间相互支持、密切配合、信息共享的联动机制，加强重大问题会商，让各部门真正拧成一股绳；要加强政策制定协调，坚持在服务

① 中共中央文献研究室．十八大以来重要文献选编：中．北京：中央文献出版社，2016：63.

大局中谋划和推动工作，坚决克服部门利益和本位主义，涉及两个及以上部门职权范围的事项，要充分听取相关部门意见，协调一致、达成共识，避免政策冲突、效应抵消；要强化政策协同配套，制定和调整政策要充分考虑关联行业和领域实际情况、避免简单化“一刀切”，加强规范性文件备案审查，建立文件清理长效机制，使各项政策相互促进、相得益彰①。

三是深化行政执法体制改革，最大限度减少不必要的行政执法事项。要坚决纠正执法滥权、执法腐败、执法扰民等问题，以更加简约规范、公正有效的执法营造公平竞争的良好环境。要全面梳理、规范和精简执法事项，坚决取消没有法律法规规章依据的执法事项，大力清理已无实施必要的、交叉重复的执法事项；要坚决贯彻“法律保留”和“权力谦抑性”原则，谨慎运用行政处罚权，避免一些过激过当的行政强制措施；要统筹配置行政处罚职能和执法资源，相对集中行政处罚权，加强对行政处罚、行政强制事项的源头治理，完善行政执法事项清单管理制度，明确执法依据、执法权力、执法程序和相应责任，并依法及时动态调整；要坚持清理规范行政检查事项，完善部门联合检查、随机抽查等常态化工作机制，合理安排检查频次，减少重复检查，增强行政检查实效。

四是进一步整合行政执法队伍，继续探索实行跨领域跨部门综合执法，推动执法重心下移，提高行政执法能力水平。目前我们已经组建了市场监管、生态环境保护、文化市场、交通运输和农业等5支综合执法队伍，整合了工商、质检、食品、药品、物价、商标、专利、环境保护、国土、农业、水利、海洋、文化、文物、出版、广播电视、电影、旅游市场、路政、运政、兽医兽药、生猪屠宰、种子、化肥、农药、农机、农产品质量等20多个执法领域的职能，着力解决多头、多层和重复执法等问题。今后要继续探索实行跨领

① 肖捷．完善国家行政体制．求是，2019（22）．

域跨部门综合执法，建立健全综合执法主管部门、相关行业管理部门、综合执法队伍间协调配合、信息共享机制和跨部门、跨区域执法协作联动机制。根据不同层级政府的事权和职能，按照减少层次、整合队伍、提高效率的原则，进一步大幅减少执法队伍种类，合理配置执法力量。一个部门设有多支执法队伍的，原则上整合为一支队伍。推动整合同一领域或相近领域执法队伍，实行综合设置①。依法界定、合理划分各级政府执法权限，减少执法层级，推进行政执法权限和力量向基层延伸。加强基层执法能力建设，充实基层执法力量，推动人财物等向一线倾斜，保障基层有足够的资源履行执法职责。

五是落实行政执法责任制和责任追究制度。人民对国家行政体制最直观的感受来自行政执法过程，行政执法水平和质量关系到人民群众的切身利益，关系到党的执政支持和政府的信任基础。深化行政执法体制改革，必须坚持有权必有责、有责要担当、失责必追究，进一步规范和监督执法活动，建立健全权责明晰的执法责任体系和责任追究机制，不断提高执法能力和水平。要严格对照法律法规规章，分解执法职权，确定执法责任，对未履行、不当履行或违法履行执法职责的，进行严肃追责问责。要加快完善各执法领域尽职免责办法，明确履职标准和评判界线，消除一线执法人员后顾之忧。要规范执法自由裁量权，健全行政执法自由裁量基准制度，合理确定裁量范围、种类和幅度，严格限定裁量权的行使。要坚持行政执法公示、执法全过程记录、重大执法决定法制审核制度，完善执法程序，规范执法行为，着力推进行政执法透明、规范、合法、公正。

六是创新行政管理和服务方式，加快推进全国一体化政务服务平台建设，健全强有力的行政执行系统，提高政府执行力和公信力。

---

① 深化党和国家机构改革方案．北京：人民出版社，2018.

深入推进“互联网＋政务服务”，一方面鼓励各地方各部门创新政务服务模式，继续探索完善“只进一扇门”“最多跑一次”“不见面审批”等改革措施；另一方面进一步强化顶层设计、强化整体联动、强化规范管理，坚持全国统筹、协同共享、优化流程、试点先行、安全可控的原则，加快建设全国一体化在线政务服务平台，推进政务服务一体化，着力解决政务服务平台建设管理分散、办事系统繁杂、事项标准不一、数据共享不畅、业务协同不足等问题，推动实现政务服务事项全国标准统一、全流程网上办理，推进公共支撑一体化，促进政务服务跨地区、跨部门、跨层级数据共享和业务协同，在更大范围实现“一网通办”，切实解决政务服务整体效能不强，办事难、办事慢、办事繁等问题①。

2. 善于作为、有所不为：优化政府职责体系

“居其位，司其职，尽其责。”政府职责规定着政府活动的范围和边界，优化政府职责体系的核心在于打造一个既“善于作为”又“有所不为”的责任型政府。“善于作为”要求政府能够为经济、政治、文化、社会、生态文明等领域改革发展提供体制支撑和保障；“有所不为”则要求最大限度减少政府对市场、社会组织和公民法人法律范围内能够自主决定的事项的微观干预。优化政府职责体系的重点举措包括以下九个方面：

一是实行政府权责清单制度，厘清政府和市场、政府和社会关系。在全面梳理、清理调整、审核确认、优化流程的基础上，将政府职能、法律依据、实施主体、职责权限、管理流程、监督方式等事项以权力清单的形式向社会公开，逐一厘清与行政权力相对应的责任事项、责任主体、责任方式。把权责清单管理与“放管服”改革紧密结合起来，无论是编制清单，还是运用清单，都要体现深化

① 国务院印发《关于加快推进全国一体化在线政务服务平台建设的指导意见》. 人民日报，2018－08－01（3）.

“放管服”改革的要求，把该放的权力放到位，把该管的事落实到位，把该服务的列清楚，更加清晰界定政府与市场社会的权责边界，使政府部门严守边界，清单之外的不可为，为深化“放管服”改革、转变政府职能提供依据和遵循。

二是深化行政审批制度改革，改善营商环境，激发各类市场主体活力。全面清理行政审批事项，全部取消非行政许可审批事项。最大程度减少对生产经营活动的许可，最大限度缩小投资项目审批、核准的范围，最大幅度减少对各类机构及其活动的认定。取消不符合行政许可法规定的资质资格准入许可，研究建立国家职业资格目录清单管理制度。直接面向基层、量大面广、由地方实施更方便有效的行政审批事项，一律下放地方和基层管理。加大取消和下放束缚企业生产经营、影响群众就业创业行政许可事项的力度，做好已取消和下放行政审批事项的落实和衔接，鼓励大众创业、万众创新。严格控制新设行政许可，加强合法性、必要性、合理性审查论证。对增加企业和公民负担的证照进行清理规范。对保留的行政审批事项，探索目录化、编码化管理，全面推行一个窗口办理、并联办理、限时办理、规范办理、透明办理、网上办理，提高行政效能，激发社会活力。加快投资项目在线审批监管平台建设，实施在线监测并向社会公开。加快推进相对集中行政许可权工作，支持地方开展相对集中行政许可权改革试点。全面清理规范行政审批中介服务，对保留的行政审批中介服务实行清单管理并向社会公布，坚决整治“红顶中介”，切断行政机关与中介服务机构之间的利益链，推进中介服务行业公平竞争。

三是健全以国家发展规划为战略导向，以财政政策和货币政策为主要手段，就业、产业、投资、消费、区域等政策协同发力的宏观调控制度体系。坚持就业优先战略，实施更加积极的就业政策，突出重点群体，创造更多就业岗位，着力解决结构性失业问题，健全企业工资决定和正常增长机制，完善工资指导线制度。产业政策要逐步转向普惠化、功能性，强化对科技创新和产业优化升级的支持。更好发挥投资补短板的关键作用，深化投融资体制改革，用好政府投资杠杆，发挥市场机制和社会投资作用，拉动有效投资。大力落实促消费政策措施，多措并举促进城乡居民收入增长，加快破除制约居民消费的体制机制障碍，持续改善消费环境，促进居民消费提质升级。完善落实区域政策，促进区域协调发展，深入推进京津冀协同发展、长江经济带发展、粤港澳大湾区建设、长江三角洲区域一体化发展、海南全面深化改革开放、黄河流域生态保护和高质量发展等重大战略，统筹推进西部大开发、东北全面振兴、中部地区崛起、东部率先发展，发挥各地区比较优势，落实主体功能区战略，完善空间治理，推动形成主体功能明显、优势互补、高质量发展的区域经济格局。

四是完善国家重大发展战略和中长期经济社会发展规划制度。要把加强预期管理与发展规划、各项政策有机结合起来，切实增强宏观调控的前瞻性、针对性、协同性。围绕实现党和国家的战略意图和中长期发展目标，增强重大战略和中长期规划对公共预算、国土开发、资源配置等政策措施的宏观引导、统筹协调功能，强化专项规划和区域规划对总体规划、地方规划对国家规划的支撑。加快推动出台发展规划法，以法律形式进一步明确发展规划编制、批准、实施等工作机制，着力提升规划计划实施的约束力和引导力，着力提高规划计划编制的科学化和民主化水平。

五是完善标准科学、规范透明、约束有力的预算制度。现代预算制度是现代财政制度的基础。做到标准科学，要扩大基本支出定员定额管理范围，建立健全定额标准动态调整机制；要深入推进项目支出标准体系建设，发挥标准对预算编制的基础性作用；要加强预算评审结果运用，探索建立同类项目的标准化管理模式。做到规范透明，要推进全口径政府预算管理、建立健全预算编制、执行、监督相互制约、相互协调机制；实施跨年度预算平衡机制和中期财政规划管理，加强与经济社会发展规划计划的衔接、深化政府债务管理制度改革；建立规范的政府债务管理及风险预警机制、建立权责发生制政府综合财务报告制度和财政库底目标余额管理制度；完善预算公开的方式方法，扩大预算公开范围，细化公开内容。做到约束有力，要硬化预算约束，严格落实预算法等相关法律法规的规定，坚持先预算后支出，严格执行人民代表大会批准的预算，强化预算单位的主体责任；要加大督查问责力度，完善政绩考核体系，积极引导地方政府主动依法依规开展预算工作，严格查处地方政府违规举债行为。

六是建设现代中央银行制度，完善基础货币投放机制，健全基准利率和市场化利率体系。中央银行制度是通过法律法规赋予中央银行机构地位、职能目标、政策工具、运作规范等在内的一系列制度体系。当前全世界几乎所有经济体都建立了自己的中央银行制度。要适应我国经济金融在全球地位变化的要求，赋予中央银行货币发行、金融监管和宏观调控三大核心职能以新的时代含义，打造新时代的大国央行、强国央行。要保持流动性合理充裕，改善货币政策传导机制，增强货币政策、宏观审慎政策和金融监管政策的协调，促进多层次资本市场健康发展，提高直接融资比重，提升金融服务实体经济效能。

七是严格市场监管、质量监管、安全监管，加强违法惩戒。要加快完善以“双随机、一公开”（随机抽取检查对象、随机选派执法检查人员、抽查情况及查处结果及时向社会公开）监管为基本手段、以重点监管为补充、以信用监管为基础的新型监管机制，切实管出公平、管出效率、管出活力。健全强化守信联合激励和失信联合惩戒制度，加快推进社会诚信建设，加强违法惩戒力度，促进市场良性运行和优胜劣汰。

八是完善公共服务体系，推进基本公共服务均等化、可及性。基本公共服务可及性与实现基本公共服务均等化和公平性互为条件，相辅相成。抛开可及性，均等化难以实现；脱离了均等化，可及性便失去了价值引领，所谓公平与正义也就无从谈起。要加快统一城乡区域基本公共服务制度，促进公共资源向基层延伸、向农村覆盖、向边远地区和生活困难群众倾斜，促进全社会受益机会和权利均等，推进城乡区域基本公共服务制度统一和服务供给的有效衔接。要重点关注和解决“一老一小”问题，推进多层次养老保障体系建设，在加快省级统筹的基础上推进养老保险全国统筹；增加托育服务有效供给，积极支持优质普惠学前教育资源扩容建设。加强基本公共服务的标准化和规范化建设，建立基本公共服务标准体系，确定可及性评价的指标体系、方法和程序。

九是建立健全运用互联网、大数据、人工智能等技术手段进行行政管理的制度规则。新一代信息技术的迅猛发展使国家治理的理念和手段都发生了深刻变化，新兴技术的“赋能”作用对行政管理产生了深远而持久的影响。要顺应技术潮流，深入推进“互联网＋政务服务”，加快政府信息系统互联互通，坚决打通“信息孤岛”，使更多事项在网上办理，体现公开透明、公平公正，增强政府管理和服务的智慧性、便民性、亲民性。推进数字政府建设，加强数据有序共享，依法保护个人信息。构建全流程一体化在线服务平台，提高政务服务信息化、智能化、精准化、便利化水平。

3. 科学配置、理顺权责：优化政府组织结构

“车马炮各展其长，一盘棋大局分明。”科学合理的政府组织结构是政府高效履行职责的重要保障。优化政府组织结构是一项复杂的系统工程，必须坚持科学配置、理顺权责的原则，在以下四个方面发力：

一是推进机构、职能、权限、程序、责任法定化。建设法治政府是深化党和国家机构改革、巩固改革成果的重要保障，要完善行政组织和行政程序法律制度，依法依规设置机构、配置职能、明确权限和责任、规范管理程序。2019 年 8 月，中共中央印发《中国共产党机构编制工作条例》，明确了机构编制的指导思想、原则遵循和领导体制，并规定了动议、论证、审议决定、组织实施、监督问责等程序。要继续完善机构编制法规制度，形成较为完整的机构编制管理法律法规体系并严格执行，坚决维护机构编制管理的权威性，依法管理机构、编制、职能。要增强“三定”规定严肃性和权威性。规定部门主要职责、内设机构和人员编制，对明确部门定位、规范部门权力运行、强化机构编制刚性约束具有重要意义。要严格执行“三定”规定确定的部门职能和机构编制，避免合意则取、不合意则舍，保证“三定”规定落实不变形、不走样。

二是严格机构编制管理，统筹利用行政管理资源，节约行政成本。机构编制资源是重要政治资源、执政资源，要坚持“严控总量、统筹使用、有减有增、动态平衡、保证重点、服务发展”的思路，统筹使用各类编制资源。在导向上，要以职责任务作为编制调配的“风向标”，随职责任务的增减推动编制资源的流动；在布局上，加大部门间、地区间编制统筹调配力度，解决重点和突出问题；在结构上，着力减上补下，引导党政部门精简机关、强化充实基层一线；在手段上，强化动态调整，比如建立年度或周期调整机制、富余编制统一调配机制等。要严格机构编制管理权限和程序。编制的数额和使用范围的核定，都要符合规定条件和程序。任何行政机构的编制和使用范围一经确定，便具有法律效力，不得随意突破和更改。严禁越权审批，严格执行机构限额、领导职数、编制种类和总量等规定，不得在限额外设置机构，不得超职数配备领导干部，不得擅自增加编制种类，不得突破总量增加编制，严格控制编外聘用人员，防止无序增长，从严规范适用岗位、职责权限和各项管理制度[①]。

三是优化行政区划设置，提高中心城市和城市群综合承载和资源优化配置能力。我国发展的空间结构正在发生深刻变化，中心城市和城市群正在成为承载各种发展要素的重要载体。行政区划是国家行政

① 马震．机构编制法定化是深化党和国家机构改革的重要保障．求是，2018（9）．

管理的基础，合理调整行政区划是经济社会发展的必然要求，也是发挥中心城市和城市群带动作用，推进城市化、乡村振兴战略和新型城镇化的有力举措。要逐步完善财政、土地、户籍、人员流动等政策，加强公共服务、民生保障、公共安全保障、基础设施建设，创新管理体制，提升城市管理水平，使中心城市和城市群的经济、人口、资源、生态环境等综合承载能力稳步提升。要通过相关体制机制改革，提高中心城市和城市群对人口、产业、资金的吸纳能力，促进各类要素合理流动及向中心城市和城市群高效集聚。具体改革举措包括：放宽中心城市落户条件，相应健全完善农村承包地、宅基地使用权等自愿、有偿退出机制，增强中心城市和城市群对有意愿有能力落户人口的吸纳能力；尊重土地配置效率原则，改革土地管理制度，增强土地管理灵活性，使优势地区拥有更大发展空间；改革完善财政转移支付制度，使财政转移支付同落户人口数量挂钩，增强中心城市和城市群提供公共服务能力；优化能源消费总量和强度控制办法，将更多能耗指标分配给优先发展地区，以促进产业集聚。与此同时，要注重提升中心城市和城市群资源优化配置能力，赋予中心城市更大的资源配置权，提高中心城市在城市群的“中心”地位，更大程度发挥辐射带动作用。具体举措包括：提高中心城市科技研发水平，增加产业附加值，培育发展龙头企业，提升中心城市产业层次；提高中心城市综合发展质量，改善生态环境和生活环境，提高公共服务供给能力和水平；深化中心城市同周边区域间在基础设施、环保、产业等方面的合作，形成高效连接的城市群网络、联防联治的环境保护体制和呈梯度有序分布的产业链分工合作机制。

四是实行扁平化管理，形成高效率组织体系。扁平化管理是相对于等级式管理构架的一种管理模式。它较好地解决了等级式管理的层次重叠、冗员多、组织机构运转效率低下等弊端，加快了信息流的速率，提高了决策效率。要减少行政管理层次，精干设置机构，简化中间层次，实行扁平化管理，构建起上下贯通、运行顺畅、充满活力、令行禁止的组织体系。机构宜大则大、宜小则小，关键看怎样摆布更符合实际、更科学合理、更有效率。要着眼于服务方便人民群众、符合基层事务特点，构建简约高效的基层管理体制，鼓励地方对职能相近、联系紧密的机构加大统筹设置和综合力度，实行扁平化和网格化管理，最大限度方便群众。

4. 上下联动、凝聚合力：健全充分发挥两个积极性体制机制

“上下同欲者胜。”正确处理中央与地方关系不仅事关国家统一、政治稳定、经济社会发展和人民福祉改善，而且直接决定了能否实现“全国一盘棋”与“尊重基层首创精神”的结合。健全充分发挥中央和地方两个积极性体制机制，核心是上下联动、形成合力，重点包括五个方面的举措：

一是加强中央宏观事务管理，维护国家法制统一、政令统一、市场统一。法制统一要求地方性法规和政府规章的制定应与上位法相统一，地方立法要充分贯彻执行国家法律法规。政令统一要求地方认真贯彻落实党中央、国务院的大政方针，认真执行国务院制定的行政法规、发布的决定命令、出台的具体政策。要坚持和完善对地方各级贯彻落实重大决策部署的督察督导制度，坚决反对上有政策、下有对策。市场统一要求清理废除妨碍统一市场和公平竞争的各种规定和做法，维护全国市场体系的统一性。

二是适当加强中央在知识产权保护、养老保险、跨区域生态环境保护等方面事权，减少并规范中央和地方共同事权。加强知识产权保护既需要发挥地方积极性加强分级服务、激发创新活力，更需要中央层面加强宏观管理、区域协调和涉外事宜统筹。适当加强中央知识产权保护事权，有利于更好地支撑创新驱动发展战略。在省级统筹基础上加快建立基本养老保险全国统筹制度，适当加强中央在这方面事权，统一政策尺度，对于加快形成保基本、兜底线、促公平、可持续的社会保障制度体系，促进基本公共服务均等化，更好地应对老龄化社会挑战具有重大意义。从国家层面进一步加大环境质量监测、环境保护督察和生态建设统筹力度，是打好污染防治攻坚战的重要举措，有利于推动环境保护城乡统筹、陆海统筹、区域流域统筹，有利于增强生态环境保护合力、落实生态环境保护责任、提升污染治理效能。中央层面要把更多精力投入事关国家根本利益、全局利益的领域和带有战略性、基础性工作上，比如推进重大改革举措实施、统筹重大基础设施建设、组织重大“卡脖子”技术攻关、促进区域协调发展特别是扶持老少边穷地区加快发展、改善宏观经济监测调控以及国防、外交、国家安全、出入境管理、全国性重大传染病防治以及基本公共服务兜底类事项等。

三是赋予地方更多自主权，支持地方创造性开展工作。中央主要是加强宏观事务管理，而地方不仅要保证党中央政令畅通，还要管理好本地区事务。赋予地方更多自主权，就是要把直接面向基层、量大面广、由地方实施更为便捷有效的经济社会管理事项下放给地方，把地方切实需要也能够有效承接的事项下放给地方，特别是行政审批、便民服务，资源配置、市场监管，综合执法、社会治理等具体事项要逐级下放，增强地方治理能力。支持地方创造性开展工作，就是要强化结果导向，把工作成效作为考核、督察、评价的根本标准，防止过度留痕、过多检查，切实为基层减负松绑；要强化容错机制，防止问责泛化，鼓励担当作为，支持地方围绕中央顶层设计进行差别化探索；要强化总结推广，及时把地方成功的改革经验和体制机制成果在面上推开。

四是规范垂直管理体制和地方分级管理体制。垂直管理意味着业务具有独立性的政府职能部门脱离地方政府管理序列，不受地方政府监督机制约束，直接由省级或者中央主管部门统筹管理“人、财、物、事”，重在对涉及国计民生、关系全局利益的重要领域，强化集中统一领导、落实宏观调控措施、提升执法监管权威。地方分级管理即属地化管理，这类政府职能部门通常实行地方政府和上级同类型部门的“双重领导”，上级主管部门负责管理业务“事权”，地方政府负责管理“人、财、物”，且纳入同级纪检部门和人大监督。规范垂直管理体制和地方分级管理体制，要按照权责一致原则，处理好“条”“块”关系，既避免职责交叉、事权重叠，也要防止各行其是、推诿扯皮、形不成合力。一方面要继续做好党和国家机构改革“后半篇文章”，进一步理顺和明确权责关系，使其产生“化学反应”，职能转变到位，加快形成高效率、高效能的科学运行机制；另一方面要健全“条”“块”信息沟通和工作协作配合机制，完善指导、协调、监督制度，使“条”与“块”围绕共同事业形成整体合力。

五是建立权责清晰、财力协调、区域均衡的中央和地方财政关系。要完善中央和地方事权、支出责任和财力相适应的制度，合理划分各领域中央和地方各级事权和支出责任，确保各级政府公共服务提供的责权与财政收支和财政负担能力相适应。对那些关系全国政令统一、促进区域协调发展的重大事务管理权要集中到中央，由中央财政承担支出责任；对区域性公共服务事项，由地方履行事权和支出责任；对中央和地方共同事权，实行支出责任分担机制。科学确定中央和地方税收分享比例，完善和优化财政转移支付制度，加大一般性转移支付力度，为各级政府履行事权和支出责任提供财力保障。对各层级政府事权和支出责任详列清单，不仅要清晰具体划分各级政府的事权，同时也要明晰其相应的支出责任，逐步实现各级政府的支出责任与事权划分统筹规划并使之制度化。

总之，“为者常成，行者常至”。《决定》绘就了坚持和完善中国特色社会主义行政体制的宏伟蓝图，让我们更加紧密团结在以习近平同志为核心的党中央周围，着力巩固根基、发扬优势，补齐短板、强化弱项，努力构建职责更加明确、架构更加合理、功能更加优化、运行更加高效、成本更加可控、活力更加丰富、法治更加昌明、人民更加满意的政府治理体系。

坚持和完善社会主义基本经济制度，推动经济高质量发展

改革开放以来，我国逐步形成了公有制为主体、多种所有制经济共同发展的所有制结构，按劳分配为主体、多种分配方式并存的分配制度和社会主义市场经济体制，推动我国经济持续快速发展。党的十九届四中全会对我国业已形成并不断完善的所有制结构、分配制度和市场经济体制等作为社会主义基本经济制度进行了新的理论总结和概括，这是社会主义经济制度理论的重大创新，是习近平新时代中国特色社会主义经济思想的最新发展。坚持和完善社会主义基本经济制度，对于更好发挥社会主义制度优越性、不断解放和发展社会生产力、推动经济高质量发展、实现国家治理体系和治理能力现代化具有重大意义。

一、社会主义经济制度理论的继承和发展

中国特色社会主义基本经济制度的形成和发展，来源于我们党对于马克思主义经济制度理论的坚持和继承、创新和发展，是党和人民的伟大创造。

1. 马克思主义经济制度理论

马克思主义是中国特色社会主义的理论基础。经济制度理论是马克思主义政治经济学的重要组成部分，中国特色社会主义基本经济制度理论是马克思主义经济制度理论的继承和发展，科学认识中国特色社会主义基本经济制度，必须深刻把握这样一个理论逻辑。

马克思主义深刻地揭示了经济制度的内涵及其与政治法律制度和意识形态之间的辩证关系，从而揭示了人类社会发展的一般规律。为了强调社会生产关系在整个社会系统中的基础地位和核心作用，马克思主义政治经济学把“社会形态”称为“社会经济形态”或者“经济的社会形态”。由于生产关系在社会经济中的重要性，马克思把资本主义生产方式及其与之相适合的生产关系称为“资本主义经济制度”。为了强调生产资料所有制在生产关系和整个社会经济中的重要地位，马克思主义政治经济学进一步把生产资料所有制称为“经济制度”。

马克思主义政治经济学还揭示了交换关系和分配关系的重要性。具体来说，社会生产总过程中的生产、分配、交换、消费等环节是相互联系、相互作用、相互制约的，其中生产具有决定性作用。人们从事经济活动的目的是获得物质利益，物质利益最终又是通过分配关系来实现的，因此，由生产关系所决定的分配关系可以视作“生产关系的反面”。另外，在商品经济或市场经济及其发展过程中，市场交换或流通具有非常重要的地位和作用，它不仅直接影响社会经济效率，而且对于人们的分配关系和物质利益具有广泛的影响。马克思主义政治经济学的这些基本原理，为社会主义基本经济制度的形成和发展奠定了最一般的科学理论基础。

从历史唯物主义和政治经济学的理论逻辑出发，马克思和恩格斯科学揭示了社会主义代替资本主义的历史趋势，阐明了未来社会经济制度的基本特征：生产资料社会占有、有计划调节社会生产、按劳分配和按需分配、个人自由而全面发展等。同时，他们强调：“所谓‘社会主义社会’不是一种一成不变的东西，而应当和任何其他社会制度一样，把它看成是经常变化和改革的社会。”① 马克思和恩格斯关于未来社会基本经济特征的理论，对于社会主义经济制度建设实践具有重要的指导意义。

必须认识到，马克思和恩格斯关于未来社会的理论设想和过渡时期理论，都带有科学预测的性质，同时，实践中的社会主义的历史前提与马克思和恩格斯的理论前提也是不同的。在社会主义实践中，既要坚持马克思和恩格斯所指明的社会主义原则和方向，又要坚持从实际出发，努力探索建立适合特定历史条件的社会主义基本经济制度和发展道路。

2. 社会主义基本经济制度的形成和发展

中国特色社会主义基本经济制度是中国共产党自觉坚持把马克思主义普遍真理同中国实际相结合的实践结晶，必须从中国革命、建设和改革的整体过程出发，深刻把握中国特色社会主义基本经济制度的实践逻辑。

1949 年 10 月新中国成立后，在经济上，接收帝国主义在华遗产，没收官僚资本归国家所有，建立国有企业，完成新解放区的土地改革，发展新民主主义经济。到 1952 年，我国国民经济得到全面恢复，为整个国家和社会从新民主主义转变到社会主义奠定了基础，准备了条件。

1953 年，我们党提出了逐步实现国家的社会主义工业化，并逐步实现国家对农业、手工业和资本主义工商业的社会主义改造的过渡时期总路线。至 1956 年底，我国农民、手工业劳动者个体所有的私有制，基本上转变成为劳动群众集体所有的公有制；资本家所有的资本主义私有制基本上转变成为国家所有即全民所有的公有制；农村基本上实现了土地公有，建立起社会主义集体经济。至此，我国基本上建立了以国有制和集体所有制为基础的社会主义经济制度，

---

① 马克思，恩格斯．马克思恩格斯选集：第 4 卷．3 版．北京：人民出版社，2012：601.

实现了中国历史上最深刻的制度变革和社会变革。与此同时，以1953年第一个国民经济五年计划的实施为标志，我国逐步建立了社会主义计划经济体制。

1956年之后，我国进入全面建设社会主义、探索社会主义发展道路的新的历史时期。在这个建设和探索的过程中，由于党在我国生产力还很落后的历史条件下如何建设社会主义的问题上既没有经验，也存在思想认识上的不足，出现了“反右”扩大化、“大跃进”、人民公社化运动、“文化大革命”等失误。在这个历史时期，我国经济建设虽然取得了一系列伟大成就，但是实践表明，“一大二公”的经济制度、具有浓厚平均主义色彩的分配制度、过于集中的经济体制也存在诸多严重弊端，从而造成了企业、劳动者个人、地方政府等各方面的自主性积极性创造性受到严重抑制，生产效率不高，浪费严重，活力不足，生产力和经济发展潜能没有得到充分释放，人民生活水平提高较慢等各种不良后果，必须进行根本性改革。

党的十一届三中全会以来，我们党深刻总结国内外社会主义经济建设经验教训，领导人民开辟了改革开放新的发展道路，实现了我国社会主义经济制度的历史性变革。1978年党的十一届三中全会指出：“社员自留地、家庭副业和集市贸易是社会主义经济的必要补充部分，任何人不得乱加干涉。”① 城乡个体经济的恢复和发展，为所有制结构的调整打开了突破口。之后，随着农村家庭联产承包责任制的实行，我国乡镇企业获得了快速发展。随着改革从农村到城市、从农业到国有工商业的发展，城乡私营经济发展起来。随着价格改革的实行，市场机制的作用日益增强。与此同时，随着经济特区和沿海城市对外开放政策的实行，外资企业和合资企业等非公有制经济也获得了长足的发展。在所有制结构多样化的同时，在分配

---

① 中共中央文献研究室．三中全会以来重要文献选编：上．北京：中央文献出版社，1982：8.

上，逐步从过去以平均主义为主要特点的分配体制发展为按劳分配为主体、多种分配方式并存的格局；在经济管理体制上，逐步从高度集中的计划经济体制逐步过渡到社会主义市场经济体制。事实表明，我国经济制度、分配制度、经济体制的改革是一个相互联系、相互作用、同步推进的过程，并且是改革开放的主线和重点。至20世纪90年代初，我国已经初步形成了以公有制为主体、多种所有制经济共同发展和按劳分配为主体、多种分配方式并存的所有制和分配制度新格局，同时，市场机制的作用也不断扩大和增强。正是在这种新的经济制度和分配制度以及市场机制的促进下，我国经济取得了前所未有的快速发展，人民生活迅速改善。党的十四大之后，随着社会主义市场经济体制的建立和发展，我国经济持续快速发展，社会主义基本经济制度不断巩固和发展。

党的十八大以来，以习近平同志为核心的党中央围绕新时代如何坚持和完善我国社会主义基本经济制度、推动经济高质量发展，在理论和实践的结合中深入探索。蹄疾步稳推进全面深化改革，坚决破除各方面体制机制弊端，改革全面发力、多点突破、纵深推进，着力增强改革系统性、整体性、协同性，压茬拓展改革广度和深度，推出一系列改革举措，重要领域和关键环节改革取得突破性进展，主要领域改革主体框架基本确立，中国特色社会主义基本经济制度更加巩固完善、更加成熟定型，经济治理体系和治理能力现代化水平明显提高，全社会经济发展活力和创新活力明显增强。在世界经济持续走低的背景下，我国经济继续保持了中高速发展的良好势头，对世界经济的贡献率达到30%左右，社会主义基本经济制度的显著优势得到进一步发挥和彰显。

3. 社会主义经济制度理论的重大创新

中国特色社会主义基本经济制度的形成和发展，得益于我们党对于社会主义经济制度理论的继承和发展。

新中国成立之后，我们党依据科学社会主义基本原理，于1956

年完成了社会主义改造，建立了以公有制为基础的社会主义经济制度。与此同时，我们党对于社会主义建设道路进行了艰辛探索，毛泽东于1956年4月25日发表的《论十大关系》的报告是一个重要开端，是我们党探索建立中国特色社会主义经济制度的重要理论成果。

党的十一届三中全会以来，我们党恢复实事求是、一切从实际出发的马克思主义思想路线，在深刻总结国内外社会主义经济建设经验教训的基础上，从我国处于并将长期处于社会主义初级阶段的基本判断出发，确立了以经济建设为中心和改革开放的基本路线，形成了邓小平理论、“三个代表”重要思想和科学发展观等中国特色社会主义理论成果，指导我国社会主义经济制度发生历史性变革，并且不断巩固和发展。1992年召开的中共十四大突破了将社会主义与市场经济对立起来的传统理论和观点，第一次明确提出建立社会主义市场经济体制的改革目标。1997年召开的中共十五大，第一次正式把“公有制为主体、多种所有制经济共同发展”确立为我国的基本经济制度，并写入党章。1999年通过的新宪法正式将其确立为国家制度，还第一次确立了“坚持按劳分配为主体、多种分配方式并存的分配制度”。这一系列变革突破了社会主义经济制度只能是公有制和按劳分配的传统理论和观点。同时，为了与传统概念和理论中的“社会主义经济制度”相区别，还提出了“基本经济制度”这一新概念，并把“多种所有制经济共同发展”纳入“基本经济制度”的范畴，从而确立了非公有制经济及其发展在国家制度和国家发展中的重要地位；提出了“按劳分配为主体、多种分配方式并存的分配制度”这一新概念，从而与传统概念和理论中的单一的“按劳分配制度”相区别，确立了除按劳分配之外的其他分配方式在分配制度中的重要地位。这些新概念和新理论的提出，是中国特色社会主义基本经济制度理论形成与发展的重要标志。党的十六大、十七大进一步强调坚持和完善公有制为主体、多种所有制经济共同发展的基本经济制度和两个“毫不动摇”，我们党的社会主义基本经济制度理论得到进一步发展。

党的十八大以后，我们党把制度建设摆到更加突出的位置。党的十八届三中全会上提出，公有制经济和非公有制经济作为我国经济社会发展的重要基础，都是社会主义市场经济的重要组成部分；公有制为主体、多种所有制经济共同发展的基本经济制度，是中国特色社会主义制度的重要支柱，也是社会主义市场经济体制的根基。党的十九届四中全会通过的《决定》第一次把公有制为主体、多种所有制经济共同发展，按劳分配为主体、多种分配方式并存，社会主义市场经济体制都确立为社会主义基本经济制度。这一新的重大决定，把中国特色社会主义基本经济制度理论发展到了一个新阶段，是社会主义经济制度理论的新发展，是马克思主义经济制度理论的继承和创新。

如上所述，“经济制度”是一个历史的范畴，在不同的历史条件下具有不同的含义。马克思主义政治经济学强调了生产方式和生产关系的经济制度地位；传统社会主义政治经济学强调了生产资料公有制的经济制度地位；中国特色社会主义政治经济学强调了公有制为主体前提下的其他多种所有制的基本经济制度地位；新时代中国特色社会主义经济思想，进一步强调了分配制度和市场经济体制的经济制度地位，形成了基本经济制度理论体系。从马克思主义经济制度理论到传统社会主义政治经济学的经济制度理论，从中国特色社会主义政治经济学的基本经济制度理论到习近平新时代中国特色社会主义经济思想的基本经济制度体系理论，构成了一条鲜明的继承和发展马克思主义经济制度理论的逻辑主线。

二、坚持和完善社会主义基本经济制度面临的重大挑战

在我国社会主义革命和建设特别是改革开放伟大实践中形成和

确立的社会主义基本经济制度，“是被实践检验拥有巨大优越性的制度，既有利于解放和发展社会生产力、改善人民生活，又有利于维护社会公平正义、实现共同富裕”①。同时，我们必须认识到，如何实现公有制经济与非公有制经济的共进发展，如何处理按劳分配为主体、多种分配方式并存与共同富裕的关系，如何同时实现集中力量办大事与市场在资源配置中起决定性作用，是我们在坚持和完善社会主义基本经济制度方面所面临的重大挑战。

1. 公有制经济与非公有制经济的共进发展

在计划经济时代，人们把公有制和社会主义与非公有制经济和市场经济看作是相互排斥和绝对对立的。我国改革开放成功的关键在于，我们党坚持把马克思主义基本原理与中国实际相结合，做出了我国处于并将长期处于社会主义初级阶段的科学判断，破除了一系列束缚思想和实践发展的传统错误观念，提出了以经济建设为中心，发展才是硬道理，社会主义的本质是解放和发展生产力，允许一部分人一部分地区先富起来、最终实现共同富裕等一系列新理念新观点，形成了以社会主义初级阶段理论为核心的中国特色社会主义政治经济学理论，并通过实践逐步建立了公有制为主体、多种所有制经济共同发展的所有制制度。这个所有制制度，一方面坚持和继承了生产资料公有制这一社会主义本质规定和科学社会主义基本原则，另一方面依据历史唯物主义基本原理和中国生产力发展不充分不平衡的基本国情，充分肯定了非公有制经济在社会主义初级阶段的重要作用。实践表明，这样的所有制制度，既有利于坚持和巩固党对经济工作的集中统一领导，充分发挥集中力量办大事的制度优势，又有利于充分调动各类经济主体的积极性和创造性，从而有力地促进了我国生产力的迅速提高和经济的持续快速发展。

---

① 本书编写组.《中共中央关于坚持和完善中国特色社会主义制度、推进国家治理体系和治理能力现代化若干重大问题的决定》辅导读本.北京：人民出版社，2019：38.

同时，我们必须看到，无论是从理论上说，还是从实践上看，如何坚持和完善公有制为主体、多种所有制经济共同发展的所有制制度，保持公有制经济与非公有制经济的共进发展，都面临着新的挑战。从理论上说，如何正确认识公有制经济与非公有制经济的相互关系，还存在一些错误认识需要进一步澄清。比如，有人把国有企业与私营企业之间正常的竞争看成“与民争利”或“国进民退”，提出营利性和竞争性行业和领域“国有经济退场论”；有人提出，既然不同所有制之间的关系是一种平等关系，为什么还要强调公有制的主体地位？从我国经济发展的实践来看，一些地区在一定程度上的确存在中小企业和民营企业融资难、融资贵，以及侵害民营企业的合法权利和财产的问题，还有其他一些影响私营企业发展的机制和体制障碍等，这些都在一定程度上影响和限制了非公有制经济的发展。导致这一切的思想根源就在于将公有制经济与非公有制经济视作相互对立和替代的关系，没有看到它们的相互促进和相互补充的基本关系。

必须指出，公有制的主体地位与不同所有制之间的平等竞争是两个不同层次的问题，坚持公有制的主体地位与加强不同所有制之间的竞争，二者之间并不矛盾，这是因为一方面，任何社会的经济成分都不是单一的，都存在多种经济成分，但是它们的地位和作用是不一样的。马克思曾经指出，在一切社会形式中都有一种一定的生产决定其他一切的生产的地位和影响，这是一种“普照的光”。占主体地位的公有制就是社会主义社会的“普照的光”，它决定着社会主义社会的性质，并决定着其他所有制经济成分的地位和影响。把公有制为主体条件下的非公有制经济等同于以私有制为基础的社会的非公有制经济是不正确的。另一方面，在市场经济中，各种所有制的企业都要受到价值规律的调节并遵循等价交换原则。从这个意义上说，它们之间的关系是平等竞争的关系。

在实践中，一方面，公有制经济和非公有制经济对于我国的经济发展都发挥了重要作用，因此，必须毫不动摇地巩固和发展公有制经济，同时，还必须毫不动摇地鼓励、支持、引导非公有制经济发展。具体地说：1）公有制经济对于保证党对经济工作的集中统一领导、发挥集中力量办大事的社会主义制度优越性、促进社会生产力发展、增加公共积累和国家税收、缓解就业压力、增强国际竞争力、实现共同富裕等具有关键性作用。2）非公有制经济在改革开放以来得到了迅速发展，为我国经济发展、人民生活水平提高、促进创新、增加就业，以及我国国力、国际地位、竞争力的提升做出了重要贡献，成为我国稳定经济的重要基础、国家税收的重要来源、技术创新的重要主体、金融发展的重要依托，是支撑我国经济持续健康发展的重要力量。3）当前我国经济发展面临的国际环境和国内条件发生了深刻复杂的变化：从发展的外部环境和条件来看，目前世界正处于百年未有之大变局之中，国际形势错综复杂，不稳定不确定因素持续上升，我国发展的外部环境中风险和挑战的因素明显增多；从国内情况来看，转变经济增长方式、优化经济结构、推动经济高质量发展处于攻坚克难的关键时期，作为一个仍处于社会主义初级阶段的发展中国家，发展仍然是第一要务，必须调动各种可以促进发展的要素，实现各种所有制经济在市场竞争中发挥各自优势，相互促进，共同发展，激发各类市场主体的活力。

另一方面，社会主义基本经济制度的显著优势之一，就是可以实现公有制经济与非公有制经济的优势互补、相互促进、相互融合、共同发展。首先，由于公有制经济不是以利润最大化为唯一目标，维护国家经济和政治安全、服务国家发展战略，是公有制经济的重要任务，因此，对于那些关系国计民生的重要项目、公共产品与服务以及投资数额巨大、投资回收期长且收益少甚至无收益的项目等一切国家发展和人民生活需要的行业、领域、产品或项目，如高铁、电网、机场、公路网等基础设施建设，公有制经济都会按照国家需要进行投资和建设，其产品或服务的定价也是根据国家整体经济发展的需要而不是由短期获得预期来确定，由此产生的正外部效应或外溢效应，可以降低非公有制经济的成本，从而促进其增长与发展。其次，通过优化公有和国有经济的布局与结构，完善国有资本有进有退、合理流动的机制，既可以增强公有制的控制力、影响力和竞争力，从而更好地发挥公有制经济的主体作用和国有经济的主导作用，还可以增强经济运行的稳定性和协调性，减少经济波动，发挥公有制经济的宏观经济稳定器作用。再次，发挥国有企业在技术创新中的积极作用和战略支撑作用，带动非公有制经济技术进步和产业结构升级，提升我国制造业在全球产业链和价值链的位置。最后，通过公有制经济与非公有制经济的交叉持股，实现二者的相互促进，相互竞争，各展所长，共同发展。当然，也需要注意国有资产保护，防止国有资产流失，以及二者间可能发生的挤出效应和在资源及市场上的过度竞争甚至恶性竞争问题。

2. 按劳分配为主体、多种分配方式并存与共同富裕的关系

分配是经济发展的重要问题，而分配问题的核心就是如何认识和处理效率与公平的关系。在以往的相当长一个时期，“效率优先、兼顾公平”和“初次分配注重效率、再分配注重公平”的观点比较流行，甚至影响了收入分配制度和政策，对我国的经济增长和人民生活水平提高产生了不利影响。因此，从理论上正确认识按劳分配为主体、多种分配方式并存与共同富裕的关系，在个人收入分配制度的设计和改革实践中如何做到既注重和提高效率又兼顾公平，达到既有利于鼓励先进，提升效率，最大限度激发活力，又有利于防止两极分化，逐步实现共同富裕，使全体人民共享改革发展成果，是一个具有理论和现实意义的重要问题。

马克思主义政治经济学认为，生产决定分配，生产资料所有制和直接生产过程中的生产关系决定分配关系和个人收入分配状况，但分配又反作用于生产，也就是说，分配问题处理好了，注重了社会公平，可以促进生产和市场效率的提高，因为改善收入分配可以提升居民消费能力，让国内消费成为拉动我国经济增长的重要新引擎。因此，效率和公平是可以兼顾的，但需要一定的条件。由于我国目前还处于社会主义初级阶段，由社会主义初级阶段生产力发展水平所决定的我国所有制结构是公有制为主体多种所有制并存，由此决定了按劳分配为主体、多种分配方式并存的分配制度。非公有制经济的分配方式主要是按要素分配，允许土地及其他自然资源、资本、技术、知识、管理、信息、数据等生产要素按照各自的贡献参与分配，从而吸引更多的资源与要素得到有效使用，激发各类市场主体活力，以提高要素和资源使用效率，促进生产力发展。但要素占有存在不平等和不均等性，使得按要素贡献进行分配的方式存在收入差距扩大的弊端。此外，由于我国是社会主义国家，公有制经济的主要分配原则是按劳分配，它可以通过多劳多得、少劳少得，承认物质利益原则和允许合理的收入分配差距，因而既有利于调动劳动者的积极性，又有利于消除两极分化，实现共同富裕。因此，从理论上说，即便是在社会主义初级阶段，按劳分配为主体、多种分配方式并存与共同富裕之间不仅不是完全对立的关系，而且可以将分配公平作为促进效率提高的重要手段，在促进效率提高的前提下努力实现社会公平。

在实践中，如何正确处理按劳分配为主体、多种分配方式并存与共同富裕的关系，要求我们在个人收入分配问题的处理上，既不要搞平均主义，也不能忽视分配的公平正义。计划经济时代我国平均主义的收入分配，严重影响了劳动者的劳动积极性；改革开放后，一段时间以来，我国的基尼系数不断提高，至今仍处于高位，个人收入分配差距持续扩大。这两种情况都说明必须进一步处理好效率与公平的关系，使二者得到共同实现。我国是社会主义国家，社会主义的根本任务和目的就是解放和发展社会生产力，最终实现共同富裕，因此，需要我们贯彻以人民为中心的发展思想，通过健全和完善社会主义收入分配制度，促进收入分配更合理更公平，从而在效率提高的基础上实现共同富裕。

《决定》指出，“坚持以人民为中心的发展思想，不断保障和改善民生、增进人民福祉，走共同富裕道路的显著优势”，我们追求的发展是造福人民的发展，我们追求的富裕是全体人民共同富裕。《决定》还对如何坚持以人民为中心的发展思想、实现共同富裕做了战略部署，即发挥社会主义制度的优势，实施统筹城乡发展、实施脱贫攻坚等发展战略，既“让一部分人先富起来”，又坚持“先富带动后富”，兼顾了效率与公平，既极大地解放了生产力，又实现了社会公平正义。要实现以人民为中心的发展思想，必须依靠完善健全的制度体系，在经济社会发展的各个环节予以贯彻落实。为此，需要建立健全幼有所育、学有所教、劳有所得、病有所医、老有所养、住有所居、弱有所扶等方面国家基本公共服务制度体系，完善覆盖全民的社会保障体系，加强普惠性、基础性、兜底性民生建设，健全有利于实现更充分更高质量就业的就业促进机制，以及建立解决相对贫困的长效机制等。另外，还需要通过兼顾公平与效率的分配制度，实现更合理有序的收入分配，还进一步拉动了内需，并以制度的方式来解决发展不平衡不充分问题，从而促进经济高质量发展。

3. 集中力量办大事与市场在资源配置中起决定性作用

集中力量办大事是我国社会主义制度的一个显著优势。依靠这一优势，我们在新中国成立后，在资金、技术、人才、物质都很缺乏的情况下建立起独立的工业体系和国民经济体系，用几十年的时间完成了西方发达国家几百年才完成的工业化历程；集举国之力成功研制“两弹一星”以保障国家安全，提升国际地位；改革开放，进入新时代，高铁、神舟上天、嫦娥探月、“墨子”号量子通信卫星、以大兴机场为最新代表的基础设施建设等，克服困难，战胜风险，实现了许多的“不可能”，创造了一个又一个“中国奇迹”。这些都是在党中央的集中统一领导下，集中力量上下一心取得的。但同时我们还要看到，我国是一个发展中的大国，地区之间的发展水平差异大，在目前复杂的国际国内形势下，要应对各种风险和挑战，实现高质量发展，既需要强化经济建设和改革开放的顶层设计，坚持全国一盘棋，调动各方面积极性，集中力量办大事，又需要充分发挥市场在资源配置中的决定性作用，更好实现社会主义制度和市场经济的有机结合，促进我国国力的增长和人民生活水平的提高。

社会主义基本经济制度的一个显著优势就是集中力量办大事。马克思社会再生产理论告诉我们，要实现经济的持续发展，社会生产各部门之间须保持合理的比例关系，这一比例关系不仅无法通过市场自动达成，而且有时还会被市场干扰和破坏。另外，市场虽然可以通过价格等市场信号和供求关系体系进行资源配置和调节，但又存在滞后性、盲目性和短期性等特征与弊端，集中力量办大事具有宏观性、长远性等特征，展现出支撑中长期发展战略和推动现代化建设的显著性制度优势，能够以国家发展规划战略为指导，以财政政策、货币政策、就业政策、产业政策、投资政策、消费政策等宏观经济调控制度体系，实现国民经济持续稳定增长。

贯彻新发展理念，实现高质量增长和发展，建设现代化工业体系，既需要顶层设计、统筹兼顾，集中资源和力量保证重点，通过协同作用完成重点突破，又需要调动一切主体的积极性和创造性，提高速度和效率。换个角度来看，一般而言，需要用集中力量办大事的方式来解决的问题，都是市场不愿或不能解决但又是社会必须甚至亟须解决的问题或瓶颈，如脱贫攻坚、生态保护、核心技术和重大科技项目攻关等，因此，应充分发挥集中力量办大事这一社会主义基本经济制度的显著优势，统筹中央和地方关系，统筹个人利益与集体利益、局部利益与整体利益、当前利益与长远利益，以充分调动各方积极性。同时，优化政府职责体系，把“看不见的手”和“看得见的手”同时用好，在更好地发挥市场在资源配置中的决定性作用的同时，更好地发挥政府作用，从而形成市场作用和政府作用相互补充、相互协调、相互促进的局面，在提高发展效益的同时切实维护人民利益，不断提高人民群众的幸福感和获得感。

因此，必须坚持市场在资源配置中的决定性作用和更好发挥政府作用的原则，正确处理政府与市场关系，实现在有效市场和有为政府的基础上，调动中央和地方两个积极性。目前中央和地方在职责关系方面还没有完全理顺，存在“统”与“分”、“放”与“管”、“条”与“块”、“块”与“块”、“事”与“财”、“权”与“责”划分不到位的问题，严重影响了制度优势的发挥。因此，必须进一步健全充分发挥中央和地方两个积极性的体制机制，探索构建社会主义市场经济条件下关键核心技术攻关新型举国体制。一是要坚定维护党中央权威和集中统一领导，二是要坚持全国一盘棋，三是要尊重基层首创精神，四是要强化法治保障。就集中力量办大事最重要的财政关系而言，则是要建立权责清晰、财力协调、区域均衡的中央和地方财政关系。

三、坚持和完善社会主义基本经济制度的目标和任务

当今世界正经历百年未有之大变局，我国正处于实现中华民族伟大复兴关键时期，不断满足人民对美好生活的新期待，必须坚持和完善社会主义基本经济制度，充分发挥市场在资源配置中的决定性作用，更好发挥政府作用，全面贯彻新发展理念，坚持以供给侧结构性改革为主线，加快建设现代化经济体系，推动我国经济实现高质量发展。

1. 实现高质量发展

高质量发展是从追求发展速度转为重视发展质量，以新发展理念为指引、以人民为中心的发展，是通过大力解放和发展社会生产力，创造更多的社会财富，从而更好地满足人民群众日益增长的美好生活需要的发展。高质量发展是坚持和完善社会主义基本经济制

度的任务和目标，而中国特色社会主义基本经济制度则为我们实现高质量发展提供了制度基础和保障。

第一，创新是引领发展的第一动力，是提高发展质量和效益的基础所在。只有坚持创新导向，落实创新驱动，才能不断开辟增长新源泉。近年来，以人工智能、大数据、5G 通信、区块链等为代表的信息技术，以基因技术、再生医学、合成生物学等为代表的生物科技，不断孵化催生出新产品、新业态、新模式，引领了新一轮科技革命和产业革命，科技创新能力也成为各国的核心竞争力。我国既是发展中国家，又是制造业大国，更需要发挥科技创新的引领作用，加快提升自主创新能力。同时，还需要坚持以供给侧结构性改革为主线，加大设备更新和技改投入的支持力度，推动制造业优化升级。通过体制机制创新，打造一批有国际竞争力的先进制造业集群，提升产业基础能力和产业链现代化水平，加快建设现代化经济体系。

第二，协调发展是持续健康发展的内在要求，是社会主义制度优越性的突出表现。在金融与实体经济协调发展方面，建立健全金融服务实体经济、推动先进制造业、振兴实体经济的体制机制，缓解民营企业和中小微企业融资难题。在城乡关系方面，实施乡村振兴战略，健全城乡融合发展体制机制。在区域协调发展方面，高质量发展对区域协调发展提出了新的要求。区域协调发展不是各个地区在经济发展上达到同一水平，而是要根据各地区的条件，走合理分工、优化发展的路子，构建区域协调发展新机制，消除无序低效竞争、产业结构趋同现象，落实主体功能区战略，完善空间治理，形成主体功能明显、优势互补、协调发展、有机融合的高质量发展的区域经济布局。

第三，绿色发展是永续发展的必要条件，是人民对美好生活向往的重要体现。要探索以生态优先、绿色发展为导向的高质量发展模式，统筹好经济发展和生态环境保护建设的关系，打赢蓝天保卫战和污染防治攻坚战，推动生产、生活、生态协调发展。

第四，开放是国家繁荣发展的必由之路，是中国融入世界的必然选择。要坚持开放导向，拓展发展空间。对外开放是中国经济发展取得惊人成就的重要原因之一，为了实现中国经济未来的更好发展，党的十九届四中全会提出了“建设更高水平开放型经济新体制”，“实施更大范围、更宽领域、更深层次的全面开放”，要“推动规则、规制、管理、标准等制度型开放”，以开放促改革、促发展、促创新。在国际经济关系方面，则是加强多边框架内合作，推动贸易和投资自由化，维护多边贸易体制，坚持走开放融通、互利共赢之路，推动经济全球化朝着更加开放、包容、普惠、平衡、共赢的方向发展，构建开放型世界经济和人类命运共同体。所有这些，都为深化我国对外开放、实现高质量发展指明了方向。

第五，共享是中国特色社会主义的本质要求，是社会主义发展的根本目的。推进高质量发展不仅要关注供给侧，也要注重消费需求的重要作用。我国有 14 亿人口的庞大消费群体和 4 亿多中等收入群体的强大购买力，具有巨大的市场优势。消费者规模扩大和水平提升是持续拉升经济增长的动力源泉，也是参与国际竞争的重要优势。赋能高质量发展，要发挥市场监管在维护公平竞争、维护消费者权益方面的重要作用。消费者导向的创新是产业创新发展的重要方向，只有维护好消费者权益，营造良好的市场环境，才能挖掘强大的国内市场潜力，拓展企业发展空间，提升发展质量。

2. 把经济制度优势转化为经济治理效能

当前，面对治理空间多样化、治理主体多元化与治理问题的复杂化和风险化，以及各国之间的经济与制度竞争，要把经济制度优势转化为经济治理效能，关键取决于政府和执政党拥有的治理权威、掌握的治理技术、可以动员的治理资源以及应对问题的能力。就中国的情况而言，把中国特色社会主义经济制度优势转化为经济治理效能，有一个突出的制度优势，那就是：我们的基本经济制度是以人民为中心、以增进人民福祉为依归的，因此，人民分享发展成果、人民参与制度建设、人民认同制度安排，构成了将经济制度优势转化为经济治理效能的最大支撑和保证。

要把经济制度优势转化为经济治理效能，必须以制度建设为主线推进改革，这就既需要我们通过制度创新解决经济发展中遇到的新情况新问题，又需要我们把已经实施的有效的治理经验转化为可以施之长远的制度，丰富治理制度体系和机制，以改革推进国家制度和治理体系建设，构建起系统完备、科学规范、运行有效的制度体系，从而把我国的制度优势更好地转化为国家治理效能。

把经济制度优势转化为经济治理效能的一个重要方面就是治理手段和政策工具的丰富性、多样性和灵活性。由公有制为主体、多种所有制经济共同发展，按劳分配为主体、多种分配方式并存，以及社会主义市场经济体制所构成的基本经济制度，使我们在面对错综复杂的国际环境和国内艰巨繁重的改革发展稳定任务时，有更大更有弹性的调整空间、更多更灵活有效的政策工具，从而可以适时适度地把握调控时机、节奏和力度，在建设现代化经济体系、实现高质量发展上稳健前行，使我国经济具有越来越强的韧性和抗波动性。比如在目前出口不畅、经济增长动力转换及经济结构调整的条件下，为了拉动内需和促进市场投资，政府一方面需要减税降费促进投资，另一方面又需要改善和保障民生。这两个任务一个会减少财政收入，另一个会增加财政支出，如果单纯依靠财政赤字来解决，既会增加政府的债务负担，又会影响经济的稳定。但是，由于我国有雄厚的国有资产和国有经济，因此，原本困难甚至无解的问题在中国就变得相对简单了——划拨一部分国有资产或要求国有企业将企业利润的一部分上交财政。除此之外，由于国有企业和公有经济的存在，我们可以通过财政、货币、就业、产业、区域、价格等多种政策手段的协调配合，遵循宏观政策要稳、微观政策要活、社会政策要托底的原则，统筹推进稳增长、调结构、惠民生、防风险、促就业、稳预期，坚守不发生系统性风险的底线，坚持稳中求进的工作总基调，使经济运行保持在合理区间。

3. 为实现现代化强国战略目标提供经济制度保障

中国特色社会主义基本经济制度是实现“两个一百年”奋斗目标进而实现中华民族伟大复兴中国梦的制度保障。新中国成立以来，我们党领导人民创造了世所罕见的经济快速发展奇迹和社会长期稳定奇迹，中华民族迎来了从站起来、富起来到强起来的伟大飞跃，离不开公有制为主体、多种所有制经济共同发展的基本经济制度保障。社会主义基本经济制度把社会主义制度和市场经济有机结合起来，是被实践检验拥有巨大优越性的制度，既有利于解放和发展社会生产力、改善人民生活，又有利于维护社会公平正义、实现共同富裕。

就实现现代化强国目标而言，发展是解决一切问题的基础和关键，必须坚持贯彻创新、协调、绿色、开放、共享的新发展理念，毫不动摇地巩固和发展公有制经济，毫不动摇地鼓励、支持和引导非公有制经济发展，坚持按劳分配为主体、多种分配方式并存的分配制度，发挥市场在资源配置中的决定性作用，更好发挥政府作用，全面深化改革开放，积极参与经济全球化，积极参与改善全球治理，发展更高层次的开放型经济，促进新型工业化、信息化、城镇化、农业现代化同步发展，不断壮大我国的经济实力和综合国力。同时，我国要更好满足人民美好生活需要，战胜前进道路上的各种风险挑战，实现“两个一百年”奋斗目标，实现中华民族伟大复兴的中国梦，也必须在坚持和完善社会主义基本经济制度上下更大功夫。

四、坚持和完善社会主义基本经济制度的重点举措

为了实现“两个一百年”奋斗目标，把新时代改革开放推向前进，应对风险挑战并赢得主动，我们必须坚持和完善中国特色社会

主义制度、推进国家治理体系和治理能力现代化。

1. 坚持和完善公有制为主体、多种所有制经济共同发展，激发各类市场主体活力

继续深化国有经济和国有企业改革，一是探索公有制多种实现形式，鼓励发展国有资本、集体资本、非公有资本交叉持股、相互融合的混合所有制经济，实现各种所有制资本取长补短，相互促进，共同发展；二是推进国有经济布局优化和结构调整，更多投向关系国家安全和国民经济命脉的重要行业和关键领域，服务国家战略目标，增强国有经济竞争力、创新力、控制力、影响力、抗风险能力，做强做优做大国有资本；三是深化国有企业改革，加快完善中国特色现代企业制度，改革国有企业工资决定机制，推进骨干员工持股制度，健全完善经理层任期制和契约化管理，激发国有企业发展活力和内生动力；四是形成以管资本为主的国有资产监管体制，有效发挥国有资本投资、运营公司功能作用，赋予企业更多自主权，进一步强化国有企业市场主体地位。

健全支持中小企业发展制度，促进非公有制经济健康发展和非公有制经济人士健康成长。第一，在法制方面，要健全支持民营经济、外商投资企业发展的法治环境。依据权利平等、机会平等、规则平等原则，清理有违公平的法律法规条款，消除各种隐性壁垒。2019 年我国通过了《中华人民共和国外商投资法》及配套法规，加强同国际经贸规则对接，增强透明度。重新组建国家知识产权局，完善执法力量，加大执法力度，提高违法成本。第二，在政策体系方面，要完善和构建亲清政商关系的政策体系。各级政府通过制定和执行负面清单制度，以及以商事制度改革为主要内容的营商环境治理，深化“放管服”改革尤其是行政审批制度的改革，优化营商环境，进一步提高了政府服务效率，使官员与企业家之间的关系更加规范和透明化，从而更好地促进经济的高质量发展。第三，在市场环境方面，要营造各种所有制主体依法平等使用资源要素、公开公平公正参与竞争、同等受到法律保护的市场环境，鼓励竞争、反对垄断。党的十八届三中全会指出，“国家保护各种所有制经济产权和合法利益，保证各种所有制经济依法平等使用生产要素，公开公平公正参与市场竞争、同等受到法律保护，依法监管各种所有制经济”。为此，2018 年 3 月组建了国家市场监督管理总局等新机构，并对现有政府机构做出大幅调整，消除制约市场发挥资源配置决定性作用和更好发挥政府作用的体制机制弊端，制定非公有制企业进入特许领域具体办法，引入非国有资本参与国有企业改革，完成了外商投资负面清单修订工作，全面落实准入前国民待遇加负面清单管理制度。

深化农村土地集体产权制度改革，发展农村集体经济，完善农村基本经营制度。农村集体所有制是公有制的重要组成部分，要创新农村集体产权运行机制，完善农村集体产权抵押、担保等功能，保障农民集体资产权利和确保集体资产保值增值。同时，还要完善农村基本经营制度，坚持统分结合的双层经营机制，创新农业经营方式，丰富农村经营主体，推进家庭经营、集体经营、合作经营、企业经营共同发展，构建现代化农业产业体系、生产体系、经营体系，健全农业社会化服务体系，实现小农户同现代农业发展的有机衔接。通过实施乡村振兴战略，完善农村农业优先发展和保证国家粮食安全的制度政策，健全城乡融合发展体制机制。积极推进农业供给侧结构性改革，不断调整优化农业生产结构，积极稳妥推进土地制度改革，同时保证粮食生产安全。

2. 坚持按劳分配为主体、多种分配方式并存，深化初次分配、再分配和第三次分配体制机制改革，促进效率与公平的有机统一

我国收入分配不合理，特别是初次分配中工资占比偏低，中等收入群体偏弱，制约了需求升级，延长了经济增长新旧动能的转换期，既不利于经济增长和发展，也不利于共同富裕这一社会主义根本目标的实现。因此，要深化初次分配、再分配和第三次分配体制机制改革，进一步完善按劳分配为主体、多种分配方式并存的分配制度，实现效率和公平的有机统一。

首先，在初次分配环节，既要坚持多劳多得，着重保护劳动所得，增加劳动者特别是一线劳动者劳动报酬，健全工资决定和正常增长机制，完善企业工资集体协商制度，强化工资收入支付保障制度，提高工资占国民收入的比重和劳动报酬在初次分配中的比重。同时，还要健全劳动、资本、土地、知识、技术、管理、数据等生产要素由市场评价贡献、按贡献决定报酬的机制。其次，在再分配环节，要健全以税收、社会保障、转移支付等为主要手段的再分配调节机制，强化税收调节，完善直接税收制度并逐步提高其比重。同时，还要完善相关制度和政策，合理调节城乡、区域、不同群体间分配关系。再次，第三次分配是社会力量自愿通过民间捐赠、慈善事业、志愿行动等方式济困扶弱行为，是对再分配的有益补充。要更加重视发挥第三次分配作用，发展慈善等社会公益事业。最后，要通过分配制度的改革和完善，规范分配秩序，形成正确的激励导向，鼓励勤劳致富，保护合法收入，增加低收入者收入，提高和稳定中小企业主的经营性收益，扩大中等收入群体，调节过高收入，清理规范隐性收入，取缔非法收入。

3. 深化市场制度和体制机制改革，完善社会主义市场经济体制

在高质量发展阶段，经济发展更加需要公平竞争有序的制度环境和高标准市场体系，要通过要素市场、资本市场等市场体系的建设和完善，以及市场制度、体制机制的深化改革，进一步充分发挥社会主义制度的优越性以及市场在资源配置中的决定性作用。

为了激发市场主体活力，克服阻碍市场和价值规律充分发挥作用的问题，《决定》对建设高标准市场体系，推进社会主义市场经济体制的改革和完善做了重要部署，主要包括：第一，完善和健全以公平为原则的产权保护制度，依法平等保护各类产权。同时，建立知识产权侵权惩罚性赔偿制度，加强企业商业秘密保护；通过鼓励竞争、鼓励创新、保护知识产权，从而进一步促进创新经济的发展。第二，强化竞争政策基础地位，完善公平竞争制度，落实公平竞争审查制度，加强和改进反垄断和反不正当竞争执法。全面实施市场准入负面清单制度，改革生产许可证制度，健全破产制度。强化消费者权益保护，探索建立集体诉讼制度。第三，推进要素市场制度建设，实现要素价格市场决定、流动自主有序、配置高效公平，完善要素市场化配置。第四，加强资本市场基础性制度建设，健全完善金融体系，建设具有高度适应性、竞争力、普惠性的现代金融体系，有效防范化解金融风险，提高金融服务实体经济的能力。金融要以服务实体经济、服务人民生活为本，强化服务功能，找准金融服务重点。同时还要优化融资结构和金融机构体系、市场体系、产品体系，重点支持符合国家产业发展方向、主业相对集中于实体经济、技术先进、产品有市场、暂时遇到困难的民营企业，为实体经济发展提供更高质量、更有效率的金融服务。

4. 深化科研管理体制改革，完善科技创新体制机制

在国际竞争不断加剧、国际上各种不稳定不确定性因素增多、世界经济增长乏力的大背景下，科技创新能力作为国家核心竞争力的地位更加突出。中国人口多但人均资源拥有量相对较低，是制造业大国但不是制造业强国，因此，要实现高质量增长和“两个一百年”奋斗目标，需要充分发挥社会主义基本经济制度的制度优势，贯彻新发展理念，通过深化科技体制改革，加快提升企业技术创新能力，完善科技人才发现、培养、激励机制，从而发挥科技创新的引领作用和科技创新对经济增长的驱动作用。

首先，要健全国家实验室体系，构建社会主义市场经济条件下关键核心技术攻关新型举国体制，强化国家战略科技力量，加大基础研究投入，健全鼓励支持基础研究、原始创新的体制机制。要弘扬科学精神和工匠精神，加快建设创新型国家，通过建设综合性国家科学中心，打造全球科技创新新高地，以高质量科技创新赋能高质量发展，加快提升自主创新能力。其次，建立以企业为主体、市场为导向、产学研深度融合的技术创新体系，支持大中小企业和各类主体融通创新，创新促进科技成果转化机制，积极开辟新动能，强化标准引领，提升产业基础能力和产业链现代化水平。同时，健全推动发展先进制造业、振兴实体经济的体制机制。制造业是实体经济的基础，实体经济是我国发展的基础，也是构筑未来发展战略优势的重要支撑。通过加强自主创新，发展高端制造、智能制造，推进我国制造业转型升级，从而推动我国制造业和实体经济由量大转向质强，为实现经济高质量增长、实现“两个一百年”奋斗目标奠定扎实基础。再次，当今世界科技革命和产业变革日新月异，数字经济蓬勃发展，对人类生产生活产生了极大影响。我国要实现高质量增长，需要重视发展数字经济，推进数字产业化、产业数字化，引导数字经济和实体经济深度融合。同时还要优化经济治理基础数据库。最后，完善科技人才发现、培养、激励机制，健全符合科研规律的科技管理体制和政策体系，改进科技评价体系，健全科技伦理治理体制。

5. 扩大对外开放，建设更高水平开放型经济新体制

中国40余年改革开放的实践证明，不断扩大对外开放是深化体制机制改革、推动我国经济社会发展的重要动力。尽管近年来国际上贸易保护主义、单边主义有所增加，逆全球化思潮抬头，给世界经济发展带来了不利影响，但就是在这样的形势下，作为世界第二大经济体的中国还是坚持推进经济全球化和国际合作，实施更大范围、更宽领域、更深层次的全面开放，不仅推动制造业、服务业、农业扩大开放，同时推出了一系列保护外资合法权益的法律法规，促进内外资企业公平竞争，积极发展更高层级的开放型经济，实现以开放促发展。

在中国经济发展由高速增长转为高质量发展的新阶段，为了用好国际国内两个市场和两种资源，同时也为了更好地应对国际经贸摩擦，推动我国制造业向全球产业链和价值链中高端发展，我国不仅继续发展出口及加工贸易，还通过举办国际进口博览会等方式，主动积极扩大进口，拓展对外贸易多元化，维护自由贸易和多边贸易体制，并稳步推进人民币国际化，实现从贸易大国向贸易强国的转变。

另外，作为建设高水平开放型经济的重大举措，我国制定和出台了一系列有关外商投资的法律法规，健全外商投资准入前国民待遇加负面清单管理制度，持续放宽市场准入，健全外商投资国家安全审查、反垄断审查、国家技术安全清单管理、不可靠实体清单等制度；完善涉外经贸法规和规则体系。推动规则、规制、管理、标准等公开透明，健全促进对外投资政策和服务体系，降低市场运行成本，提高市场运行效率，以营造稳定公平透明、可预期的营商环境。近年来，我国在上海等多地建设自由贸易试验区，并在海南开展中国特色自由贸易港建设，进行资本自由流动和自由兑换、有条件开展跨境发债和跨境投资并购等业务探索，以及放宽金融机构外资持股比例、拓宽外资金融机构业务范围等，加快和促进自由贸易试验区、自由贸易港等对外开放高地建设。为了完善全球经济治理机制，推动经济全球化朝着更加开放、包容、普惠、平衡、共赢的方向发展，我国不仅推动共建“一带一路”，还推动建立国际宏观经济政策协调机制，推动构建人类命运共同体，以更好地应对世界经济政治等风险和挑战，让不同国家、不同阶层、不同人群共享经济全球化带来的机遇。

坚持和完善繁荣发展社会主义先进文化的制度，巩固全体人民团结奋斗的共同思想基础

中共十九届四中全会做出“坚持和完善繁荣发展社会主义先进文化的制度，巩固全体人民团结奋斗的共同思想基础”的重大决策，为新时代社会主义文化制度建设指明了方向、擘画了蓝图。面对当今世界百年未有之大变局和中国特色社会主义进入新时代的新形势新挑战，社会主义先进文化的制度建设对标中共中央的决策部署，牢牢把握坚持和完善中国特色社会主义制度、推进国家治理体系和治理能力现代化的原则要求，坚持马克思主义在意识形态领域指导地位的根本制度，坚持以社会主义核心价值观引领文化制度建设，坚持以制度建设全面深化文化体制改革，奋力推动社会主义先进文化制度繁荣发展。

一、社会主义先进文化制度建设面临的新形势和新挑战

正确认识世情、国情，把握历史机遇，勇于迎接挑战，是一个国家文化制度建设的首要问题。当今世界正处于百年未有之大变局，

中国特色社会主义进入新时代，文化已经日益成为一个国家综合国力特别是软实力的体现。这些重大深刻的环境变化赋予先进文化建设全新语境。

1. 世界处于百年未有之大变局与文化软实力作用日显重要

当今世界正处在新一轮发展大变革大调整时期。新一轮的科技革命和产业革命正在孕育成长，全球治理体系和国家秩序变革加速推进，大国间战略博弈全面加剧，新兴市场国家和广大发展中国家快速发展，人类文明发展面临新机遇新挑战。习近平做出“世界处于百年未有之大变局”的战略判断①，同时指出中国“处于近代以来最好的发展时期”，两者同步交织、相互激荡。唯有深刻把握“变局”的内涵，牢牢抓住“变局”的本质和主要矛盾，才能认清“变局”对于民族复兴历史伟业的影响。

变局的核心是“变”，各种要素的竞赛比拼是重塑变局的基础，而文化软实力是影响综合国力的重要因素。文化软实力是衡量一个国家综合国力和现代化程度的重要元素，集中体现一个国家基于文化而具有的凝聚力和生命力，以及由此产生的吸引力和影响力。世界历史反复证明：一个大国文明气象的养成，不仅需要政治、经济、军事等硬实力的支撑，更需要制度、文化、意识形态等软实力的浸润。恰如习近平所指出，提高文化软实力，关系中国在世界文化格局中的定位，关系中国国际地位和国际影响力，关系“两个一百年”奋斗目标和中华民族伟大复兴中国梦的实现。如何科学应对世界新变局、铸塑国家文化软实力，对中国共产党推进先进文化制度建设提出了新要求。

2. 中国特色社会主义进入新时代与文化生态日趋复杂

中共十八大以来，党和国家发生历史性变革、取得历史性成就，

① 坚持以新时代中国特色社会主义外交思想为指导　努力开创中国特色大国外交新局面．人民日报，2018－06－24（1）.

中国特色社会主义进入新时代。从思想文化领域的变革来看，文化主旋律更加响亮，文化自信更加彰显，文化软实力显著提升。中共十九大制定了民族复兴的路线图和时间表，建设文化强国、实现文化复兴是题中应有之义。从 2020 年到 2035 年，用 15 年时间基本实现现代化，社会文明程度达到新的高度，国家文化软实力显著增强，中华文化影响更加广泛深入；从 2035 年到 2050 年，再用 15 年时间，建成富强民主文明和谐美丽的现代化强国，实现中华民族伟大复兴。

新时代擘画文化复兴蓝图的同时，文化生态呈现日趋复杂的格局。一个现代化国家的文化生态系统是多元的，主流文化、精英文化与大众文化往往竞争共存。新世纪以来，文化形态复杂多样，各种文化思潮相激相荡，一些负面的有害的思潮如历史虚无主义、普世价值等对人们也产生了一定影响。互联网的飞速发展，推动文化的形态多样化、渠道多元化和受众多元化。在人人都有“麦克风”的时代，网络舆情热点层出不穷。据人民网舆情数据中心统计，仅 2018 年全国性网络舆情热点就有 600 多起。境外敌对势力把互联网作为“扳倒中国”的重要工具，意识形态领域的斗争依然复杂严峻。市场经济的发展为文化产业的蓬勃兴起注入生机活力，以网络作家、独立制片人为代表的文艺群体十分活跃，文化市场上既涌现出大批优秀产品，但也存在文化产品“沾满了铜臭气”、文艺文学创作当了“市场的奴隶”等不正常的现象。上述文化生态格局的种种复杂性对新时代的先进文化制度建设提出了新要求。

3. 坚定文化自信与马克思主义统领文化建设的重要性日益突出

文化自信是一个国家、一个民族发展中更基本、更深沉、更持久的力量。习近平鲜明地提出“文化自信”，构建了中国特色社会主义的道路、理论、制度、文化“四个自信”的政治表述体系，为新时代的文化建设提供了核心理念。文化自信是坚定道路自信、理论自信、制度自信的题中应有之义。道路自信、理论自信、制度自信，说到底是要坚定文化自信。文化自信，事关国运兴衰、文化安全、民族精神独立性。

坚定文化自信，要以马克思主义统领文化建设。理论强党是中国共产党的鲜明特色和显著优势。坚定文化自信的重要体现，就是中国共产党在领导革命、建设和改革的历史进程中，继承和弘扬中华优秀传统文化，创造熔铸革命文化和社会主义先进文化。而中国共产党一成立就把马克思主义写在自己的旗帜上，始终坚持马克思主义的指导地位是近百年党史的真实写照。马克思主义不仅是中国共产党的指导思想，而且构成了坚定文化自信的底气。这不仅源自马克思主义自身就是科学理论，更因为它是中国共产党管党治党、治国理政的指导思想。在社会思想观念日趋复杂的今天，在多元中立主导、在多样中谋共事的要求更加迫切。面对马克思主义在有的领域被边缘化、空泛化、标签化，在一些学科中“失语”、教材中“失踪”、论坛上“失声”的问题，“马克思主义过时论”“马克思主义危机论”“马克思主义无用论”，马克思主义、非马克思主义甚至反马克思主义的思想同时存在，先进的和落后的相互交织，积极的和消极的相互影响，民族的和外来的相互碰撞，坚持马克思主义统领多样文化发展的重要性日益突出①。

4. 谋定全面深化改革总目标与加快先进文化制度建设的要求更加紧迫

全面深化改革是新时代“四个全面”战略布局的重要一翼。中国共产党把制度建设摆在更加突出重要的位置，全面深化文化体制改革。2013 年中共十八届三中全会通过《中共中央关于全面深化改革若干重大问题的决定》，把“完善和发展中国特色社会主义制度、推进国家治理体系和治理能力现代化”作为全面深化改革的总目标，

① 本书编写组．《中共中央关于坚持和完善中国特色社会主义制度、推进国家治理体系和治理能力现代化若干重大问题的决定》辅导读本．北京：人民出版社，2019：97.

并对文化体制改革做出顶层设计。《决定》第十一部分“推进文化体制机制创新”的内容包括宏观层面的原则和中观层面的具体措施，为文化体制改革的顶层设计做了完整而具体的规划。2014 年的《深化文化体制改革实施方案》标志着文化体制改革进入全面实施阶段。到 2017 年文化体制改革取得重大进展，重点难点改革实现突破，基础性制度框架基本确立①。

中共十九大以来，全面深化改革的总目标更加明确，加快建设社会主义先进文化制度的要求显得更加紧迫。中共十九届四中全会强调加快推进国家治理体系和治理能力现代化，努力形成更加成熟更加定型的中国特色社会主义制度。这对改革的系统性、整体性和协同性提出了更高要求，建成更加成熟更加定型的繁荣发展先进文化制度体系的任务更加重要而紧迫。

二、坚持和完善繁荣发展社会主义先进文化制度的原则要求

社会主义先进文化制度是坚持和完善中国特色社会主义制度，推进国家治理体系和治理能力现代化的重要组成部分，是坚持共同的理想信念、价值观念、道德观念，弘扬中华优秀传统文化、革命文化、社会主义先进文化，巩固全体人民共同思想基础这一显著优势的重要体现。发展社会主义先进文化、广泛凝聚人民精神力量，是国家治理体系和治理能力现代化的深厚支撑，需要牢牢把握如下原则要求。

1. 坚定文化自信

没有高度的文化自信，没有文化的繁荣兴盛，就没有中华民族伟大复兴。“文化自信”重新定义了文化的战略地位和作用，体现了

① 本书编写组．党的十九大报告辅导读本．北京：人民出版社，2017：43.

文化自觉的新高度。它是支撑中华民族实现伟大复兴，引领科学社会主义发展潮流，最终为人类文明发展提供中国经验的具有独特气质的文化形态。这就跳出了单纯从中国共产党和中国社会主义自身的认识框架出发看文化，转而从更为宽广、更为恢宏的中华民族复兴史、世界社会主义五百年史、人类文明发展史的三大历史空间维度认识文化问题，从而丰富了文化认识的向度，提升了文化发展的境界，拓展了文化建设的格局，奠定了先进文化制度建设的理念基础，牢牢把握了先进文化前进方向。

2. 围绕“五个任务”

举旗帜、聚民心、育新人、兴文化、展形象是先进文化制度肩负的使命任务。举旗帜，就是要高举马克思主义、中国特色社会主义的旗帜。马克思主义是被实践证明了的科学真理，习近平新时代中国特色社会主义思想是当代中国马克思主义，必须以习近平新时代中国特色社会主义思想武装全党、教育人民，在学懂弄通做实上下功夫，使其深入人心、落地生根。聚民心，就是要牢牢把握正确舆论导向，唱响主旋律。信息化时代改变了人们的生产方式、生活方式和思维方式，舆论影响在互联网时代凸显，必须唱响主旋律、壮大正能量，以正确舆论引导，鼓舞全党全国人民士气，凝聚民心。育新人，就是要坚持立德树人、以文化人，建设社会主义精神文明、培育和践行社会主义核心价值观，润物细无声地引导人民的行为，提高人民思想觉悟、道德水准、文明素养，培养能够担当民族复兴大任的时代新人。兴文化，就是要坚持中国特色社会主义文化发展道路，建设社会主义文化强国，统筹好中国特色社会主义文化中中华优秀传统文化、革命文化和社会主义先进文化三种文化形态的辩证关系。展形象，就是要推进国际传播能力建设，讲好中国故事、传播好中国声音，向世界展现真实、立体、全面的中国，提高国家文化软实力和中华文化影响力。

3. 坚持“二为”方向和“双百”方针

坚持文化建设为人民服务、为社会主义服务，坚持百花齐放、百家争鸣，是中国共产党历史上形成的、长期坚持的文化建设的基本方针。历史和实践证明：文化建设是为人民服务、为社会主义服务的，要遵循文化发展的自身规律，尊重文化的复杂性、多样性，在坚持马克思主义指导的前提下，允许文化多样发展，文化相互借鉴、相互竞争、相互结合、相互创造转化，让文化发展活力充分涌流。

4. 坚持创造性转化、创新性发展

不忘历史才能开辟未来，善于继承才能善于创新。优秀传统文化是一个国家、一个民族传承和发展的根本。中国传统文化在中华民族5 000多年的历史中孕育发展，是中华民族创造和传承的一切文化的综合，有精华也有糟粕，中华优秀传统文化则是其中的精华。从建党以来，中国共产党对待传统文化的基本态度是批判地继承和发展。革命时期，毛泽东提出“全面学习我们的历史遗产”，他在《新民主主义论》中讲过“剔除其封建性的糟粕，吸收其民主性的精华”①。建设时期，毛泽东提出“古为今用、洋为中用”的立场。改革开放以来，中国共产党以更加理性的态度对待传统文化。习近平提出，“努力实现传统文化的创造性转化、创新性发展，使之与现实文化相融相通，共同服务以文化人的时代任务”②。推动传统文化创造性转化、创新性发展，就要全面、科学地认识中国传统文化，不能照搬全抄，而是要有鉴别地对待、有扬弃地继承，取其精华、去其糟粕，坚持古为今用、以古鉴今，适应时代发展需要。

5. 构筑中国精神、中国价值、中国力量

坚持和完善繁荣发展社会主义先进文化制度，目标在于激发全

① 毛泽东．新民主主义论//毛泽东．毛泽东选集：第2卷．2版．北京：人民出版社，1991：707.

② 习近平．习近平谈治国理政：第2卷．北京：外文出版社，2017：313.

民族文化创造活力，更好构筑中国精神、中国价值、中国力量。这是一个将先进精神和价值体系内化为人的素质、转化为人的自觉行动的过程。只有积极弘扬以爱国主义为核心的民族精神和以改革创新为核心的时代精神，积极培育和践行社会主义核心价值观，才能汇聚中国力量，将14亿中国人民的智慧和力量汇集起来，形成为实现中国梦而不懈奋斗的磅礴力量。中国精神、中国价值、中国力量三者紧密相连、有机统一，画好中华民族“同心圆”可以为中华民族伟大复兴提供永不枯竭的精神动力。

三、坚持马克思主义在意识形态领域指导地位的根本制度

社会主义先进文化制度以马克思主义在意识形态领域指导地位的制度为根本，以社会主义核心价值观引领文化建设制度，健全人民文化权益保障制度，完善坚持正确导向的舆论引导工作机制，建立健全把社会效益放在首位、社会效益和经济效益相统一的文化创作生产体制机制为基本内容的制度体系。中共十九届四中全会第一次把马克思主义在意识形态领域指导地位作为一项根本制度明确提出来，这是事关党和国家事业长远发展、关系我国文化前进方向和发展道路的重大制度创新。

1. 坚持马克思主义在意识形态领域指导地位的根本制度的必然性

坚持马克思主义在意识形态领域指导地位的根本制度，是恪守党的本质属性、巩固党的团结统一的必然要求。中国共产党是马克思主义政党，自成立之日起就以马克思主义为指导。也正因为选择了马克思主义，中国共产党在近代政党林立、风雨飘摇的时代脱颖而出，成为领导中华民族伟大复兴的坚强的领导核心，成为始终保持先进性和纯洁性的朝气蓬勃的政党。正是因为始终坚持以马克思主义为指导，中国共产党领导中国革命、建设和改革取得历史性成就，实现了近代以来中华民族走向伟大复兴的“三次伟大飞跃”。坚

定对马克思主义的信仰、坚守马克思主义的指导地位是一代又一代共产党人的使命要求。

坚持马克思主义在意识形态领域指导地位的根本制度是坚持正确发展道路、实现国家长治久安的必然要求。历史经验表明，国家动荡、政权更迭往往始于思想领域的混乱、指导思想的动摇。苏联的衰亡以及一些国家的“颜色革命”对中国的一大启示就是只有坚定马克思主义的指导地位才能保证道路不偏向。在体制转轨、社会转型、利益多元、思想多样的今天，马克思主义指导地位面临严峻挑战。如欲把意识形态的“变量”转变为促进中国发展稳定的“增量”，就要念好“真经”，马克思主义就是中国共产党人的“真经”，真正弄懂马克思主义，学会运用马克思主义的立场、观点、方法，用马克思主义抵制各种错误思潮。

坚持马克思主义在意识形态领域指导地位的根本制度是筑牢思想基础、凝聚精神力量，保证文化建设正确方向、担负起新时代使命的必然要求。中国共产党把马克思主义与中国实践相结合形成了一系列重大理论成果，习近平新时代中国特色社会主义思想是马克思主义中国化的最新成果，是当代中国马克思主义、21 世纪马克思主义。它继承和发展了马克思主义基本原理，深化了共产党执政规律、社会主义建设规律和人类社会发展规律，回答了坚持和发展什么样的中国特色社会主义、怎样坚持和发展中国特色社会主义这一问题。牢牢抓住这一关键，才可为中国特色社会主义文化建设掌舵。

2. 全面构建党的理论学习教育、学理研究体系

坚持马克思主义在意识形态领域指导地位的根本制度，首要的是构建党的理论学习教育、学理研究体系，全面贯彻落实习近平新时代中国特色社会主义思想。

健全用党的创新理论武装全党教育人民的学习教育体系。完善党委（党组）理论学习中心组等各层级学习制度。按照学懂、弄通、做实的要求深入推进习近平新时代中国特色社会主义思想的学习教育，将这一思想的学习同马克思列宁主义、毛泽东思想、中国特色社会主义理论体系贯通起来，同学习党史、新中国史、改革开放史、社会主义发展史结合起来，同新时代坚持和发展中国特色社会主义的伟大实践结合起来，准确把握它的理论、历史和实践逻辑。以“不忘初心、牢记使命”主题教育制度为基础，推动理论宣传“不断往深里走、往实里走、往心里走”，坚持以“关键少数”带动绝大多数、以党员干部带动普通群众，突出抓好领导干部学习，“全面系统学、及时跟进学、深入思考学、联系实际学”。创新理论学习方法和手段，充分利用好互联网平台。根据中国互联网络信息中心（CNNIC）发布的第45次《中国互联网络发展状况统计报告》数据，截至2020年3月，中国网民规模达9.04亿，互联网普及率达64.5%，其中手机网民规模达8.97亿，网民使用手机上网的比例达99.3%。网络具有广泛性、时效性、便捷性等优势，能够实现视、听、说等的多种结合，使理论宣传更加生动、立体。例如，“学习强国”等网络平台就起到了良好的聚合引领作用，让党的创新理论“飞入寻常百姓家”。

健全用中国理论阐释中国实践的学理研究体系。坚持以马克思主义为指导，把中国共产党的创新理论体系贯穿研究和教学全过程，转化为清醒的理论自觉、坚定的政治信念、科学的思维方法，要求建立完善的学理研究体系。深入推进马克思主义理论研究和建设工程，把坚持以马克思主义为指导全面落实到思想理论建设、哲学社会科学研究、教育教学等各方面。加强和改进学校思想政治工作，建立全员、全程、全方位育人体制机制。着力推进世界一流大学、一流学科建设，例如：中国人民大学在全国马克思主义学院建设、学科建设、思政课程建设方面发挥了重要示范引领作用。加快构建中国特色哲学社会科学的学科体系、学术体系、话语体系三大体系建设，坚持用中国理论阐释中国实践，用中国实践发展中国理论，增强理论解释力、话语说服力和实践推动力。

3. 全面加强党的意识形态工作

坚持马克思主义在意识形态领域指导地位的根本制度，要全面加强党的意识形态工作，构建意识形态工作管理制度体系，发挥党的意识形态工作体制机制优势。它的核心优势在于能够坚持党的全面领导，形成意识形态工作的新格局，占领意识形态工作主阵地，落实意识形态工作责任制。

着力构建意识形态的工作新格局。中国共产党对意识形态工作的全面领导，应发挥其统筹兼顾、协调各方的作用。树立“大宣传”理念，坚持“一盘棋”，构建党委统一领导、党政齐抓共管、宣传部门组织协调、有关部门和地方分工负责、全社会协同配合的意识形态工作格局。这一格局可以充分发挥宣传部门统筹协调的机制优势，加强联络沟通、工作指导、督促考核，形成优势互补、左右协作、上下联动的整体大合力。坚持“大合唱”，推动意识形态工作同行政管理、行业管理、社会管理更加紧密结合，广泛动员工会、共青团、妇联等人民团体，引导社会力量积极支持参与宣传思想工作，壮大宣传思想工作队伍，发挥干部群众主体作用，汇聚全社会的“好声音”，形成强大的主流舆论场。

牢牢掌握意识形态工作阵地的领导权。阵地是意识形态工作的依托，正确的思想不去占领，错误的思想就会去占领。党和政府主办的媒体是党和政府的宣传阵地，必须姓党、抓在党的手里、成为党和人民的喉舌，必须高度重视传播手段建设和创新，提高新闻舆论传播力、引导力、影响力、公信力。互联网已经成为当前舆论斗争的主战场、意识形态工作的最前沿，要加强互联网内容建设，建立网络综合治理体系，营造清朗的网络空间。高校是意识形态工作的前沿阵地，肩负着学习研究马克思主义、培育和弘扬社会主义核心价值观、提供人才保障和智力支持的重要任务。思想政治理论课是学校思想政治工作的主渠道，要加强和改进学校思想政治教育，建立全员、全程、全方位育人体制机制。加强学校思想政治教育，深入推进思政课创新改革，在大中小学循序渐进、螺旋式上升地开设思政课；编写好思政课教材，发挥思政课教师的作用，培育一批优质教学资料，推出一批优质示范课堂；以高校重点马克思主义学院建设为牵引，建设好马克思主义理论学科，锻造一支优质师资队伍，打造马克思主义宣传教育的坚强阵地。

全面落实意识形态工作责任制。这是加强党对意识形态工作全面领导的重大举措。中共十八大以来，习近平强调要加强和改进宣传思想工作，严格落实意识形态工作责任制，宣传思想部门必须守土有责、守土负责、守土尽责；坚持党管宣传、党管意识形态、党管媒体不动摇。压实压紧各级党委（党组）责任，做到任务落实不马虎、阵地管理不懈怠、责任追究不含糊[①]。完善意识形态阵地建设和管理制度，落实主管主办和属地管理原则，加强党对宣传、党对高校的全面领导；注意区分政治原则问题、思想认识问题、学术观点问题，对于各种错误观点要敢于亮剑，旗帜鲜明地反对错误观点，同时坚持具体问题具体分析，正确区分政治原则、思想认识和学术观点，不能“泛政治化”，以最大限度地调动各方积极因素化解消极因素。

4. 巩固加强马克思主义对文化发展的统领作用

坚持马克思主义在意识形态领域指导地位的根本制度，要以马克思主义统领文化发展。为此，要准确把握当代中国文化发展的坐标系，正确认识马克思主义与一般文化形态的关系。马克思主义作为主导文化是主流意识形态、价值观的承载者和传播者，是文化建设的调控中心。它在承认文化的多样复杂性和多功能性的同时，保持着对文化的审视批判功能。以马克思主义统领文化发展，是坚持其指导地位以保证文化发展的社会主义大方向，而并非马克思主义

① 举旗帜聚民心育新人兴文化展形象 更好完成新形势下宣传思想工作使命任务．人民日报，2018-08-23（1）.

取代其他一切文化。马克思主义与其他文化之间是一元主导、多元并存的关系。马克思主义指导下的多元文化格局，是中国特色社会主义文化的多元化发展。这与改革开放前高度一元一体化的文化形态有着显著的区别。马克思主义是开放的、科学的、与时俱进的理论体系，欢迎各种思想、理论的探索、创新，共同促进人类文明的发展。

四、坚持以社会主义核心价值观引领文化制度建设

在一个社会的价值观念体系中，核心价值观居于主流地位、发挥指导作用。社会主义核心价值观根植于中国实践，是国家的重要稳定器。坚持以社会主义核心价值观引领文化制度建设，标志着中国共产党对社会主义文化建设规律的认识达到了新高度。

1. 坚持以社会主义核心价值观引领文化制度建设的重要意义

社会主义核心价值观回答了当代中国发展的时代命题。任何一个社会，都存在多种多样的价值观念和价值取向。不同的民族和国家，产生和形成的核心价值观各有特点。一个民族、一个国家的核心价值观必须同这个民族和国家的历史文化相契合，同这个民族和国家需要解决的时代问题相适应。社会主义核心价值观源自 2006 年提出的“社会主义核心价值体系”。中共十八大从中提炼概括出 24 个字。它把国家、社会、公民三个层次的价值要求融为一体，深入回答了要建设什么样的国家、建设什么样的社会、培育什么样的公民的重大问题。从 24 个字的表述来看，富强、民主、文明、和谐是国家层面的价值目标，自由、平等、公正、法治是社会层面的价值取向，爱国、敬业、诚信、友善是公民个人层面的价值准则。这三个层面植根于中华文化沃土，熔铸于我们党领导人民长期奋斗的伟大实践，适应了当代中国发展，回答了时代问题。

培育和弘扬社会主义核心价值观是凝魂聚气、强基固本的基础

工程。社会主义核心价值观是国家的重要稳定器。核心价值观在一定社会的文化中是起中轴作用的，是决定文化性质和方向的最深层次要素。一个民族、一个国家，如果没有共同的核心价值观，就会魂无定所、行无归依。习近平指出："人类社会发展的历史表明，对一个民族、一个国家来说，最持久、最深层的力量是全社会共同认可的核心价值观。"① 中共十九届四中全会创造性地提出"坚持以社会主义核心价值观引领文化建设制度"。实践表明，培育和践行社会主义核心价值观，是新时代坚持和发展中国特色社会主义的重大任务，是进行伟大斗争、建设伟大工程、推进伟大事业、实现伟大梦想的铸魂工程；是当代中国精神的集中体现，凝结着全体人民的共同价值追求，是中华民族赖以维系的精神纽带；是在世界文化激荡中保持民族精神独立、挺起民族精神脊梁的战略支撑。

2. 筑牢社会主义核心价值观的基础

坚持以社会主义核心价值观引领文化制度建设，首先要以理想信念教育为基石。理想信念是"压舱石""总开关"，理想信念动摇是最危险的动摇，理想信念滑坡是最危险的滑坡，正是因为有着坚定的理想信念，党才能在近百年的历史中始终带领人民过险滩、涉险阻，乘风破浪，迎来了从站起来、富起来到强起来的伟大飞跃。面对"四大考验""四种危险"，必须筑牢理想信念、补足精神之"钙"，以共同理想信念团结统一带领全国人民"心往一处想""劲往一处使"。当然，理想信念的确立和巩固是一个长期的、历史的过程，也是一个持续深化的过程，必须把理想信念教育作为基础性、战略性任务，做到常态化开展、制度化推进②。

其次要以法律政策体系为保障。核心价值观的树立与巩固是一

---

① 中共中央宣传部．习近平总书记系列重要讲话读本（2016 年版）．北京：学习出版社，2016：189.

② 本书编写组．《中共中央关于坚持和完善中国特色社会主义制度、推进国家治理体系和治理能力现代化若干重大问题的决定》辅导读本．北京：人民出版社，2019：281.

个内化与外化相辅相成的过程，教育引导是基础，但仅靠教育是远远不够的。没有法律政策的强力保障，社会主义核心价值观就不容易落地生根，现实中的一些道德失范和价值扭曲行为也不能被有效遏制。因此，必须坚持依法治国和以德治国相结合，强化法律法规的价值导向，把社会主义核心价值观要求融入法治体系中，贯穿科学立法、严格执法、公正司法、全民守法的各环节，使社会主义法治成为“良法善治”；要按照社会主义核心价值观的基本要求，健全各行各业规章制度，完善市民公约、乡规民约、学生守则等行为准则，使之成为人们日常学习工作生活的基本遵循；要把社会主义核心价值观体现到国民教育、精神文明创建、文化产品创作生产全过程，使核心价值观的影响像空气一样无所不在、无时不有。

3. 丰富社会主义核心价值观的内涵层次

从历史中汲取营养，丰富社会主义核心价值观的内涵层次。首先，紧紧围绕弘扬以爱国主义为核心的民族精神和以改革创新为核心的时代精神，紧扣爱国主义、集体主义、社会主义。这需要以近100年的党史、70年的新中国史和40多年的改革开放史为载体，它们不仅记录着党的奋斗历史，也承载着中国共产党人的伟大精神。在中国共产党领导人民进行革命、建设、改革的历史进程中，感悟“两个精神”“三个主义”，赋予它们新的时代内涵，增强中华民族向心力和凝聚力。

其次，从优秀传统文化中汲取营养，推进中华优秀传统文化传承发展工程。源远流长、博大精深的中华优秀传统文化，积淀着中华民族最深层的精神追求，包含着中华民族最根本的精神基因，潜移默化地影响中国人的思想方式和行为方式①。习近平指出，“我们生而为中国人，最根本的是我们有中国人的独特精神世界，有百姓

① 本书编写组．《中共中央关于坚持和完善中国特色社会主义制度、推进国家治理体系和治理能力现代化若干重大问题的决定》辅导读本．北京：人民出版社，2019：284.

日用而不觉的价值观。我们提倡的社会主义核心价值观，就充分体现了对中华优秀传统文化的传承和升华”①。中华优秀传统文化中“天人合一”“诚者，天之道也；思诚者，人之道也”“言必信、行必果”“仁者爱人”“己所不欲，勿施于人”等等，都对社会主义核心价值观的不同层面有着深刻影响。必须立足中华优秀传统文化，把传统文化中具有时代价值、世界意义的部分提炼出来，使中华民族最基本的文化基因与当代文化相适应、与现代社会相协调，突出道德价值作用，利用好丰富的思想道德资源，使其成为涵养社会主义核心价值观的重要源泉。

4. 创新社会主义核心价值观的载体形式

完善青少年理想信念教育齐抓共管机制。青年的价值取向决定了未来整个社会的价值取向，而青年又处在价值观形成和确立的时期，抓好这一时期的价值观养成十分重要②。2018 年在北京大学师生座谈会上，习近平强调，“坚持不懈培育和弘扬社会主义核心价值观，引导广大师生做社会主义核心价值观的坚定信仰者、积极传播者、模范践行者”③。必须重视青少年这一群体，完善青少年理想信念教育齐抓共管机制，调动各方面力量加以教育引导。尤其注重高校教育，坚定办学正确政治方向、完善人才培养体系、创新培养方式，扣好青年人生的“第一粒扣子”，培养坚定的青年马克思主义者，培养能够担当民族复兴大任的时代新人。

健全志愿服务体系。志愿服务是社会文明进步的重要标志，是培育和践行社会主义核心价值观的有效载体。近年来我国志愿服务事业不断发展，推出了《志愿服务条例》《关于推进志愿服务制度化的意见》《关于支持和发展志愿服务组织的意见》等法律条例。健全志愿服务体系要在发展志愿服务组织、培育志愿服务队伍、打造志

① 习近平．习近平谈治国理政．北京：外文出版社，2014：171.

② 同①172.

③ 习近平．在北京大学师生座谈会上的讲话．北京：人民出版社，2018：6－7.

愿服务项目、完善志愿服务保障等方面下功夫，着力健全孵化培育机制，建立一支高水平、专业化的队伍，设计一批示范性强、影响力大的志愿项目，构建良好的志愿服务政策环境。

实施公民道德建设工程。2001 年的《公民道德建设实施纲要》提出公民道德建设是提高全民族素质的一项基础性工作程。中共十九大从提高全社会文明程度的高度，进一步强调深入实施公民道德建设工程。2019 年 10 月印发的《新时代公民道德建设实施纲要》进一步突出问题导向，着重体现习近平对党员领导干部、青少年、社会公众人物等重要群体和重点领域道德建设的重要论述和具体要求，重点强化了法治保障、网络空间、生态文明、对外交往等方面。以此为指导，实施公民道德建设工程要注重深入学习领会习近平关于道德建设的重要论述，切实增强公民道德建设的责任感使命感；坚持以社会主义核心价值观为引领，大力夯实基层基础，瞄准基层需求，创新基层工作，扎实推进新时代文明实践中心和县级融媒体中心建设，夯实基层阵地，讲好美德故事，特别是注重加强网络道德建设，推动网络成为正能量的集散地。

完善诚信建设长效机制。健全覆盖全社会的征信体系，联动各个领域建立信用信息记录，形成信息的常态化归集、共享和使用机制。加强失信惩戒制度建设，完善多部门、跨地区、跨行业的守信联合激励和失信联合惩戒的联动机制，推出信用“红名单”与“黑名单”，让守信者处处受益、失信者处处受限，形成褒扬守信、惩戒失信的社会共识。同时要大力弘扬中华民族重信守诺的传统美德，制定诚信公约，加强行业自律，推动全社会的诚信意识和信用水平不断提高。

5. 发挥社会主义核心价值观引领文化建设的雁阵效应

注重以社会主义核心价值观贯穿文化结构，完善文化布局。社会主义核心价值观从中华优秀传统文化、革命文化中汲取营养，是社会主义先进文化的精髓。要继承和弘扬中华优秀传统文化，实现创造性转化和创新性发展，深入阐发文化精髓、贯穿国民教育始终、保护传承文化遗产、滋养文艺创作、融入生产生活、加大宣传教育力度、推动中外文化交流互鉴等；要坚持和运用革命文化、发展社会主义先进文化，注重学习党史国史，把红色资源利用好、把红色传统发扬好、把红色基因传承好，推动发展面向现代化、面向世界、面向未来的，民族的科学的大众的社会主义文化。

注重以社会主义核心价值观引领社会思潮。社会思潮是对政治意识、政治价值观的反映，影响人们的价值选择。面对日趋复杂多元的社会思潮局面，需要以社会主义核心价值观实现对各种思潮的引领。这就要求：牢牢坚持马克思主义的指导地位不动摇，用党的最新理论成果武装全党、教育人民，用中国特色社会主义共同理想凝聚民族力量，用民族精神和时代精神鼓舞斗志，用社会主义荣辱观引领风尚，巩固全党全国各族人民团结奋斗的共同思想基础；尊重差异、包容多样，坚持四项基本原则，坚持“百花齐放、百家争鸣”方针；辨明是非、敢于亮剑，实现对思潮的有效整合，辨别其中的积极和消极成分，对积极成分要借鉴吸收学习，对消极成分要理性引导、教育和批判，防止其侵蚀人民的思想，努力形成一元主导、多元共存的雁阵格局。

五、坚持以制度建设推动全面深化文化体制改革

制度问题具有根本性、全局性、稳定性和长期性，制度建设是全面深化文化体制改革的根本之计、长远之策。新时代以来，文化制度建设贯穿文化体制改革全方面各环节，文化活力得到充分释放，文化事业繁荣发展。

1. 健全人民文化权益保障制度

保障人民文化权益是深化文化体制改革的根本出发点，是坚持人民中心论的生动体现。人民文化权益是人民自由平等地参与社会

文化活动的生产与创造、能够充分公平地享受社会文化成果的权利。社会主义文化本质上是人民共建共享的文化。文化发展为了人民、文化发展依靠人民、文化发展成果由人民共享，是社会主义文化建设的根本出发点和落脚点。

坚持“以人民为中心”的工作导向。文化建设的根本问题是“为什么人”的问题。新时代，人民对美好生活的向往更加强烈，对发展先进文化的质量提出了新的更高的要求。只有保障人民文化权益，才能为人民提供更丰富更有营养的精神食粮，提高人民的文化获得感、幸福感，促进人的全面发展。人民是文化建设的主体，人民生活是一切文化产品取之不尽、用之不竭的源泉，人民的需要是文化产品的根本价值所在。为此，文艺工作者要自觉与人民同呼吸、共命运、心连心，“欢乐着人民的欢乐，忧患着人民的忧患，做人民的孺子牛”；哲学社会科学工作者要坚持以人民为中心的“研究导向”，坚持人民是历史创造者的观点，树立为人民做学问的理想。同时，要完善文化产品创作生产传播的引导激励机制，推动广大文化文艺工作者把满足人民精神文化需求、促进人的全面发展作为作品创作的出发点和落脚点。把人民作为作品讴歌、表现的主体，把人民作为作品的最高评判者；在深入生活、扎根人民中进行文化创造，虚心向人民学习、向生活学习，从人民的伟大实践和多彩的生活中汲取营养；文化产品创作需要热爱人民，文化工作者要想有成就，就必须对人民爱得真挚、爱得持久，用心用情用功抒写人民、描绘人民、歌唱人民，推出更多群众喜爱的文化精品。

完善公共文化服务体系。我国已经基本形成了政府主导、覆盖城乡、社会参与、服务均等的公共文化服务体系。以文化服务设施为例，截至 2018 年底，全国共有公共图书馆 3 176 个、文化馆站 44 464 个、博物馆 4 918 个。新时代完善城乡公共文化服务体系，必须优化城乡文化资源配置。城市与农村、发达地区与欠发达地区需求不同，公共文化建设不能一个模式、“一刀切”，要坚持城乡协调联动、资源共享，同时也要适当向贫困地区、民族地区、边疆地区倾斜；要推动基层文化惠民工程扩大覆盖面、增强实效性，推出更多群众喜闻乐见的文化精品，建立健全群众评价和反馈机制，促进文化惠民工程与群众文化需求有效对接；要搭建群众乐于并便于参与的文化活动平台，鼓励群众建设各种形式的文化活动阵地，引导群众在文化建设中自我表现、自我教育、自我服务。鼓励社会力量参与公共文化服务体系建设，引入竞争机制，创新公共文化服务方式，推动公共文化服务社会化。

2. 完善坚持正确导向的舆论引导工作机制

正确导向的舆论引导是保证文化体制改革不偏向的润滑剂。做好舆论工作，是治国理政、定国安邦的大事，事关旗帜和道路，事关党和国家的前途命运。历史和现实表明，舆论的力量绝不能小觑。好的舆论可以成为发展的“推进器”、民意的“晴雨表”、社会的“黏合剂”、道德的“风向标”，不好的舆论可以成为民众的“迷魂汤”、社会的“分离器”、杀人的“软刀子”、动乱的“催化剂”[①]。人心是最大的政治，舆论领域的发酵是许多国家发生“颜色革命”的“鼓手”，随着社会利益诉求的多元，社会矛盾冲突增多，舆情热度高位运行；新媒体的发展带来了深刻变化，互联网在舆情事件中扮演了重要角色，新闻舆论引导的难度因此加大而新闻舆论工作的理论、方式、手段还存在薄弱环节。当前，思想舆论领域大致有红色、黑色、灰色“三个地带”[②]，必须完善坚持正确导向的舆论引导工作机制。

科学把握舆论引导的主要原则。这包括坚持党管媒体原则和坚持正确舆论导向、正面宣传为主的原则。“党管媒体”是党的全面领导在新闻舆论领域的重要体现，也是党的新闻事业坚持党性原则的

① 坚定文化自信　建设社会主义文化强国．人民日报，2017－10－16（7）．

② 习近平．习近平谈治国理政：第2卷．北京：外文出版社，2017：328．

必然要求。无论时代如何发展、媒体格局如何变化，这个原则和制度不能变。要坚持政治家办报、办刊、办台、办新闻网站。党和政府主办的媒体必须姓党，必须抓在党的手里，必须成为党和人民的喉舌。要把党管媒体原则贯彻到新媒体领域，所有从事新闻信息服务、具有媒体属性和舆论动员功能的传播平台都要纳入管理范围，所有新闻信息服务和相关业务从业人员都要实行准入管理①。此外，要坚持团结稳定鼓劲、正面宣传为主，唱响主旋律、弘扬正能量，对待大是大非、政治原则问题要敢于亮剑发声、加强引导。还要改进和创新正面宣传，把握传播规律，做到思想性、新闻性、可看性有机统一。

构建正确导向的舆论引导工作机制。第一，构建网上网下一体、内宣外宣联动的主流舆论格局。随着我国发展日益融入世界，内宣和外宣的界限越来越模糊，构建内宣外宣协同联动机制更趋紧迫。在转变观念上下功夫，对内报道要有外宣意识，考虑可能产生的国际影响；对外报道要有内宣意识，兼顾国内受众感受②。从统筹国际国内两个大局的高度加强内宣和外宣工作统筹谋划，把中国想讲的和国外受众想听的结合起来，把“陈情”和“说理”结合起来，把“自己讲”和“别人讲”结合起来。做大做强主流舆论，发挥主流媒体的传播力、引导力、影响力和公信力，形成网上网下同心圆，让党的声音传得更开、传得更广、传得更深入。

第二，完善舆论监督制度，健全重大舆情和突发事件舆论引导机制。应完善舆情分析研判和预警机制，做到“见之于未萌，识之于未发”；完善社会热点引导机制，对人们关心的热点问题及时深入做好解读阐释，引导人们增强发展信心、形成合理预期；完善重大舆情协调联动处置机制，快速反应、有效引导、精准调控，防止

---

① 本书编写组．党的十九大报告辅导读本．北京：人民出版社，2017：317.

② 本书编写组．《中共中央关于坚持和完善中国特色社会主义制度、推进国家治理体系和治理能力现代化若干重大问题的决定》辅导读本．北京：人民出版社，2019：293.

“茶杯里的水花”演变为舆论风暴[①]；还要强化监督责任，做到科学、准确、依法、建设性监督。

第三，建立健全网络综合治理体系。互联网是当前面临的“最大变量”，网络的低门槛、信息主体的匿名性、信息传播的便捷性和迅速性等特点给其管理带来了挑战。习近平多次讲，过不了互联网这一关，就过不了长期执政这一关。网络管理复杂，网上信息管理网站应负主体责任，政府行政管理部门要加强监管。主管部门、企业要建立密切协作协调的关系，避免过去经常出现的“一放就乱、一管就死”现象，走出一条齐抓共管、良性互动的新路，全面提高网络治理能力，营造清朗的网络空间。

讲好中国故事，传播好中国声音。这一问题的关键在于舆论的内容建设，媒体融合改变的是信息内容的传播方式，不变的是内容为王的要求。特别是在信息爆炸的今天，优质内容相对更为稀缺、需求更为迫切。同时，随着中国逐渐走近世界舞台中央，国际社会日益关注中国，世界越来越希望了解中国，但“中国威胁论”“中国崩溃论”等论调仍不绝于耳，国际舆论格局总体上是西强我弱，中国的话语体系尚未建立，舆情变得更具有复杂性、敏感性和不确定性。因此，必须讲好中国故事，向世界展示一个真实、立体、全面的中国。让正确的声音先入为主，盖过负面舆论和奇谈怪论。要讲好中国特色社会主义、中国梦、中国人、中华优秀文化以及中国和平发展的故事。结合当代中国实际与时俱进，多讲新时代的马克思主义。正如习近平所强调的，这是全党的事，各个部门、各条战线都要讲。要加强统筹协调，整合各类资源，推动内宣外宣一体发展，奏响交响乐、唱响大合唱，把中国故事讲得愈来愈精彩，让中国声音愈来愈洪亮[②]。

---

① 本书编写组.《中共中央关于坚持和完善中国特色社会主义制度、推进国家治理体系和治理能力现代化若干重大问题的决定》辅导读本.北京：人民出版社，2019：294.

② 中共中央宣传部.习近平总书记系列重要讲话读本（2016年版）.北京：学习出版社，2016：211.

3. 建立健全把社会效益放在首位、社会效益和经济效益相统一的文化创作生产体制机制

把社会效益放在首位、社会效益和经济效益相统一的文化创作生产体制机制是激发文化体制改革活力的可靠保障。这一机制有利于净化文化创作风气、激发全民族的文化创造活力。在社会主义市场经济条件下，文化创作出现了许多值得反思的现象，一些电影、电视剧、音乐等追求“票房至上”“资本至尊”“娱乐至死”，一味地迎合市场、粗制滥造，有的通过恶意炒作、博眼球等操控市场，更有一些低俗、媚俗、猎奇甚至色情暴力的不良内容，与社会不良思潮、错误思潮交织在一起，严重影响社会秩序，败坏社会风气。为此，必须建立健全把社会效益放在首位、社会效益和经济效益相统一的文化创作生产体制机制。

牢牢把握社会主义先进文化发展规律，激发文化生产的活力。文化创作生产有其自身的规律，文化产品不同于一般的物质产品。它是一种精神产品，具有鲜明的文化属性和意识形态属性，承载着一定的精神内涵。优秀的文化产品会对社会意识、社会风尚和人们的思想感情产生持续影响。当然，文化产品也是一种商品属性的产品，但其衡量作品的根本标准更多的是社会属性的体现和社会价值的呈现①。在社会主义市场经济条件下，文化产品也要考虑其经济效益，商品的价格总是围绕价值上下波动，文化产品的价格也必须与价值相一致。但当两者发生矛盾时，不能以牺牲社会效益来换取经济效益。习近平强调，一部好的作品，应该是把社会效益放在首位，同时也应该是社会效益和经济效益相统一的作品。这一论述尊重文化创作、文化产品的自身规律，也遵循了市场经济规律，是发展先进文化的重要遵循。它既强调丰富性又强调创造性、自主性，它既

① 中共中央宣传部．习近平总书记在文艺工作座谈会上的重要讲话学习读本．北京：学习出版社，2015：66－67.

强调社会效益又不完全忽略经济效益。为此既要把满足人民精神文化需求作为文化生产的最终目的，又要体现社会主义市场经济的要求。要以文化管理体制和生产经营机制为抓手，激发文化创新创造活力。

提供良好的健康的政策环境。健全现代文化产业体系和市场体系，完善以高质量发展为导向的文化经济政策。要通过一系列的政策法规完善文化企业履行社会责任制度、完善文化和旅游融合发展体制机制，为文化产业发展保驾护航，推动建立新型文化业态健康发展机制。目前我国已经出台《电影产业促进法》《艺术品经营管理办法》等法律法规。2019 年 6 月，《文化产业促进法（草案征求意见稿）》面向社会征求意见。从划定文化产业的“疆域”到强调文化产业的规划引导，划定政府的职责；从鼓励创新发展到鼓励融合发展；从传承中华优秀传统文化到重申文化产品和服务的内容合法，强调精品战略；从建设文化传播体系到建设文化大数据体系；从突出文化企业的社会责任和道德责任，到促进文化产业发展的财税和用地支持政策，这一法律将为文化产业发展提供方位扶持保障①。

加强文艺创作引导。加强党对文艺工作的领导，紧紧把握依靠广大文艺工作者、尊重和遵循文艺规律的两条原则。要引导文艺工作者静下心来、精益求精搞创作，加强文艺队伍建设，造就一大批德艺双馨的名家大师，培育一大批高水平的创作人才。为此，文联、作协等也要充分发挥优势，加强行业服务、行业管理、行业自律，真正成为文艺工作者之家。还要重视文艺评论工作，这是文艺创作的一面镜子，是引导多出精品、引领风尚、提高审美的重要力量，不能以简单商业标准取代艺术标准，不能把文艺作品完全等同于商品，要完善倡导讲品位讲格调讲责任、抵制低俗庸俗媚俗的工作机制，创作无愧于时代的优秀作品。

---

① 为文化产业发展保驾护航：《文化产业促进法（草案征求意见稿）》面向社会征求意见．光明日报，2019－07－28（5）．

坚持和完善统筹城乡的民生保障制度，满足人民日益增长的美好生活需要

党的十八大以来，随着经济社会的不断发展，社会保障制度建设在党和国家事业发展总体布局中的角色不断转变，坚持和完善统筹城乡的民生保障制度，满足人民日益增长的美好生活需要成为重要发展引擎。习近平总书记曾庄严宣告："我们要随时随刻倾听人民呼声、回应人民期待，保证人民平等参与、平等发展权利，维护社会公平正义，在学有所教、劳有所得、病有所医、老有所养、住有所居上持续取得新进展。"[①] 党的十九届四中全会对民生保障制度提出了新的明确的要求，即必须健全幼有所育、学有所教、劳有所得、病有所医、老有所养、住有所居、弱有所扶等方面国家基本公共服务制度体系，这为坚持和完善民生保障制度指明了方向。深入学习领会、认真贯彻落实十九届四中全会精神和《决定》，对于坚持和完善统筹城乡的民生保障制度具有十分重要的意义。党的十九届四中全会强调，统筹城乡的民生保障制度与其他 12 个方面的制度相衔接，共同支撑起中国特色社会主义制度体系。坚持和完善统筹城乡

① 在第十二届全国人民代表大会第一次会议上的讲话．人民日报，2013－03－18（1）．

的民生保障制度是顶层设计中的重要一环，统筹城乡的民生保障制度也在不断地发展完善，尤其体现在与民众生活紧密相关的就业、教育、养老、住房、医疗等领域，向着满足人民日益增长的美好生活需要不断迈进。

一、健全有利于更充分更高质量就业的促进机制

在全面深化改革的进程中，就业是发展战略和政策中不可或缺的一个构成要素。我国有 14 亿人口、9 亿多劳动力，每年高校毕业生、农村转移劳动力、城镇困难人员、退役军人数量较大，人力资源转化为人力资本的潜力巨大，但就业总量压力较大，结构性矛盾凸显。党中央、国务院一贯高度重视就业工作，把促进就业摆在了十分重要的位置，做出了一系列重大决策和重要部署，不断营造公平就业的制度环境。

1. 不断完善“以创业带动就业”的相关政策措施

2012 年 1 月，国务院批转《促进就业规划（2011—2015 年）》，这是根据《中华人民共和国国民经济和社会发展第十二个五年规划纲要》和《中华人民共和国就业促进法》制定的，进一步完善了“以创业带动就业”的相关政策措施。中共十八大报告指出要“推动实现更高质量的就业”，要引导劳动者转变就业观念，鼓励多渠道多形式就业，促进创业带动就业，做好以高校毕业生为重点的青年就业工作和农村转移劳动力、城镇困难人员、退役军人就业工作。加强职业技能培训，提升劳动者就业创业能力，增强就业稳定性。健全人力资源市场，完善就业服务体系，增强失业保险对促进就业的作用。健全劳动标准体系和劳动关系协调机制，加强劳动保障监察和争议调解仲裁，构建和谐劳动关系。中共十八届三中全会通过的《中共中央关于全面深化改革若干重大问题的决定》，强调要“健全

促进就业创业体制机制”[①]，重要举措如下：建立经济发展和扩大就业的联动机制，健全政府促进就业责任制度。规范招人用人制度，消除城乡、行业、身份、性别等一切影响平等就业的制度障碍和就业歧视。完善扶持创业的优惠政策，形成政府激励创业、社会支持创业、劳动者勇于创业新机制。完善城乡均等的公共就业创业服务体系，构建劳动者终身职业培训体系。增强失业保险制度预防失业、促进就业功能，完善就业失业监测统计制度。创新劳动关系协调机制，畅通职工表达合理诉求渠道。促进以高校毕业生为重点的青年就业和农村转移劳动力、城镇困难人员、退役军人就业。结合产业升级开发更多适合高校毕业生的就业岗位。政府购买基层公共管理和社会服务岗位更多用于吸纳高校毕业生就业。健全鼓励高校毕业生到基层工作的服务保障机制，提高公务员定向招录和事业单位优先招聘比例。实行激励高校毕业生自主创业政策，整合发展国家和省级高校毕业生就业创业基金。实施离校未就业高校毕业生就业促进计划，把未就业的纳入就业见习、技能培训等就业准备活动之中，对有特殊困难的实行全程就业服务[②]。

2014 年政府工作报告再次提出，“就业是民生之本”，坚持实施就业优先战略和更加积极的就业政策，优化就业创业环境，以创新引领创业，以创业带动就业[③]。2014 年提出“大众创业、万众创新”的号召，要在 960 万平方公里土地上掀起“大众创业”“草根创业”的新浪潮，形成“万众创新”“人人创新”的新势态。2015 年政府工作报告又提出：“推动大众创业、万众创新，这既可以扩大就业、增加居民收入，又有利于促进社会纵向流动和公平正义。”2015 年 6 月，国务院颁布《国务院关于大力推进大众创业万众创新若干政策

① 中共中央文献研究室．十八大以来重要文献选编：上．北京：中央文献出版社，2014：536.

② 同①536－537.

③ 同①850.

措施的意见》（简称《意见》）。《意见》首先提出要充分认识推进大众创业、万众创新的重要意义，指出推进大众创业、万众创新，是发展的动力之源，也是富民之道、公平之计、强国之策，对于推动经济结构调整、打造发展新引擎、增强发展新动力、走创新驱动发展道路具有重要意义，是稳增长、扩就业、激发亿万群众智慧和创造力，是促进社会纵向流动、公平正义的重大举措。《意见》同时指出，推进大众创业、万众创新，是扩大就业、实现富民之道的根本举措。推进大众创业、万众创新，就是要通过转变政府职能、建设服务型政府，营造公平竞争的创业环境，使有梦想、有意愿、有能力的科技人员、高校毕业生、农民工、退役军人、失业人员等各类市场创业主体“如鱼得水”，通过创业增加收入，让更多的人富起来，促进收入分配结构调整，实现创新支持创业、创业带动就业的良性互动发展。推进大众创业、万众创新，是激发全社会创新潜能和创业活力的有效途径。

《意见》详细地说明了推进大众创业、万众创新的总体思路：按照“四个全面”战略布局，坚持改革推动，加快实施创新驱动发展战略，充分发挥市场在资源配置中的决定性作用和更好发挥政府作用，加大简政放权力度，放宽政策、放开市场、放活主体，形成有利于创业创新的良好氛围，让千千万万创业者活跃起来，汇聚成经济社会发展的巨大动能。不断完善体制机制、健全普惠性政策措施，加强统筹协调，构建有利于大众创业、万众创新蓬勃发展的政策环境、制度环境和公共服务体系，以创业带动就业、创新促进发展。《意见》在创新体制机制、优化财税政策、搞活金融市场、扩大创业投资、发展创业服务、建设创业创新平台、激发创造活力、拓展城乡创业渠道、加强统筹协调等方面做了具体部署，并号召各地区、各部门要进一步统一思想认识，高度重视，推动各项政策措施落实到位，不断拓展大众创业、万众创新的空间，汇聚经济社会发展新动能，促进我国经济保持中高速增长、迈向中高端水平①。

2. 进一步健全促进就业创业体制机制

政府始终把就业工作当作第一位的任务。一方面，坚持实施就业优先战略和人才优先发展战略，把实施积极的就业政策摆在更加突出的位置，贯彻劳动者自主就业、市场调节就业、政府促进就业和鼓励创业的方针。另一方面，坚持总量与结构并重、供需两端发力、就业政策与宏观政策协调、统筹发挥市场与政府作用、普惠性与差别化相结合的基本原则，实现比较充分和高质量的就业，保持了就业局势的总体稳定。党的十八大以来的 5 年，全国创造了超过 6 500万就业岗位，也就是说，解决了 6 500 万人主要是青年人的就业问题，解决了 2 790 多万下岗失业人员的再就业问题，解决了 880 多万城镇困难人员的就业问题，其中包括 28 万户零就业家庭实现了动态清零②。同时，在脱贫攻坚的战役中，解决了 480 多万农村建档立卡困难人员的转移就业问题。党的十九大报告再次强调就业是最大的民生，要提高就业质量。要坚持就业优先战略和积极就业政策，实现更高质量和更充分就业。大规模开展职业技能培训，注重解决结构性就业矛盾，鼓励创业带动就业。提供全方位公共就业服务，促进高校毕业生等青年群体、农民工多渠道就业创业。破除妨碍劳动力、人才社会性流动的体制机制弊端，使人人都有通过辛勤劳动实现自身发展的机会。完善政府、工会、企业共同参与的协商协调机制，构建和谐劳动关系③。近年来，在经济增速放缓的情况下，每年城镇新增就业均超过了 1 300 万人④，主要就业目标处于合理区间，在一个拥有 14 亿人口的发展中大国实现比较充分的就业，十

---

① 国务院关于建设大众创业万众创新示范基地的实施意见//中共中央文献研究室．十八大以来重要文献选编：中．北京：中央文献出版社，2016：564 - 576.

② 尹蔚民．这五年，我们创造了超过 6 500 万就业岗位．中国青年网，2017 - 10 - 22.

③ 习近平．决胜全面建成小康社会　夺取新时代中国特色社会主义伟大胜利：在中国共产党第十九次全国代表大会上的报告．北京：人民出版社，2017：46.

④ 同③5.

分不易。

党的十九届四中全会明确指出，要健全有利于更充分更高质量就业的促进机制。坚持就业是民生之本，实施就业优先政策，创造更多就业岗位。健全公共就业服务和终身职业技能培训制度，完善重点群体就业支持体系。建立促进创业带动就业、多渠道灵活就业机制，对就业困难人员实行托底帮扶。坚决防止和纠正就业歧视，营造公平就业制度环境。健全劳动关系协调机制，构建和谐劳动关系，为促进每个人的全面发展创造更加有利的条件。

二、构建服务全民终身学习的教育体系

习近平总书记在重视教育事业在人类发展过程中的重要地位和作用的同时，更加关心教育公平和教育质量。2013年3月17日，习近平在十二届全国人大一次会议闭幕会上说，中国人民共同享有三个机会，一是人生出彩的机会，二是梦想成真的机会，三是同祖国和时代一起成长与进步的机会。教育则是实现这三个机会的重要途径。习近平在闭幕会上还提到，要在普及受教育上学有所教，发展成果更多更公平地惠及全体人民①。2013年9月26日，习近平在参加联合国“教育第一”全球倡议行动一周年纪念活动时表示，“努力发展全民教育、终身教育，建设学习型社会，努力让每个孩子享有受教育的机会，努力让13亿人民享有更好更公平的教育”②。在“幼有所育”“学有所教”“建设学习型社会”等思想的指导下，习近平总书记对教育公平做出了更加具体的指示。习近平在2014年5月28日第二次中央新疆工作座谈会上指出，“要吸引更多优秀人才投身教

① 在第十二届全国人民代表大会第一次会议上的讲话．人民日报，2013－03－18（1）．

② 习近平主席在联合国“教育第一”全球倡议行动一周年纪念活动上发表视频贺词．人民日报，2013－09－27（3）．

育，国家的教育经费要多往新疆投”①。党的十九大报告提出，“推进教育公平，培养德智体美全面发展的社会主义建设者和接班人”②。提出教育事业的工作重点之一就在于城乡义务教育一体化发展、农村义务教育等方面。党的十九届四中全会进一步提出全面贯彻党的教育方针，坚持教育优先发展，聚焦办好人民满意的教育，完善立德树人体制机制，深化教育领域综合改革，加强师德师风建设，培养德智体美劳全面发展的社会主义建设者和接班人。推动城乡义务教育一体化发展，健全学前教育、特殊教育和普及高中阶段教育保障机制，完善职业技术教育、高等教育、继续教育统筹协调发展机制。支持和规范民办教育、合作办学。构建覆盖城乡的家庭教育指导服务体系。发挥网络教育和人工智能优势，创新教育和学习方式，加快发展面向每个人、适合每个人、更加开放灵活的教育体系，建设学习型社会③。这都为新时代教育发展提供了指导方向。

1. 解决非义务教育阶段教育机会不均等与城乡教育资源不均衡的问题

党的十八大以来，为推进和保障教育公平，党和国家制定了一系列措施解决非义务教育阶段教育机会不均等、城乡教育资源不均衡的问题，让全社会享有普遍公平的教育，增加贫困地区和贫困家庭适龄人口入学接受教育的机会。以革命老区、贫困地区、农村地区的基础教育为对象的“全面改薄”成为一项通过教育实现社会公平的重要民生工程。2013 年 12 月 4 日，国务院通过了《教育部　国家发展改革委　财政部关于全面改善贫困地区义务教育薄弱学校基

---

① 坚持依法治疆团结稳疆长期建疆　团结各族人民建设社会主义新疆．人民日报，2014－05－30（1）．

② 习近平．决胜全面建成小康社会　夺取新时代中国特色社会主义伟大胜利：在中国共产党第十九次全国代表大会上的报告．北京：人民出版社，2017：45.

③ 中共中央关于坚持和完善中国特色社会主义制度　推进国家治理体系和治理能力现代化若干重大问题的决定．人民日报，2019－10－31（1）．

本办学条件的意见》。2013 年 12 月 31 日，三部委印发《意见》。2014 年 4 月 23 日，教育部办公厅、国家发展改革委办公厅、财政部办公厅发布了《关于制定全面改善贫困地区义务教育薄弱学校基本办学条件实施方案的通知》，就各地制定全面改善贫困地区义务教育薄弱学校基本办学条件的实施方案做出了规定，明确“全面改薄”的目标是针对贫困地区义务教育薄弱学校基本办学条件的缺口，“缺什么补什么”，保基本，补短板，缩小校际差距，推进义务教育均衡发展。这是针对贫困地区进行教育的精准扶贫，并且对“全面改薄”资金支持内容做出了具体的要求及保障措施来保障《意见》实行。2014 年 11 月 3 日，教育部、国家发改委、财政部发布《关于实施第二期学前教育三年行动计划的意见》，提出加大学前教育投入，坚持公益普惠，优化教育资源配置，新增资源重点向贫困地区和困难群体倾斜，提供专项资金和加强幼儿园教师队伍建设等。教育扶贫作为我国“十三五”期间精准脱贫攻坚战略的重要举措，已日益成为共识。2015 年 3 月 5 日，国务院政府工作报告在第五部分“持续推进民生改善和社会建设”中提到，“要切实把教育事业办好，让每个人都有机会通过教育改变自身命运”①。报告指出，要改善薄弱学校和寄宿制学校基本办学条件，通过对口支援等方式支持中西部高等教育发展、加强民族地区各类教育，加快缩小教育差距。公平配置教育资源，重点向农村地区、贫困地区、边疆地区、民族地区、革命老区倾斜，推进中西部高等教育振兴计划②。要畅通农村和贫困地区学子纵向流动的渠道，落实农民工随迁子女在流入地接受义务教育，完善后续升学政策，提高中西部地区和人口大省高考录取率，

① 全国人民代表大会常务委员会办公厅．中华人民共和国第十二届全国人民代表大会第三次会议文件汇编．北京：人民出版社，2015：29.

② 同①29.

加强特殊教育，体现教育的机会公平①。党的十八大以来有关教育方面的这一系列举措，极大地促进了教育公平，优化了教育资源配置，尤其是增加了贫困地区和贫困家庭享受教育公平的机会。

教育公平的制度缺失问题也在不断解决中。目前我国80%以上的农民工随迁子女在流入地公办中小学接受义务教育，“异地高考”已经“破冰”，支援中西部地区招生协作计划、农村贫困地区定向招生专项计划也在实施中。例如，2015年新增本科招生计划全部安排给高等教育资源相对缺乏、升学压力比较大的中西部和人口大省。提高特殊教育学校生均公用经费标准，提高三类残疾儿童少年义务教育入学率，不断健全助学资助体系。

党的十八大以来，我国的教育建设整体质量有所提高，教育建设与经济发展的同步性渐次增强，在教育方面的财政投资逐年增加。与此同时，我国各阶段受教育人数和教育基础设施建设数量总体呈现上升状态。我国现在教育总体水平已经进入世界中上行列，一是教育总体发展水平进入世界中上行列。各级各类教育入学率均超过中高收入国家平均水平，新增劳动力中接受教育年限达到13.3年，其中高等教育比例超过45%。二是教育事业服务党和国家战略全局能力显著增强，高校每年输送近800万名专门人才，职业院校每年输送近1 000万名技术技能人才，以教育为主要内容的人文交流已成为中国特色大国外交的重要支柱之一。三是教育公平取得重大突破，中西部农村教育明显加强，中西部地区和农村地区的孩子有了更好的就学条件和更多接受更高一级教育与更高质量教育的机会。四是教育质量稳步提升，我国高校在世界大学排行中位次大幅提高，部分学科已达到或接近世界一流水平。五是教育体制改革加速穿越“深水区”，考试招生制度改革、现代大学制度、民办学校分类管理、

① 全国人民代表大会常务委员会办公厅．中华人民共和国第十二届全国人民代表大会第三次会议文件汇编．北京：人民出版社，2015：29.

教材管理、现代教育督导体系建设等一批重大改革循序渐进、纵深推进。六是教育保障体系日益完善①。

2. 努力让人民享有更好更公平的教育

党的十九届四中全会提出构建服务全民终身学习的教育体系，这是坚持和完善教育制度的总体目标。贯彻落实党的十九届四中全会精神，进一步健全“幼有所育”“学有所教”的国家基本公共服务制度体系。

健全“幼有所育”“学有所教”，首要的是健全学前教育机制、特殊教育机制、普及高中阶段教育保障机制改革。在学前教育方面，根据我国《国家中长期教育改革和发展规划纲要（2010—2020年）》，到2020年，我国要普及学前一年教育，基本普及学前两年教育，有条件的地区普及学前三年教育。明确政府的办学职责，将学前教育纳入城镇、社会主义新农村建设规划，建立政府主导、社会参与、公办民办三方并举的办园体制，下大力气解决群众关心的“入园难”问题。大力发展民办幼儿园，对经济困难幼儿实行补助制度，进一步完善幼儿园收费管理办法，多途径加强幼儿园教师队伍建设，多渠道加强幼儿园教育的投入，重点发展农村学前教育，保障留守儿童入园，多措并举扩大学前教育资源，加大对贫困地区发展学前教育的扶持力度，加强对幼儿园的监督和管理，实行动态监管，完善年检制度，加强安全设施建设。在特殊教育方面，一是提高对特殊教育的重视度，完善特殊教育法律法规，采取多种措施解决肢体残疾、智力残疾等儿童少年的教育问题，形成全社会关心和支持特殊教育发展的氛围。二是不断完善特殊教育体系，因地因人制宜发展残疾人学前教育、基础教育、高中教育等，使其接受不同程度的教育。三是不断完善特殊教育教师培训体系。四是不断健全特殊教育

① 用新时代中国特色社会主义思想加快建设教育强国：访十九大代表，教育部党组书记、部长陈宝生．(2017-10-21). http：//www.moe.gov.cn/jyb_xwfb/gzdt_gzdt/moe_1485/201710/t20171022_317071.html.

保障机制。在高中教育阶段方面，一是扩大高中优质教育资源，解决教育发展瓶颈问题。有效盘活各种教育资源，坚持政府办学为主，积极鼓励社会办学；不断深化高中课程改革，改进教育教学方式，充分发挥学生的积极性、主动性和创造性；大力发展现代远程教育，使广大农村、西部以及民族地区的学生也能享受到优质教育资源；加强高中教师队伍建设，扩大教师编制，吸引大批优秀本科毕业生和研究生到高中任教。二是推动高中课程改革。新课程改革坚持学生主体本位，注重培育学生的创新精神，推动教师由传统被动指导角色向与学生共同学习的良师益友转变。改革评价和考试制度，建立和完善综合素质评价制度。

教育的发展不仅有利于促进教育公平，提高国民素质，为现代化建设提供更优质的劳动力，其在社会治理方面也有着积极意义。在社会治理过程中，教育的发展不但为其提供了社会治理人才，也为营造和谐公正的社会氛围做出了贡献。注重教育公平并不断在实践中践行“公平而有质量的教育”，这本身就是社会进步的表现。在解决教育公平、提高教育质量的过程中，改革不但使受教育者得到更多的受教育机会，也带来了更多的社会和谐因素，从而有利于实现高效的社会治理。

三、完善覆盖全民的社会保障体系

党的十八大以来，社会保障制度建设一直在持续不断地推进，党的十九届四中全会对社会保障又做出了重要部署，要求完善覆盖全民的社会保障体系。坚持应保尽保原则，健全统筹城乡、可持续的基本养老保险制度、基本医疗保险制度，稳步提高保障水平。加快建立基本养老保险全国统筹制度。加快落实社保转移接续、异地就医结算制度，规范社保基金管理，发展商业保险。统筹完善社会救助、社会福利、慈善事业、优抚安置等制度。健全退役军人工作体系和保障制度。坚持和完善促进男女平等、妇女全面发展的制度机制。完善农村留守儿童和妇女、老年人关爱服务体系，健全残疾人帮扶制度。坚决打赢脱贫攻坚战，巩固脱贫攻坚成果，建立解决相对贫困的长效机制。加快建立多主体供给、多渠道保障、租购并举的住房制度。“老有所养”是人民日益增长的美好生活需要的重要内容，做好“老有所养”对国家、民族、社会来说都意义重大；住房保障是我国社会保障体系的重要组成部分，是广大人民群众的一项基本生活保障需求。现仅从“老有所养”与“住有所居”两个方面着重论述加快健全社会保障制度体系建设，是推动社会发展与进步的必然选择。

1. 健全“老有所养”的养老保障制度体系

中国老龄化日趋严重。国家民政部《2018 年民政事业发展统计公报》的数据显示，截至 2018 年底，全国 60 周岁及以上老年人口 24 949 万人，占总人口的 17.9%，其中 65 周岁及以上老年人口 16 658万人，占总人口的 11.9%①。国际上的通常看法是，当一个国家或地区 60 岁以上老年人口占人口总数的 10%，或 65 岁以上老年人口占人口总数的 7%，就意味着这个国家或地区的人口处于老龄化状态。参照这个标准，中国已经进入老龄化社会，并处于老龄化逐步加深的阶段。据世界卫生组织预测，到 2050 年，中国将有 35%的人口超过 60 岁，成为世界上老龄化最严重的国家之一。中国的老龄化问题已十分突出，必然引起党和国家的高度重视以及社会的广泛关注。

老龄化社会的到来，给养老保障制度建设和医疗保健事业发展带来了压力。这就要求整个社会的养老资金支出、社会保障制度设计、配套基础设施建设以及养老服务体系构建等都要跟上社会的发

① 2018 年民政事业发展统计公报．(2019－08－15)．http：//images3. mca. gov. cn/www2017/file/201908/1565920301578. pdf.

展步伐。对于人口老龄化所带来的养老问题，社会上的呼声越来越高。习近平指出，“满足数量庞大的老年群众多方面需求、妥善解决人口老龄化带来的社会问题，事关国家发展全局，事关百姓福祉”①。“十三五”规划纲要明确提出，要“加强顶层设计，构建以人口战略、生育政策、就业制度、养老服务、社保体系、健康保障、人才培养、环境支持、社会参与等为支撑的人口老龄化应对体系”②。这是中央在“十三五”期间为应对人口老龄化做出的重大战略性制度安排，也是为适应经济社会发展做出的一项重大民生举措。

近年来，党和国家对人口老龄化以及由此带来的养老问题更加重视，进一步健全“老有所养”的国家基本公共服务制度体系。2014年2月21日，国务院按照党的十八大精神和十八届三中全会关于整合城乡居民基本养老保险制度的要求，依据《中华人民共和国社会保险法》的有关规定，在总结新型农村社会养老保险（简称新农保）和城镇居民社会养老保险（简称城居保）试点经验的基础上，决定将新农保和城居保两项制度合并实施，在全国范围内建立统一的城乡居民基本养老保险（简称城乡居民养老保险）制度，出台了《国务院关于建立统一的城乡居民基本养老保险制度的意见》（简称《意见》）。《意见》决定，坚持和完善社会统筹与个人账户相结合的制度模式，巩固和拓宽个人缴费、集体补助、政府补贴相结合的资金筹集渠道，完善基础养老金和个人账户养老金相结合的待遇支付政策，强化长缴多得、多缴多得等制度的激励机制，建立基础养老金正常调整机制，健全服务网络，提高管理水平，为参保居民提供方便快捷的服务。

顺应时代要求，我国养老金并轨改革全面启动，并向纵深方向

---

① 党委领导政府主导社会参与全民行动 推动老龄事业全面协调可持续发展．人民日报，2016-05-29（1）．

② 中共中央文献研究室．十八大以来重要文献选编：中．北京：中央文献出版社，2016：786.

发展。2015 年，国务院颁布了《关于机关事业单位工作人员养老保险制度改革的决定》，推动了机关事业单位养老保险社会化改革，推动机关事业单位工作人员与企业职工养老并轨。2015 年，《国务院办公厅关于印发机关事业单位职业年金办法的通知》颁发，提出国家机关事业单位在基本养老保险的基础上，建立职业年金的补充养老保险制度。2017 年，《关于进一步完善企业职工基本养老保险省级统筹制度的通知》颁发，提出要进一步升级完善省级统筹制度，实现全国统筹。党的十九大明确提出“老有所养”思想，积极应对人口老龄化，构建养老、孝老、敬老政策体系和社会环境，推进医养结合，加快老龄事业和产业发展①。“银发潮”来袭对养老保险基金收支平衡影响很大，必须尽快实现养老保险全国统筹，从而实现在全国范围内调剂余缺、分散风险。基本养老保险全国统筹是一项系统工程，要实现基金统筹、制度规范、管理健全和技术规范的统一。应对人口老龄化、解决养老问题需要国家和社会的共同努力。为均衡地区间企业职工基本养老保险基金负担，实现基本养老保险制度可持续发展，2018 年国务院决定建立养老保险基金中央调剂制度，为养老金全国统筹奠定了基础。

党的十九届四中全会提出要健全统筹城乡、可持续的基本养老保险制度，加快建立基本养老保险全国统筹制度，完善老年人关爱服务体系，积极应对人口老龄化，加快建设居家社区机构相协调、医养康养相结合的养老服务体系，对“老有所养”又做出了重要部署，我国的老龄事业将会取得新的发展高度。

2. 健全“住有所居”的住房保障制度体系

党的十八大报告明确提出，要建立市场配置和政府保障相结合的住房制度，加强保障性住房建设和管理，满足困难家庭基本需求。

---

① 习近平．决胜全面建成小康社会 夺取新时代中国特色社会主义伟大胜利：在中国共产党第十九次全国代表大会上的报告．北京：人民出版社，2017：48.

按照党的十八大报告提出的要求，党和国家明确了住房保障制度建设的基本方向是：加快建立市场配置和政府保障相结合的住房制度，完善符合国情的住房体制机制和政策体系，立足保障基本需求、引导合理消费，加快构建以政府为主提供基本保障、以市场为主满足多层次需求的住房供应体系，逐步形成总量基本平衡、结构基本合理、房价与消费能力基本适应的住房供需格局，向着实现广大群众住有所居的目标迈进。

深化住房制度改革，既是推进供给侧结构性改革、促进经济社会良性发展的需要，也是推进全面建成小康社会、回应人民期待的必然要求。自党的十八大以来，以习近平同志为核心的党中央高度重视人民住房问题，不断采取新举措以保障人民住有所居。2013 年 10 月 29 日，中共中央政治局就加快推进住房保障体系和供应体系建设进行第十次集体学习。中共中央总书记习近平在主持学习时强调，加快推进住房保障和供应体系建设，是满足群众基本住房需求、实现全体人民住有所居目标的重要任务，是促进社会公平正义、保证人民群众共享改革发展成果的必然要求。各级党委和政府要加强组织领导，落实各项目标任务和政策措施，努力把住房保障和供应体系建设办成一项经得起实践、人民、历史检验的德政工程①。在中央财经领导小组第十一次会议上，习近平总书记要求推进经济结构性改革，要针对突出问题、抓住关键点，化解房地产库存，促进房地产业持续发展。2016 年 12 月 21 日，习近平在中央财经领导小组第十四次会议上再次指出："要准确把握住房的居住属性，以满足新市民住房需求为主要出发点，以建立购租并举的住房制度为主要方向，以市场为主满足多层次需求，以政府为主提供基本保障，分类调控，地方为主，金融、财税、土地、市场监管等多策并举，形成长远的

① 加快推进住房保障和供应体系建设 不断实现全体人民住有所居的目标．人民日报，2013－10－29（1）．

制度安排，让全体人民住有所居。”① 在中央财经领导小组第十五次会议上，习近平总书记强调要充分考虑到房地产市场特点，紧紧把握“房子是用来住的、不是用来炒的”定位，深入研究短期和长期相结合的长效机制和基础性制度安排。习近平总书记的一系列重要指示，为深化住房制度改革、保持房地产市场持续健康有序发展提供了遵循。

坚持以政府为主体提供基本住房保障。我国政府在现代化建设的过程中非常重视住房保障制度建设，国家持续加大住房保障力度，出台了《关于公共租赁住房和廉租住房并轨运行的通知》《关于进一步做好城镇棚户区和城乡危房改造及配套基础设施建设有关工作的意见》等一系列住房保障政策，对原有住房保障政策体系进行了完善，构建了包括公共租赁住房、棚户区改造、农村危旧房改造、住房公积金等内容的住房保障体系。为进一步深化住房制度改革，在坚持以政府为主体提供基本住房保障的基础上，还要发挥市场优势，引入市场机制，加强市场监管，以市场为主体满足多层次的住房需求。实行购租并举，培育和发展住房租赁市场，是深化住房制度改革的重要内容，是实现城镇居民住有所居目标的重要途径。2016 年，国务院办公厅印发《关于加快培育和发展住房租赁市场的若干意见》，明确提出：到 2020 年，基本形成供应主体多元、经营服务规范、租赁关系稳定的住房租赁市场体系，基本形成保基本、促公平、可持续的公共租赁住房保障体系，基本形成市场规则明晰、政府监管有力、权益保障充分的住房租赁法规制度体系，推动实现城镇居民住有所居的目标。从立法层面推进住房租赁和销售管理，是全面贯彻党中央决策部署和习近平总书记重要讲话精神的体现，必将为落实意见要求、实现三个“基本形成”提供有效法律保障和支撑。

---

① 从解决好人民群众普遍关心的突出问题入手　推进全面小康社会建设．人民日报，2016－12－22（1）．

虽然党和国家在保障住房方面取得了显著成绩，但我国住房形势依然严峻，房价居高不下。据此，党的十九大再次强调，坚持房子是用来住的、不是用来炒的定位，加快建立多主体供给、多渠道保障、租购并举的住房制度，让全体人民住有所居。党的十九届四中全会进一步提出要加快建立多主体供给、多渠道保障、租购并举的住房制度。

四、强化提高人民健康水平的制度保障

人民健康是民族昌盛和国家富强的重要标志。实现“病有所医”可为实现中华民族伟大复兴的中国梦打下坚实的健康基础。“病有所医”是深化医改的重要目标，是以人民为中心的具体体现，是践行党的初心使命的自觉行动，是满足新时代人民日益增长的美好生活需要的重要举措。

1. 建立符合国情惠及全民的医药卫生体制

当前，由于工业化、城镇化、人口老龄化和生态环境、生活方式的不断变化，人们面临多重疾病威胁和诸多影响健康的因素，医疗卫生的发展水平不仅影响人民健康，同时制约着经济发展和社会和谐。因此，改革必须把人民健康放在优先发展战略地位，必须推进医疗卫生体制改革。深化医药卫生体制改革是一项涉及面广、难度大的社会系统工程，要统筹推进医疗保障、医疗服务、公共卫生、药品供应、监管体制综合改革。我国人口多，人均收入水平低，城乡、区域差距大，长期处于社会主义初级阶段的基本国情，决定了深化医药卫生体制改革是一项十分复杂艰巨的任务，是一个渐进的过程，需要在明确方向和框架的基础上，经过长期艰苦努力和坚持不懈的探索，才能逐步建立符合我国国情的医药卫生体制。

党的十八大以来，以习近平同志为核心的党中央坚持以人民为中心的执政理念，不断深化医疗卫生事业改革，解决人民群众看病

难、看病贵问题。党的十八届三中全会提出要着力推进基本医疗卫生制度建设，努力在分级诊疗制度、现代医院管理制度、全民医保制度、药品供应保障制度、综合监管制度5项基本医疗卫生制度建设上取得突破；要推动中医药发展，实现中医药健康养生文化的创造性转化、创新性发展；关爱医务人员身心健康，增强其职业荣誉感，营造尊医重卫的良好风气等；完善医疗保障制度，实现医保省级统筹，减少“大处方”“大检查”等过度医疗现象以及异地就医直接结算等。这些改革措施是医改走向纵深的关键步骤，也是促进医疗卫生领域社会公平的重要步骤。2015年4月21日，国务院办公厅批转民政部、财政部等部门《关于进一步完善医疗救助制度　全面开展重特大疾病医疗救助工作的意见》（简称《意见》），《意见》提出完善医疗救助制度的目标任务是“城市医疗救助制度和农村医疗救助制度于2015年底前合并实施，全面开展重特大疾病医疗救助工作，进一步细化实化政策措施，实现医疗救助制度科学规范、运行有效，与相关社会救助、医疗保障政策相配套，保障城乡居民基本医疗权益”①。与此同时，一些地方也开始推广建立补充保险，设立兜底保障线等一些制度，努力减少因医疗花费而导致群众返贫的现象。2016年1月3日，国务院发布《关于整合城乡居民基本医疗保险制度的意见》，提出要整合城镇居民基本医疗保险和新型农村合作医疗两项制度，建立统一的城乡居民基本医疗保险制度，其覆盖范围包括现有城镇居民医保和新农合所有应参保（合）人员，即覆盖除职工基本医疗保险应参保人员以外的其他所有城乡居民②。整合的目的在于理顺医保管理体制。党的十九大提出“健康中国”战略思

---

① 国务院办公厅转发民政部等部门关于进一步完善医疗救助制度　全面开展重特大疾病医疗救助工作意见的通知．(2015-04-30). http://www.mohrss.gov.cn/SYrlzyhshbzb/shehuibaozhang/zcwj/yiliao/201505/t20150512_160884.html.

② 国务院关于整合城乡居民基本医疗保险制度的意见．北京：人民出版社，2016：3-4.

想，首先要解决的就是病有所医的硬骨头。社会主要矛盾的转变，实际体现在社会生活各方面，尤其体现在民生建设方面，而医疗卫生方面“不平衡、不充分”问题凸显。医疗条件供给存在资源集中于经济较发达地区的问题，因此，直接针对贫困地区、贫困县进行对口支援、免费培养当地的医疗卫生人才是非常重要的举措。

2. 全民健康是实现全面小康的基础

党的十九大以来，以习近平同志为核心的党中央进一步加强了医疗卫生事业改革的顶层设计，进一步健全“病有所医”的国家基本公共服务制度体系。党的十九大指出，要完善国民健康政策，为人民群众提供全方位全周期健康服务。深化医药卫生体制改革，全面建立中国特色基本医疗卫生制度、医疗保障制度和优质高效的医疗卫生服务体系，健全现代医院管理制度。加强基层医疗卫生服务体系和全科医生队伍建设。全面取消以药养医，健全药品供应保障制度。坚持预防为主，深入开展爱国卫生运动，倡导健康文明生活方式，预防控制重大疾病。实施食品安全战略，让人民吃得放心。坚持中西医并重，传承发展中医药事业。支持社会办医，发展健康产业。

促进公平是基本医疗卫生制度改革的题中应有之义。为解决“因病致贫，因贫致病”问题，国家开展了健康扶贫，协调城乡发展，积极推动优质医疗资源下沉；进一步完善了分级诊疗制度体系，重点加强对贫困群众、残疾人、妇幼等弱势群体的医疗卫生保障；积极引导社会力量参与医改的建言献策，引导社会组织加强对过度医疗、药价虚高、医保基金使用不当等不良行为的监督和举报，形成对医疗机构、医保经办机构、医药企业的约束力；积极改革药品价格形成机制，探索科学合理的医疗补偿机制，推进基本药物制度的立法保障，完善药品监督管理体系。

建立稳定的公共财政投入机制，加大对偏远地区、农村的基本卫生资源投入。坚持医疗公益性原则，积极推进公立医院回归公益性进程，将医疗卫生资源作为公共产品向全民提供，创新举措向群众提供其能负担的基本药物、适宜诊疗、适宜技术，有效缓解了群众看病难、看病贵问题，同时也有效遏制了卫生费用的快速增长。不断深化医疗卫生管理改革，以法律规范医疗行为，惩处过度医疗和“大处方”。有效整合城乡卫生资源，在城市纠正医院设备滥用、无序竞争、转嫁医疗成本等不规范行为，在农村充实医疗技术人员和医疗设备。2018年，国务院办公厅出台相关意见，提出要“建立严格规范的医疗卫生行业综合监管制度”①。加强对药品的生产、定价、供应等方面的监管，实施患者评价制，严厉惩治哄抬药价、过度医疗等不良行为，积极营造公平、公正、公开的就医环境。鼓励社会力量参与医疗卫生服务的供给，坚持以非营利性医疗机构为主体、营利性医疗机构为补充的基本原则，建设覆盖城乡的医疗服务体系，“增加产品和服务供给，满足群众多样化、差异化健康需求”②。完善卫生人才培养和使用制度，建立卫生人才合理的流动机制，加强对卫生人力资源的存量调整。通过上述举措，走出一条符合中国国情的资源节约型医改之路。

党的十九届四中全会进一步强调，强化提高人民健康水平的制度保障。坚持关注生命全周期、健康全过程，完善国民健康政策，让广大人民群众享有公平可及、系统连续的健康服务。深化医药卫生体制改革，健全基本医疗卫生制度，提高公共卫生服务、医疗服务、医疗保障、药品供应保障水平。加快现代医院管理制度改革。坚持以基层为重点、预防为主、防治结合、中西医并重。加强公共卫生防疫和重大传染病防控，健全重特大疾病医疗保险和救助制度。聚焦增强人民体质，健全促进全民健身制度性举措。新冠肺炎疫情暴发后，我们坚持把人民生命安全和身体健康放在第一位，加快医

① 国务院办公厅．国务院办公厅关于改革完善医疗卫生行业综合监管制度的指导意见．北京：人民出版社，2018：1.

② 十八大以来治国理政新成就：上册．北京：人民出版社，2017：516.

疗卫生改革，强化传染病的预防和控制。

随着卫生事业和医疗保障工作的不断发展，我国人民健康水平得到了整体性的提高，人民群众的社会安全感也随之提升。人民对自身生命健康的安心是社会安定的基本前提，是一切治理工作顺利开展的基础。医疗设施和社会保障带来的公平感，有利于民众自觉建立对社会的认同感，更加主动地参与社会事务，从而形成和谐的社会氛围，实现真正的发展。

统筹城乡的民生保障制度，是在党的领导下，在人民当家作主的国家制度下，真正着眼于增进人民福祉、促进人的全面发展的重要制度。党的十九届四中全会强调，增进人民福祉、促进人的全面发展是我们党立党为公、执政为民的本质要求，深刻表明我们党将始终带领人民创造幸福生活、促进人的全面发展。坚持和完善统筹城乡的民生保障制度，需要抓住“七个有所”的要求，加强普惠性、基础性、兜底性民生建设，把党的十八大以来在保障民生方面行之有效的探索与经验制度化，以巩固、继承下来，形成一整套相互衔接、紧密配合的制度体系，织就密实的民生保障网。各级政府要加大制度执行力度，充分发挥制度作用，把统筹城乡的民生保障制度优势更好转化为治理效能、变成保障和改善民生的扎实行动，把握人民群众最关心最直接最现实的利益问题，把思想和行动统一到党的十九届四中全会精神上来，在党中央统一领导下，科学谋划、精心组织，远近结合、整体推进，不断创新公共服务提供方式，满足人民多层次多样化需求，推进民生服务均等化、可及性，这样才能不断满足人民日益增长的美好生活需要。

坚持和完善共建共治共享，深入推进社会治理现代化

社会治理是国家治理的重要方面。共建共治共享的社会治理制度是中国共产党经过长期探索逐渐建立的、被证明符合国情民情和社会发展规律的制度安排，是中国特色国家制度和国家治理体系的重要组成部分。坚持和完善共建共治共享的社会治理制度，不断提高社会治理现代化水平，是推进国家治理体系和治理能力现代化的题中应有之义，也是习近平新时代中国特色社会主义思想的重要内容。

党的十九届四中全会对社会治理提出了新的明确的要求，为新时代加强和创新社会治理指明了方向。深入学习领会、认真贯彻落实党的十九届四中全会精神，对于做好新时代社会治理工作，对于坚持和完善共建共治共享的社会治理制度，都具有十分重要的意义。

一、活力与秩序：社会治理制度建设的主题

每个时代都有属于自己的问题。“只有立足于时代去解决特定的时代问题，才能推动这个时代的社会进步；只有立足于时代去倾听

这些特定的时代声音，才能吹响促进社会和谐的时代号角。”① 在中国，社会治理就属于这样一个必须面对的“时代问题”。只有树立清晰、正确的“问题意识”，才能登高望远，深刻理解和准确把握中国社会治理的大局，全面领会和有效贯彻党中央所擘画的社会治理蓝图。实务推进到一定阶段，就一定会发生理论问题，只有依靠理论，才能有效地建立思路、统一认识、动员社会。当前中国社会治理也到了迫切需要提升理论的阶段，只有抓住党的十九届四中全会有关决定背后的理论逻辑，才能全面、深入地理解和贯彻党的十九届四中全会关于社会治理现代化的战略部署。

1. 社会治理制度擘画的中心思想

党的十九届四中全会关于社会治理制度建设的战略部署，总的指导方针是：“完善党委领导、政府负责、民主协商、社会协同、公众参与、法治保障、科技支撑的社会治理体系，建设人人有责、人人尽责、人人享有的社会治理共同体，确保人民安居乐业、社会安定有序，建设更高水平的平安中国。”具体内容则分为五个方面：一是完善正确处理新形势下人民内部矛盾有效机制，二是完善社会治安防控体系，三是健全公共安全体制机制，四是构建基层社会治理新格局，五是完善国家安全体系。每个方面又分解为若干更细小的任务。这些制度设计突出系统集成、协同高效，既高瞻远瞩，又细致周密，体现了强烈的问题导向和鲜明的实践特色。

要深刻领会、准确把握党的十九届四中全会关于社会治理制度建设的战略部署，关键是抓住统领和贯穿这些制度擘画的一个中心思想，即统筹兼顾活力与秩序，着力实现活力与秩序的有机统一。社会治理的具体工作千头万绪，具体要求千差万别，但归根到底，都是要正确应对中国现代化进程中发展与秩序的张力，充分调动一切积极因素，使社会既生机蓬勃又和谐有序。尽管《决定》作为一

① 习近平．之江新语．杭州：浙江人民出版社，2007：235.

个覆盖整个国家治理体系和治理能力现代化改革的纲领性文件，对这个问题并未深入涉及，但统筹兼顾活力与秩序一直是党和国家推进社会治理工作一以贯之的精神。

习近平曾经指出："社会治理是一门科学，管得太死，一潭死水不行；管得太松，波涛汹涌也不行。要讲究辩证法，处理好活力和秩序的关系，全面看待社会稳定形势，准确把握维护社会稳定工作。"①《决定》也把"坚持改革创新、与时俱进，善于自我完善、自我发展，使社会始终充满生机活力"作为中国国家制度和国家治理体系的显著优势之一。而《〈中共中央关于坚持和完善中国特色社会主义制度、推进国家治理体系和治理能力现代化若干重大问题的决定〉辅导读本》明确讲到，社会治理必须坚持把活力和秩序统一作为根本目标②。

这些论述提纲挈领、高屋建瓴，为深入领会和贯彻落实党的十九届四中全会有关社会治理的决定提供了一条逻辑主线。只有抓住这条逻辑主线，对《决定》中有关内容的认识才能纲举目张、触类旁通，对有关内容的实践才能执简驭繁、操之约而用之广。因此，有必要从中国和世界历史的高度浓墨重彩地描绘"活力与秩序的张力"这一社会治理主题的来龙去脉，以确立观察和思考中国社会治理问题的坐标原点，进而在此基础上揭示当前中国社会治理的中心任务、根本目标、思想路线，以及相应而来的行动擘划。

2. 民族复兴与社会治理的"问题意识"

只有"以重大问题为导向，抓住关键问题进一步研究思考"，才能卓有成效地推动解决我国发展面临的一系列突出矛盾和问题③。问

① 中共中央文献研究室．习近平关于社会主义社会建设论述摘编．北京：中央文献出版社，2017：125－126.

② 本书编写组．《中共中央关于坚持和完善中国特色社会主义制度、推进国家治理体系和治理能力现代化若干重大问题的决定》辅导读本．北京：人民出版社，2019：87.

③ 习近平．关于《中共中央关于全面深化改革若干重大问题的决定》的说明．求是，2013（22）.

题是思维和实践的起点，社会治理身处预防和化解社会矛盾的第一线，树立正确的问题意识非常重要。如果没有问题意识，或者问题找得不准，工作就容易失去方向和动力。那么，中国的社会治理应当树立什么样的问题意识呢？答案非常明确，那就是：实现中华民族的伟大复兴！

习近平指出，实现中华民族伟大复兴是中华民族近代以来最伟大的梦想。这个梦想“凝聚了几代中国人的夙愿，体现了中华民族和中国人民的整体利益，是每一个中华儿女的共同期盼”①，“我们的责任，就是要团结带领全党全国各族人民，接过历史的接力棒，继续为实现中华民族伟大复兴而努力奋斗，使中华民族更加坚强有力地自立于世界民族之林，为人类作出新的更大的贡献”②。这些论述，明确把实现中华民族伟大复兴作为中国共产党思考当今中国一切问题和部署当今中国一切工作的出发点、落脚点和制高点。

这样一种问题意识，精准地抓住了近代以来世界历史浪潮的主题和脉搏，体现了党中央恢宏的历史视野和深邃的历史洞见。确实，实现中华民族伟大复兴是凝聚中华民族和中国人民的共同理想，因而是当今中国最大的政治和最高的目标，当今中国的一切事业都必须围绕而不能偏离这个目标，必须用这个问题意识去统率一切政治思考和实践。离开这个根本性的问题意识，思考和实践就容易陷入片面甚至误入歧途，其他领域是这样，社会治理也是这样。

正如大量研究所指出的，自18世纪英国工业革命以来，现代化已经成为沛然莫之能御的世界浪潮，世界各国或早或迟，或主动或被动，最终都把尽快实现现代化作为本国最高的政治目标。中国也不例外。1840年鸦片战争以后，中国也被卷入世界现代化浪潮。在此过程中，中国曾长期饱受西方侵凌，处于落后挨打的状态。对此，

---

① 中共中央文献研究室．习近平总书记重要讲话文章选编．北京：中央文献出版社，2016：19.

② 习近平．习近平谈治国理政．北京：外文出版社，2014：4.

中华民族的仁人志士开始了探索救亡图强的道路。从那时起，全力推进现代化进程，以拯救民族于危亡、复兴民族于世界，就成为中国社会演进的主题。这样一个主题，始终作为历史最强音，深刻地塑造着近代以来中国社会和中华民族的面貌。

“历史是过去的现实，现实是未来的历史。”① 当前中国的国家制度和国家治理体系，不管你赞成也好，非议也罢，都不得不承认，它不是哪个政党、哪个政权、哪个领袖任性选择的结果，而是近代以来中华民族在苦难之中不断尝试的产物。脱离这些历史因果去讨论当代中国的种种问题，就容易陷于狭隘、幼稚或迷茫。只有从实现中华民族伟大复兴这个“问题意识”出发，才能不被浮云遮望眼，获得对包括社会治理问题在内的“中国问题”的正解。在纷繁芜杂的历史表象中，党中央高屋建瓴地拎出“中华民族伟大复兴”这个历史主题，为破解包括社会治理问题在内的“中国问题”指明了方向、统一了思想、整齐了行动。

3. 社会治理的中心任务与根本目标

如果从实现中华民族伟大复兴的历史高度去审视社会治理问题，那么，尽管社会治理面对的问题林林总总，但归根到底，是为了解决伴随现代化进程而来的“转型悖论”，以构建一个既和谐有序又充满活力的现代社会。可以说，纾解转型悖论引起的社会问题是当今中国社会治理的中心任务，实现活力与秩序的有机统一则是社会治理的根本目标。

现代化是一个大规模的、深刻的社会转型过程。所谓“转型悖论”，是指现代化过程中发展与秩序的张力：一方面，没有发展就没有可持续的秩序，没有秩序也不会有可持续的发展，二者相互依存；另一方面，发展却会不断打破既有的社会秩序和格局，造成社会紧

① 习近平在中共中央政治局第二次集体学习时强调：以更大的政治勇气和智慧深化改革　朝着十八大指引的改革开放方向前进．人民日报，2013－01－02（1）．

张甚至失序，在这个意义上，二者又相互对立[①]。特别是在世界现代化的历史浪潮中，中国作为一个迟到的后来者，必然追求赶超型发展。就像车开得越快，对车况的要求越高一样，赶超型发展不仅必须以良好的秩序为前提，而且对秩序的要求更高，但赶超型发展本身对既有秩序的改变却更广泛、更频繁，从而更容易造成社会不稳定。也就是说，在追求赶超型发展的背景下，转型悖论的表现会更加突出，形势会更加严峻。

显然，转型悖论既不是单纯的发展问题，也不是单纯的秩序问题，而是一个怎样协调发展与秩序这两种基本社会需求，避免顾此失彼或两败俱伤的问题。所谓“发展”，说到底是个生产力问题；所谓“秩序”，说到底是个生产关系问题。因此，转型悖论本质上是生产力与生产关系之间的矛盾，是该矛盾在现代化，尤其是在赶超型现代化条件下的特殊表现。任何社会都存在生产力与生产关系的矛盾，在这个意义上，转型悖论是任何社会都必须面对的问题，关键是如何应对。如果应对得宜，就能变压力为动力，促进经济社会更快、更好地发展；如果应对失当，转型悖论就会恶化为转型困境，要么发展停滞，要么秩序紊乱。当前国内广泛讨论的“中等收入陷阱”其实就是一种典型的转型困境。所谓“中等收入陷阱”，简单地说，就是经济收入达到中等发达国家水平，社会却发生了严重的分化，以致社会秩序难以保持，甚至陷入动乱。避免后一种前景而争取前一种前景，正是社会治理所要达到的目标。

尽管当前党和国家已经认识到转型悖论，高度重视转型悖论可能引发的困境，但任何问题的解决都不是一蹴而就的。特别是，实现中华民族伟大复兴的任务仍然十分艰巨，这决定了在相当长的时间内，发展依然是第一要务，改革仍须不断深入。而改革和发展在

① 冯仕政．当代中国的社会治理与政治秩序．北京：中国人民大学出版社，2013：2-10.

不断解决旧问题的同时，也会不断形成新问题。因此，任何在短期内消除转型悖论的期望都是不现实的。从世界范围来看，发展中国家在现代化进程中曾普遍陷入转型困境。对中国这样一个发展中国家来说，转型悖论虽然是一个严峻的挑战，但并不可怕。只要树立正确的问题意识，科学地认识转型悖论，保持战略定力，转型悖论滑向转型困境的不良前景就一定能够避免。

简言之，实现中华民族伟大复兴这一问题意识决定了社会治理的中心任务，那就是，通过机敏而稳健的体制机制改革，着力实现发展与秩序的动态平衡和良性循环，一方面避免出现颠覆性错误，另一方面可以不断增强国家治理体系的包容性、适应性和柔韧性，提高应对矛盾的综合能力，而根本目标则是实现活力与秩序的有机统一，构建一个既充满活力又和谐有序的社会。

4. 新时代与新征程：共建共治共享的社会治理制度

在治国理政过程中，中国共产党对社会治理问题的认识越来越深刻，越来越丰富，越来越全面。尤其是党的十八大以来，以习近平同志为核心的党中央，观大势，谋大事，站在国际国内两个大局、党和国家工作大局、全面深化改革全局来思考和研究问题，提出了习近平新时代中国特色社会主义思想，为加强和创新社会治理提供了锐利的思想武器。随着中国特色社会主义进入新时代，社会治理也进入了新时代，踏上了新征程。党的十九届四中全会对完善社会治理制度提出了新的更高的要求，这就决定了创新和加强社会治理的任务更加艰巨和紧迫。

随着发展与秩序的张力逐渐暴露，党和国家对转型悖论的体验越来越丰富，认识也越来越深刻，在 20 世纪 80 年代后期陆续提出了“稳定压倒一切”和“发展才是硬道理”这样两个口号。不难理解，其中所谓“稳定”，其实就是这里讲的“秩序”。因此，这两个口号实际是把发展和秩序置于同等重要的位置，表明转型悖论已经引起了党和国家的高度重视。相应地，党和国家开始把社会治理提上重要议事日程。

2004年，党的十六届四中全会提出“加强社会建设和管理，推进社会管理体制创新”，首次正式提出“社会管理”概念和日程。2006年，党的十六届六中全会明确把“完善社会管理，保持社会安定有序”作为构建社会主义和谐社会的重要内容，并提出“创新社会管理体制，整合社会管理资源，提高社会管理水平，健全党委领导、政府负责、社会协同、公众参与的社会管理格局”的要求①。2012年，党的十八大要求加强和创新社会管理，加快形成科学有效的社会管理体制。2013年，党的十八届三中全会用“社会治理”概念取代“社会管理”，并把“创新社会治理体制”作为全面深化改革、推进国家治理体系和治理能力现代化的基本内容之一，标志着党对社会治理问题的认识和实践达到了一个新的历史境界。

与此同时，党对社会治理的要求也在不断提高，关于社会治理的制度构想也在不断完善。2006年10月，党的十六届六中全会审议通过的《中共中央关于构建社会主义和谐社会若干重大问题的决定》提出：“我们要构建的社会主义和谐社会，是在中国特色社会主义道路上，中国共产党领导全体人民共同建设、共同享有的和谐社会。”首次提出了“共建共享”的社会治理理念。2013年11月召开的十八届三中全会则提出，加快形成“科学有效”的社会治理体制。2017年召开的十九大明确提出，打造“共建共治共享”的社会治理格局，“共建共享”进一步深化为“共建共治共享”。到2019年，党的十九届四中全会则提出，坚持和完善共建共治共享的社会治理制度，也就是把制度建设提到了前所未有的高度。这标志着党对社会治理规律的新认识，也标志着社会治理踏上了新征程，即在新时代，社会治理必须着力实现“社会治理理念的科学化、结构的合理化、方式

① 中共中央关于构建社会主义和谐社会若干重大问题的决定．求是，2006（20）：3-12.

的精细化、过程的民主化”，通过坚持和完善共建共治共享的社会治理制度，以系统完备、科学规范、运行高效的社会治理制度助推中国特色社会主义制度更加成熟定型，以社会治理现代化助推国家治理体系和治理能力现代化①。

要理解制度建设在社会治理领域的重要性和紧迫性，从而深刻领会党的十九届四中全会关于推进国家治理体系和治理能力现代化的重大意义和总体要求，仍然需要回到实现中华民族伟大复兴这个时代主题上来。现代化是任何发展中国家都必须追求的社会和政治任务，而在发展中国家的现代化过程中，最困难的是保持现代化与制度化之间的平衡，即政治体制要具有足够好的适应性、自主性和内聚力，以便及时把不断变化的社会需求以及不同需求之间可能发生的矛盾和冲突纳入体制之内。如果制度化的速度滞后于现代化的速度，轻则引起骚乱，重则爆发革命。在亨廷顿看来，大量第三世界国家之所以在现代化转型过程中陷入困境，根源正在于其制度化速度跟不上现代化速度，无法消纳现代化所引起的社会结构分化、政治兴趣倍增，以及各种社会矛盾和冲突。

尽管中央文件并未使用“制度化”这个概念，但其中心思想是要求体制机制更具系统性、完备性，以增强抗击各种风险的能力。这与“制度化”的含义是一致的。正如习近平所指出的：“从形成更加成熟更加定型的制度看，我国社会主义实践的前半程已经走过了，前半程我们的主要历史任务是建立社会主义基本制度，并在这个基础上进行改革，现在已经有了很好的基础。后半程，我们的主要历史任务是完善和发展中国特色社会主义制度，为党和国家事业发展、为人民幸福安康、为社会和谐稳定、为国家长治久安提供一整套更完备、更稳定、更管用的制度体系。这项工程极为宏大，零敲碎打

① 本书编写组．《中共中央关于坚持和完善中国特色社会主义制度、推进国家治理体系和治理能力现代化若干重大问题的决定》辅导读本．北京：人民出版社，2019：87.

调整不行，碎片化修补也不行，必须是全面的系统的改革和改进，是各领域改革和改进的联动和集成，在国家治理体系和治理能力现代化上形成总体效应、取得总体效果。”①

二、社会治理的科学理念与基本原则

思想是行动的先导。要产生正确的行动，首先要形成正确的思想路线。关于社会治理，党的十九届四中全会提出了“完善党委领导、政府负责、民主协商、社会协同、公众参与、法治保障、科技支撑”的指导方针。和以往相比较，一个重要变化是增加了“民主协商”和“科技支撑”两条。与此同时，党的十九届四中全会出现了另一个新提法，即“建设人人有责、人人尽责、人人享有的社会治理共同体”。这些理念和原则，为新时代社会治理指明了方向。与此同时，关于理念和原则，以往已有非常丰富的阐述，因此这里不再一一阐述，而是在深入领会中央确定的上述指导思想的基础上，结合“活力与秩序的张力”这一社会治理主题以及新时代政治、经济和社会等各方面形势，着重阐述三个科学理念和基本原则：一是坚持党的全面领导，二是坚持以人民为中心，三是坚持自治、法治、德治相结合。

1. 坚持党的全面领导

党的十九届四中全会指出：中国特色社会主义制度和国家治理体系是以马克思主义为指导、植根中国大地、具有深厚中华文化根基、深得人民拥护的制度和治理体系，是具有强大生命力和巨大优越性的制度和治理体系，是能够持续推动拥有近十四亿人口大国进步和发展、确保拥有五千多年文明史的中华民族实现“两个一百年”

---

① 习近平在省部级主要领导干部学习贯彻十八届三中全会精神全面深化改革专题研讨班开班式上发表重要讲话：完善和发展中国特色社会主义制度　推进国家治理体系和治理能力现代化．人民日报，2014－02－18（1）．

奋斗目标进而实现伟大复兴的制度和治理体系。国家治理体系和治理能力现代化的宗旨是坚持和完善而不是离开或修正中国特色社会主义制度。中国共产党领导是中国特色社会主义最本质的特征，是中国特色社会主义制度的最大优势，党是最高政治领导力量。因此，要坚持和完善中国特色社会主义制度，核心是坚持和加强党的全面领导，健全党总揽全局、协调各方的领导制度体系，把党的领导落实到国家治理各领域各方面各环节。

每个人都会认真选择自己的人生道路，一个饱经历史磨难的民族自然会更加严肃地对待自身发展的道路。作为中国人民和中华民族的先锋队，作为一个具有强烈历史使命感的执政党和中国现代化事业的领导核心，中国共产党历来对道路问题有着高度的自觉，把道路问题视为生命，视为关系事业兴衰成败的第一位的问题。历史已经雄辩地证明，“要发展中国、稳定中国，要全面建成小康社会、加快推进社会主义现代化，要实现中华民族伟大复兴，必须坚定不移坚持和发展中国特色社会主义”①。同理，以助力民族复兴伟业为使命的社会治理自然应该坚持中国特色社会主义道路。

社会治理坚持社会主义道路，是由实现中华民族伟大复兴的问题意识和中国现代化进程的历史逻辑所决定的。从世界历史范围来看，人类现代化总共经历了三次浪潮：第一次浪潮发生在 18 世纪后期至 19 世纪中叶，从英国工业革命开始，然后向西欧国家扩散。在这次浪潮中崛起的国家主要有英国、法国、荷兰、葡萄牙和西班牙等。第二次浪潮发生在 19 世纪下半叶到 20 世纪初，崛起的国家主要有德国、俄国、日本和美国等。第三次浪潮则发生在第二次世界大战之后，广大亚、非、拉第三世界国家取得民族独立，然后以极大的热情投入现代化洪流，使现代化成为真正的全球性浪潮②。在此

① 习近平．全面贯彻落实党的十八大精神要突出抓好六个方面工作．求是，2013(1)：3－7.

② 罗荣渠．现代化新论．北京：北京大学出版社，1993：131－141.

过程中，无论主动还是被动，各国从文化价值、意识形态到制度安排都必须做出相应的调整，以便适应现代化的需要。不过，由于卷入现代化浪潮的时间和方式不同，各国所选择的道路也不尽相同。

在这三次浪潮中，中国属于第三次浪潮。也就是说，在世界现代化的历史浪潮中，中国是一个晚到的“迟发展国家”。这样一种历史境遇，是中国现代化进程无法摆脱的初始条件，而这个初始条件又在很大程度上决定了中国现代化的政治逻辑：首先，必须实现民族复兴，否则无法摆脱落后和挨打的命运；其次，必须推行“赶超型现代化”①，以比西方更快的速度向前发展，否则谈不上复兴。

既然是赶超，那就不可能依靠市场力量或社会力量的自然演化，而必然高度依赖于一个领导者的组织和动员。而这个领导者的角色非国家莫属。原因很简单：中国作为一个落后国家，内部的社会力量和市场力量不但发育晚、体质弱，甚至根本不具备现代意识。因此，即使存在全球范围内的平等竞争，也无法与西方发达国家的市场力量和社会力量抗衡。更何况，中国是在西方主导的不平等的世界秩序下推行现代化。这两方面条件决定了，中国无法依靠所谓市场力量或社会力量实现现代化，而必须依靠一个“强国家”（strong state），即一个谋划、动员、整合和实施能力很强的政权进行动员和组织。

简言之，中国在世界现代化浪潮中的历史身份，从根本上决定了中国现代化进程的道路选择，即民族复兴和赶超型现代化的重任内在地要求国家在整个社会中扮演领导角色。在今后相当长一段时间内，中国的这一历史身份不会有根本改变，因此，“强国家”仍然是中国推进现代化进程的必要条件，符合赶超现代化的根本需要。

如果一个“强国家”是中国现代化进程的历史选择，那么，社

① 王雅林．中国的“赶超型现代化”．社会学研究，1994（1）：19－29；林毅夫，蔡昉，李周．中国的奇迹：发展战略与经济改革．上海：上海三联书店，1994：20－46.

会主义道路就是最好的选择。社会主义道路意味着，这个“强国家”必须为最广大人民的根本利益服务，否则就会沦为少数人攫取私人利益的最有力、最便利的工具，走向现代化追求的反面。同样地，如果历史逻辑决定了中国对“强国家”的需要，那就必须坚持党的领导，因为只有由一个政治先锋队领导的国家，才可能是一个真正为最广大人民谋福利的，从而是可持续的“强国家”。在这个意义上，坚持党的领导是社会主义道路的本质和核心要求，并不是一句仅仅政治正确的空话，而是有着充分的理论和历史依据的。在长期的革命和建设过程中，中国共产党已经证明自己是一个足以担当民族复兴重任的政党，当前仍在通过党的建设新的伟大工程加强全面从严治党，保持和提高党的先进性，不断提高治国理政能力。在新时代，坚持和加强党的全面领导，是坚持和完善共建共治共享的社会治理制度的题中应有之义和必由之路。

2. 坚持以人民为中心

人民是历史的创造者，人民是真正的英雄，是马克思主义关于社会发展动力的根本论断。以人民为中心的发展思想是习近平新时代中国特色社会主义思想的重要组成部分，是马克思主义“人民史观”和“以人为本”科学发展观在新时代的继承和发展。社会治理贯彻以人民为中心的发展思想，是坚持社会主义道路和党的全面领导的必然要求。对社会治理来说，高度重视和自觉贯彻以人民为中心的发展思路和工作导向、把以人民为中心作为开展全部工作的总要求具有直接的、特殊的意义。

首先，社会治理的中心工作是促进社会和谐。身处预防和化解社会矛盾的第一线，在错综复杂的现实矛盾面前，只有始终坚持以人民为中心的发展思想，才能正确判别敌我矛盾和人民内部矛盾，也才能正确处理敌我矛盾和人民内部矛盾。2006 年 10 月召开的十六届六中全会确认“以人为本”是构建社会主义和谐的基本原则，而“以人民为中心”则进一步指明了“以人为本”原则的实质和关键。

在实际工作中，只有坚持以人民为中心，才能把“以人为本”的原则理解透、执行好，改进社会治理方式才不会跑偏。

其次，党的十一届三中全会以来，党和国家逐渐确立了“一个中心，两个基本点”的基本路线。尽管党和国家一再强调实现共同富裕是社会主义的本质要求，但仍有不少人对其中的“一个中心”，即“以经济建设为中心”产生片面甚至错误的理解，唯GDP论英雄。而社会治理的主要工作范围是社会领域，不属于经济建设主战场，很容易受到这样一些片面和错误理解的影响。以人民为中心的发展思想有助于克服对“以经济建设为中心”的种种片面和错误的理解，既有利于为社会治理创造良好的政治环境和社会环境，也有利于完整地、准确地把握“以经济建设为中心”。

最后，困难群众是社会治理主要、直接和经常面对的社会群体，但容易受到忽视甚至歧视。树立以人民为中心的发展思想，对做好面向困难群众的社会治理工作是必不可少的激励和鞭策。2015年10月，习近平在谈到低保人口时说，“要坚持以人民为中心的发展思想，针对特定人群面临的特定困难，想方设法帮助他们解决实际问题”[①]；2016年1月他在一次讲话时又说，“共享理念实质就是坚持以人民为中心的发展思想，体现的是逐步实现共同富裕的要求。共同富裕，是马克思主义的一个基本目标，也是自古以来我国人民的一个基本理想”[②]。

当前，全球范围内国家与社会的关系、精英与百姓的关系、政党与群众的关系、政治与社会的关系等，都在经历深刻变动，因处理不当而引发社会失序的案例屡见不鲜。以人民为中心的发展思想为社会学更加全面地把握当前全球社会秩序面临的挑战、有效化解

---

① 习近平．在党的十八届五中全会第二次全体会议上的讲话（节选）．求是，2016（1）：1-3.

② 习近平．在省部级主要领导干部学习贯彻党的十八届五中全会精神专题研讨班上的讲话．人民日报，2016-05-10（2-3）.

发展与秩序的张力提供了思想引领。

3. 坚持自治、法治、德治相结合

社会治理的中心任务是化解发展与秩序的张力，根本目标是实现秩序和活力的统一，顺理成章地，在治理方法上必须坚持自治、法治、德治相结合的行动路线。因为只有充分发挥自治的基础作用，群众的积极性和创造性才能充分地涌流，从而使整个社会保持生机活力；也只有充分发挥法治的保障作用和德治的引领作用，群众的积极性和创造性才能有效地组织和聚集，从而保证整个社会运行的规范有序。简言之，只有自治、法治、德治相结合，社会运行才能兼具秩序与活力，实现可持续发展和长治久安。

充分发挥自治的基础作用，既是群众路线和以人民为中心的发展思想在社会治理领域的自然延伸，也是新时代社会治理形势的必然要求。社会治理的改革和创新必须坚持群众路线，不能闭门造车，不能搞“闭门修炼”，而应该尊重人民主体地位，尊重人民群众在实践活动中所表达的意愿、所创造的经验、所拥有的权利、所发挥的作用，充分激发蕴藏在人民群众中的创造伟力。

紧紧依靠人民是激发社会活力的法宝。正如习近平所指出的：“人民是历史的创造者，是我们的力量源泉。改革开放之所以得到广大人民群众衷心拥护和积极参与，最根本的原因在于我们一开始就使改革开放事业深深扎根于人民群众之中。”① 中国疆域广大、人口众多，本来就存在着复杂的地区、部门、阶层、人群等差异。随着中国特色社会主义进入新时代，群众需求的结构、层次、内容、形式等发生了很大变化，如果不能真心实意地走群众路线，就不能准确地把握群众的脉搏，不管用心如何良好，最后都达不到目的，甚至走向反面。群众身处生产和生活第一线，对面临的问题、矛盾和条件都有切身的感受，对解决问题的方向、方式和方法也有比较切

① 习近平．切实把思想统一到党的十八届三中全会精神上来．求是，2014（1）：3－6.

合实际的判断和自己独特的要求，只有尊重和发挥群众首创精神，才能更好地集合群众智慧，更好地满足群众需求。

相对于其他领域，社会治理更需要注意尊重和发挥群众首创精神：一是社会治理面对的问题往往比其他领域的问题更隐蔽、更微妙，更难发现；二是社会治理面对的人群往往比较分散，缺乏结构、缺乏组织，占相当比重的还是社会弱势群体，其需求更加个体化和多样化，所表达的需求、意见和建议更加分散和模糊，更难以收集和处理。在这种情况下，如果不密切联系群众，不注意尊重和发挥群众首创精神，就容易找不到或找不准问题，事倍功半，甚至好心办坏事，吃力不讨好。

正是认识到这一点，党中央在制定社会治理的工作路线时，一开始就把“公众参与”纳入其中，党的十九大又提出“打造共建共治共享的社会治理格局”，党的十九届四中全会则进一步提出“民主协商”和“建设人人有责、人人尽责、人人共享的社会治理共同体”，核心思想都是要发挥自治在社会治理中的基础作用。

但需要注意的是，发挥群众自治的基础作用，必须与法治的保障作用和德治的引领作用有机结合，以保证公众参与的依法和有序表达。如前所述，美国政治学家亨廷顿曾经指出，在第三世界国家经济和社会发展过程中，现代化与制度化之间存在严重的张力，即，现代化在促进经济社会发展的同时，也会造成整个社会结构和民众的利益诉求不断分化，而促进经济社会发展所提供的条件，又使民众政治参与的意识和能力不断提高，机会不断增多。在这种情况下，如果不能保持公众参与的制度化，就容易引发政治失序。

改革开放使中国的现代化进程进入了快车道，整个社会的经济体制、社会结构、利益格局、思想观念随之发生了深刻的变化。尤其是当前全面建成小康社会进入决定性阶段，改革进入攻坚期和深水区，改革、发展和稳定所面临的任务之重前所未有，矛盾、风险和挑战之多也前所未有，在保证人民当家作主的权利、不断扩大政治参与的同时，保证和推动政治参与的制度化，实现各种诉求的有序表达，就更为重要。

法律是治国之重器，法治是治国理政的基本方式，也是人民群众有序表达利益诉求，有序参与公共事务和社会事务的根本保障。因此，只有坚持依法治国的方针，激发社会活力才不至于变成激发社会乱力。长期以来，中国经济和社会生活中存在“一放就活、一活就乱、一乱就收、一收就死”的现象，破解这一怪圈，让活力与秩序兼得的根本出路就是依法治国。

人民当家作主的内在要求是不断扩大政治的参与性，而依法治国的内在要求是公众参与的规范性。参与性与规范性之间潜在地存在张力，要实现有机统一并不容易。要保证公共参与既活跃又有序，单纯依靠法律还是不够的，在法治保障之外还需要德治引领。只有在德治引领下，才能一方面保证每位社会成员具有足够的公共精神，另一方面保证法律的创制和实施符合公共利益，从而有效地统合个人与社会的关系、个体与集体的关系，化解活力与秩序之间的张力。

总而言之，自治、法治、德治并不是相互排斥的，而是可以并且必须统一的。这既是中国特色社会主义政治发展的根本道路，也是调动人民群众的积极性、主动性和创造性，激发和增强社会活力，保障社会安定有序的根本道路。

三、新时代社会治理的行动擘划

社会治理现代化是一项巨大的工程，涉及的具体内容纷繁庞杂。围绕坚持和完善共建共治共享的社会治理制度，党的十九届四中全会擘划了五个方面的工作：一是正确处理人民内部矛盾，二是完善社会治安防控体系，三是健全公共安全体制机制，四是进一步加强基层社会治理，五是完善国家安全体系。

1. 正确处理人民内部矛盾

矛盾是推动社会发展的动力，社会主义社会的发展仍然是由矛盾推动的。早在 1957 年，毛泽东就指出，由于长期的革命斗争经历，许多干部仍然习惯于用专政手段处理各种社会矛盾，而随着人民内部矛盾取代敌我矛盾成为社会矛盾的主要表现形式，迫切需要广大干部转变思维和作风，尽快学会用新的矛盾处理方式。在当前，仍需进一步完善正确处理新形势下人民内部矛盾有效机制，包括坚持和发展新时代“枫桥经验”，畅通和规范群众诉求表达、利益协调、权益保障通道，完善信访制度，完善人民调解、行政调解、司法调解联动工作体系，健全社会心理服务体系和危机干预机制，完善社会矛盾纠纷多元预防调处化解综合机制，努力将矛盾化解在基层。

党的十九大指出，中国特色社会主义进入新时代，我国社会主要矛盾已经转化为人民日益增长的美好生活需要和不平衡不充分的发展之间的矛盾。随着社会主要矛盾的转化，整个社会矛盾的基本形势也发生了变化。要做好新时代人民内部矛盾的防范和化解工作，首先必须对当前中国社会矛盾的基本形势有一个全面而清醒的认识。2013 年在亚太经合组织峰会上，习近平曾经指出：“中国是一个大国，决不能在根本性问题上出现颠覆性错误，一旦出现就无法挽回、无法弥补。我们的立场是胆子要大、步子要稳，既要大胆探索、勇于开拓，也要稳妥审慎、三思而后行。”① 这句话对于理解和判断当前中国社会矛盾的基本形势提供了新的角度，指明了新的方向，其中“大国”“根本性”“颠覆性”等字眼尤其具有启示性。

首先，中国是一个发展中大国，在世界现代化史上是一个迟到

① 习近平．深化改革开放共创美好亚太：在亚太经合组织工商领导人峰会上的演讲．人民日报，2013－10－08（3）．

的后发展国家，必须采取国家主导的赶超型发展模式。这样一种发展模式决定了，在西方现代化过程中次递展开的社会矛盾和冲突，在中国将会在很短的时间内集中爆发，而且是敌我、内外、新旧矛盾交作，形势十分复杂。与此同时，国家在现代化过程中的核心地位决定了国家不可避免会成为社会矛盾的焦点。

其次，当前社会冲突基本上仍保持大分散、小规模、非组织的特点，但形成跨地区、跨阶层大联合的颠覆性社会冲突的风险不容忽视。尤其值得注意的是，中国是全国统一行政的单一制国家，而且是中国共产党长期连续执政。这样一种政治结构是中国现代化的必然要求，但它客观上也有利于大规模社会冲突的形成，即政策的全国统一性和历史连续性意味着，它一旦造成社会矛盾和冲突，这些矛盾和冲突将在肇因上具有同源性、内容上具有同质性、节律上具有同步性，并且不同时期、不同性质的矛盾和冲突也会因为不断累积而贯通，容易形成跨地区、跨阶层的大联合行动。

最后，随着现代化进程的推进，社会矛盾还有加剧的可能。加快发展是广大人民的共同期盼，也是自立于世界民族之林的基本条件，但有发展就会有矛盾。发展本身就是不断打破现状，不断调整现状的过程，总是会造成社会地位的升降流动，从而引发矛盾。发展本身也会不断造成新的追求和追求的分化，一些在没有发展之前不是问题的问题，在发展之后就会成为一个问题。因此，化解社会矛盾必须树立“持久战”和“可持续”的战略思想，既不能急于求成，寄望于短冲突击、速战速决，也不能只顾“紧急处置”“特事特办”，而无兼顾不同阶层、地区和历史阶段的可持续安排。

在这样一种形势下，能否有效预防和化解社会矛盾就非常关键。为此，应着重从健全民生保障制度、完善重大决策社会风险评估机制、构建矛盾纠纷多元化解体系等方面入手，有效增强社会治理效能。

一是健全民生保障制度，在民众美好生活实现的过程中减少矛盾。诸多矛盾纠纷的产生源于民众的利益诉求不能得到有效解决，也因此民生问题成为引发基层矛盾问题的重要根源。为了防止民生问题向社会矛盾和社会风险转化，必须不断夯实民生保障制度，多谋民生之利、多解民生之忧，不断增强民众的获得感、幸福感和安全感，进而在根本上减少矛盾风险产生的可能性，真正实现“百姓得实惠，社会得安定”。

二是完善重大决策社会风险评估机制，从重大决策的源头上预防矛盾。不可否认的是，不少社会矛盾的产生和激化与各级政府的关键制度安排和重大决策有关，尤其是一些涉及面广、民意认可度不高、不公开、不透明的决策，将直接引发社会风险问题进而影响到社会稳定大局。对此，相关重大决策和制度安排在制定过程中应该完善公众和利益相关者参与的规则程序，畅通依法有序的民意表达渠道，协调利益相关方，取得最大化共识；在政策决策出台前，还应该在法律制度上进行风险评估，减少引致社会不稳定的非期然性后果产生；在政策决策的初始执行中，更需要引入科学、公正、广泛和权威的第三方评估机制，在评估中发现问题，在解决问题中化解政策落地可能产生的矛盾风险。

三是构建矛盾纠纷多元化解体系，快速有效地解决矛盾。我国正处在社会急剧转型的历史进程中，也是社会矛盾多发易发期。社会矛盾风险的产生不可怕，关键在于积极找寻化解矛盾纠纷的有效办法。对此既要增加司法资源、提升司法效率，也要解决资源配置不科学、纠纷解决方式衔接不通畅的问题；既要充分发挥司法调解、仲裁、行政复议、诉讼等矛盾纠纷解决的制度优势，也要大力加强基层综治中心、人民调解中心、专业性矛盾纠纷化解平台等组织和平台的建设，有效整合各方资源力量；既要构建以网格为基本单元、以综治信息化为支撑，覆盖城乡社区的社会治理体系，促进社会治理重心进一步下移，也要发挥社会组织等社会力量在参与社会事务、化解矛盾纠纷中的重要作用。

2. 完善社会治安防控体系

预防和减少社会风险因素、打击和控制违法犯罪行为、创建“平安中国”，是保障社会安全的重要举措，也是国家总体安全的重要组成部分和支撑，而社会治安综合治理则是实现这一目标的重要制度安排。党的十八大以来，党中央对社会治理提出了许多新理念、新思想、新战略，阐明了一系列带有方向性、根本性的重大问题，有力地推动了社会治安综合治理和平安中国建设。

社会治安综合治理作为一项制度安排，起源于 20 世纪 70 年代末 80 年代初城市治安整顿。1982 年，中共中央发出《关于加强政法工作的指示》，在党的文件中首次正式提出“综合治理”的概念。1991 年 2 月，中共中央、国务院发出《关于加强社会治安综合治理的决定》，重申“综合治理”的方针，并进一步明确了“社会治安综合治理”的任务、要求、目标、工作范围、工作原则、机构设置等。2001 年 9 月，中共中央、国务院发出《关于进一步加强社会治安综合治理的意见》，就新时期的综治工作做了更具体、更有针对性的措施。同时把综治机构从区县沉到乡镇，要求乡镇至少配备专职干部，并健全了执行责任制等工作机制。此后，随着治安和维稳形势日益严峻，综治工作从理论、政策、组织等方面不断加强，成为基层社会治理的一支重要力量。在工作过程中，综治系统逐渐明确了“平安建设”的工作目标。

党中央非常重视社会治安综合治理和平安建设工作，做了许多指示和要求。党的十八大以来，多个中央文件也对社会治安综合治理体制做了新的规定，明确了建设平安中国的战略目标，以及坚持系统治理、依法治理、综合治理、源头治理的总体思路。2013 年 11 月，党的十八届三中全会通过的《中共中央关于全面深化改革若干重大问题的决定》对社会治安综合治理改革提出的要求是：“加强社会治安综合治理，创新立体化社会治安防控体系，依法严密防范和惩治各类违法犯罪活动。”[①] 2016 年 1 月，中央全面深化改革领导小组第二十次会议通过的《关于健全落实社会治安综合治理领导责任制的规定》强调，健全落实社会治安综合治理领导责任制，要落实“属地管理”和“谁主管谁负责”的原则，构建职责明确、奖惩分明、衔接配套、务实管用的领导责任体系；要以理顺管理体制、明确岗位职责为核心，以完善管理制度、落实职业保障为重点，推动警务辅助人员管理实现制度化、规范化、法治化，为维护国家安全和社会稳定提供有效的人力资源保障[②]。

在新时代，完善社会治安防控体系，要坚持专群结合、群防群治，提高社会治安立体化、法治化、专业化、智能化水平，形成问题联治、工作联动、平安联创的工作机制，提高预测预警预防各类风险能力，进一步增强社会治安防控的整体性、协同性、精准性。

第一，构建立体化社会治安防控体系。2014 年 10 月，党的十八届四中全会通过的《中共中央关于全面推进依法治国若干重大问题的决定》要求：“完善立体化社会治安防控体系，有效防范化解管控影响社会安定的问题，保障人民生命财产安全。”[③] 加快创新社会治安防控体系，提高平安建设现代化水平，健全体制机制是根本保障，应通过创新多方参与、提升风险预警、增强安全评估、协调部门联动等机制，推进打防管控一体化、网上网下一体化，确保社会治安防控形成体系、充满活力、灵活高效。

第二，加强社会治安预警预测预防能力。首先是以信息化引领治安防控，全面提升公安机关立体防控、快速处置、精准打击和便捷服务能力，全面提升对各类风险隐患的自动识别、敏锐感知和预

① 中共中央关于全面深化改革若干重大问题的决定．求是，2013（22）：3-18.

② 习近平主持召开中央全面深化改革领导小组第二十次会议强调：扭住全面深化改革各项目标　落实主体责任拧紧责任螺丝．人民日报，2016-01-12（1）.

③ 中共中央关于全面推进依法治国若干重大问题的决定．求是，2014（21）：3-15.

测预警预防能力[①]。其次是以信息化赋能治安防控，以大数据、信息化促进治安防控的质量和效率变革，实现从事后的被动处置向事前的精准防控转变，及时堵塞安全风险漏洞，防患于未然。最后是以信息化提升治安防控，最大化发挥新技术、新模式的正向优势，准确把握危及社会治安的各类问题风险形成的规律特征，将防控焦点对准高风险的事件和人群，增强治安防控的精准性。

第三，推进公共安全视频监控建设。在立体化的社会治安防控体系建设之中，公共安全视频监控系统在维护公共安全、防范和惩治各类违法犯罪活动中发挥着重要的作用。“全域覆盖、全网共享、全时可用、全程可控”的“雪亮工程”建设，将真正实现“下活一盘棋”“织好一张网”“惠及亿万人”，应提高广大城乡社区特别是农村公共区域、城乡接合部以及老少边穷欠发达地区的视频监控覆盖率、完好率、联网率，着力解决目前城乡不同步、区域不平衡、新旧不兼容问题[②]。应推进区域间、部门间、层级间公共安全视频监控资源的互联互通，深化视频信息资源的挖掘和利用，最大限度拓展公共安全视频的应用功能，更好地服务于社会治安和人民工作生活安全。

3. 健全公共安全体制机制

公共安全关系到每一个人，是社会和谐稳定的基石。“公共安全连着千家万户，确保公共安全事关人民群众生命财产安全，事关改革发展稳定大局。要牢固树立安全发展理念，自觉把维护公共安全放在维护最广大人民根本利益中来认识，扎实做好公共安全工作，努力为人民安居乐业、社会安定有序、国家长治久安编织全方位、

① 赵克志对加强社会治安防控体系建设提出要求：加快完善立体化信息化社会治安防控体系以优异成绩庆祝新中国成立 70 周年．人民公安报，2019－08－14（1）.

② 陈一新在“雪亮工程”建设工作视频会上强调：把“雪亮工程”建成守护人民安宁的“千里眼”．人民公安报，2018－06－22（1）.

立体化的公共安全网。”①

第一，构建全方位、立体化的公共安全体系。我国已进入高风险社会，处在公共安全事件多发易发期，公共安全风险的突发性、广泛性、不确定性等特征更加明显。在这一过程中，要切实加强公共安全风险的预警预测能力建设，完善化解公共安全问题的体制机制，提高维护公共安全能力的动态化、信息化、灵敏化水平。针对一段时期内民众反映强烈、事关群众切身利益的安全问题，如网络犯罪、电信诈骗、黑恶势力等，应由主管部门牵头、相关部门参与，多措并举形成打击合力，震慑违法犯罪、维护社会稳定。还应建立行业公共安全管控和评估的制度设计，明确行业主管部门、监管部门的主体责任，确保行业发展与公共安全同步，比如快递物流行业频发的安全事件、煤炭矿产企业发生的生产事故、石油化工企业造成的环境风险等。更要努力提升群防群治水平，通过有效的机制和手段，让企事业单位、社会组织、人民群众一起来参与，努力实现专群结合，实现公共安全事务公共治理。努力构建形成各级政府、各主管部门、各行业协会、社会广大民众多方参与、协调联动的全方位、立体化公共安全防控体系。

第二，创新智慧治理模式，助力社会安全治理精细化。党的十九大报告提出了“智慧社会”的概念，应社会新变化，应该将智慧治理与综合治理、源头治理等基本方式并重并举。具体而言，随着互联网的普及和现代科技的迅猛发展，科学技术不仅成为重要的生产力工具，深刻改变着社会场景和社会形态，而且对传统的社会治理模式提出了挑战。对此，应扬长避短，最大化发挥新技术、新业态、新模式的正向优势，创新智慧治理。一是，树立精细化的治理理念，打破层级之间、部门之间的信息壁垒，实现社会安全治理的

① 习近平在中共中央政治局第二十三次集体学习时强调：牢固树立切实落实安全发展理念　确保广大人民群众生命财产安全．人民日报，2015－05－31（1）．

高效化；二是，运用技术化的治理手段，通过大数据、云计算、人工智能等方式，提高社会治理决策的科学化、精准化水平；三是，推进社会治理格局智能化演进，积极探索“互联网＋社会治理”的方式，让网格与网络融合，实现从被动响应向主动预判转变，增强对社会安全与突发风险的排查预警和防控能力。

第三，充分发挥我国应急管理体系的特色和优势。2018 年我国组建成立应急管理部，这是新时期党中央和国家将我国应急管理和公共安全问题提上更重要更紧迫议事议程的表现，也表明应急管理在处理一系列突发安全风险问题中的作用将更加明显、更加有力。“要健全风险防范化解机制，坚持从源头上防范化解重大安全风险，真正把问题解决在萌芽之时、成灾之前。要加强风险评估和监测预警，加强对危化品、矿山、道路交通、消防等重点行业领域的安全风险排查，提升多灾种和灾害链综合监测、风险早期识别和预报预警能力。”① 在这些重要表述的意义上，进一步发挥多主体间的协同，包括府际协同、部门协同、政企协同、政社协同、企社协同、企企协同、社社协同的作用②，将为完善我国应急管理的制度体系和防范化解重大突发事件及公共安全问题的能力提供有力保障。

第四，高度重视网络安全。随着网络技术的不断发展和更新迭代，网络化和数字化已经成为当今社会的典型特征，由此也带来了一系列安全风险问题亟须应对。网络空间已被认为是海、陆、空、天之后的“第五空间”，维护网络空间安全和有序运行是当下及今后一段时期面临的重要任务。2016 年 11 月 7 日，第十二届全国人民代表大会常务委员会第二十四次会议通过了《中华人民共和国网络安全法》，为保障网络安全、维护网络空间主权和国家安全、保护公民

---

① 习近平在中央政治局第十九次集体学习时强调：充分发挥我国应急管理体系特色和优势　积极推进我国应急管理体系和能力现代化．人民日报，2019－12－01（1）．

② 童星．综合应急管理的演化与超越：以部门关系为中心的考察．南国学术，2019（4）：560－572．

合法权益、促进经济社会信息化健康发展，提供了有力的法律保障。网络综合治理是一项复杂的工程，需要在制度、组织、技术、资源和观念模式等方面进行统合协调。一是，树立正确的网络安全观。从各国的发展实际来看，网络安全威胁和风险问题日益突出，我国的网络安全防控能力还比较薄弱，因此必须有效动员各级政府、企业组织、广大网民齐心协力，共同维护网络安全。二是，加快构建关键信息基础设施保护体系，对事关经济社会发展枢纽和广泛民生需求的关键领域和行业，切实做好网络安全保护，确保关键信息基础设施的安全稳定运行。三是，要加强网络监管，落实网络安全责任制、制定网络安全标准、提升网络技术水平，增强我国网络安全的防御能力和对外威慑能力，维护清朗的网络空间。四是，严厉打击网络犯罪和不法活动，打破以传统方式应对网络犯罪的思维和行为定式，运用科技手段、提高防范意识，构建牢固的网络安全综合防御体系。

4. 进一步加强基层社会治理

基层社会是进行社会治理的主要场景。加强和创新社会治理的关键落地之处在基层。要紧紧围绕增强基层政府治理能力，从强化乡镇街道在基层治理中的基础作用、激发社会参与活力、打造主流舆论引导能力等方面，完善政策导向，走出一条符合中国国情、具有中国特色的基层治理之路。

第一，增强基层政府治理能力。基层政府是社会治理的主导性力量，社会治理的成效与基层政府治理能力密切相关。在政府社会管理和公共服务任务日益繁重、民众利益诉求不断高涨的环境下，需要基层政府不断转变治理方式、注重协同共治、践行依法治理、提升综合治理能力。首先，要发挥好基层政府的主导作用，维护社会治理前沿阵地的作用，管好应该管的、放开应该放的，进一步理清政府、市场、社会间的职责边界，通过聚焦关键事项进一步提升治理效率。其次，基层政府在治理过程中要重视协同共治，有序引导社会力量参与，与各类社会组织、广大民众沟通协作，实现社会治理绩效优化和治理能力提升。再次，基层政府在履行职责、行使权力的过程中，要运用法治思维和法治方式推进工作，既要提升工作人员依法行政的能力素质，也要在议题设置、决策、实施过程中做到公开透明。最后，要重视突发事件的预防和稳妥处置。突发事件往往社会影响大、舆论反映强烈，基层政府要完善安全风险预警系统，提升突发事件应对能力，进一步增强基层政府的绩效合法性和公众信任感。

第二，强化乡镇街道在基层治理中的基础性作用。2019 年政府工作报告指出，加强和创新社会治理要“推动社会治理重心向基层下移，推广促进社会和谐的‘枫桥经验’，构建城乡社区治理新格局”。乡镇、街道是社会治理的重要力量和基础，往往是“上面千条线，下面一根针”，承担着各项社会治理措施落地落实的重任。强化乡镇街道的基础性作用，就需要化解长期以来存在的条块分割、权责不一、超负荷运转等“痛点”，推进社会治理重心下移，使基层有职有权有人有物，真正实现工作格局由“条块分割”向“条专块统”转变。同时在这一过程中应该重视村（居）委会的作用，加强推动村居社区在社区治理、基层公共服务供给中依法自我管理、自我服务、自我教育、自我监督，与乡镇（街道）形成既边界清晰、又协同互动的良好局面。

第三，着力激发社会参与活力。在一定意义上，衡量社会治理水平的高低，关键在于社会参与程度如何。一方面，要打造利益交融、多方参与的治理共同体，建立健全利益表达、利益协商机制，从群众最关心最直接最现实的利益问题入手，最大限度调动群众参与基层治理的积极性、主动性、创造性，形成人人参与、人人治理、人人共享的生动局面。另一方面，要清醒地认识到，当下民众参与社会治理和公共事务的行为不是多了而是少了，民众参与率不是很高而是很低。如不改变无效参与或形式化参与的现状，不仅难以起到治理效果，反而会进一步削弱民众的参与热情和社会治理基础。因而在动员民众参与基层治理的过程中不仅要提升参与率，也要最大限度地增强参与效能感。

第四，打造主流舆论引导力。随着网络和新媒体的快速发展，在“全民麦克风”的时代，网络公共空间会在短时期内汇聚各种意见，迅速形成网络舆论，进而对现实生活和公共事务产生影响。应该承认，网络舆论虽发生在虚拟空间，但并非脱离社会实际，其程度不一的包含社会民意的特征，在一定程度上或某些方面代表着民众的真实诉求。网络空间是现实世界的一面“镜子”，以微博、微信等为代表的新媒体，一方面，实现了民众知情权和表达权的均等化；另一方面，当在现实社会中，利益诉求无法表达或实现，或被现有制度体制边缘化时，人们在网络上就容易更加激进。对此，准确把握和研判传统媒介与新兴媒介之间的分化趋势，有效弥合不同舆论场之间的裂隙，将成为提升社会综合治理能力需要面对的重要议题。一是，改变网络舆论的力量构成，让主流媒体充分参与到新媒体舆论场之中，增强主流舆论的相对力量和引导力。二是，在正视民众合理意见和诉求表达的前提下，深入参与、以疏代堵，充分发挥主流媒体在网络社会治理中的“稳定器”和“导流器”作用。三是，完善核心价值体系、构建社会共识，形成为多数民众所认可并遵从的价值体系。

5. 完善国家安全体系

国家安全是安邦定国的重要基石，是经济和社会发展的前提条件，也是社会治理的一个重要方面。社会治理是国家安全的重要支撑，维护国家安全是社会治理的重要内容。新时代社会治理要以“总体国家安全观”为指导，把国家安全放在重要位置，不断创新体制机制，共同构筑国家安全屏障，为改革开放和社会主义现代化建设营造安全、良好的环境。国家安全必须以人民安全为宗旨，以政治安全为根本，以经济安全为基础，以军事、文化、社会安全为保障。这四个方面有目标、有手段，有中心、有护围，相互联系、相互支持，构成一个严密的总体。

第一，“以人民安全为宗旨”。所有国家安全活动须以维护人民安全为最高价值和目标。脱离这个价值和目标，相关活动便会失去政治上和法律上的合法性。确立“人民安全”的宗旨，从根本上规定了国家安全活动的走向，防止了对“国家安全”的滥用。这样一个宗旨，既是中华人民共和国是实行人民民主专政的政权这一国家性质和中国共产党全心全意为人民服务的宗旨所决定的，也符合习近平总书记一贯主张、反复倡行的以人民为中心的发展思想和工作导向。基于“人民安全”的宗旨，国家安全就应该是一个人民共建共享的过程，即国家安全人人参与、国家安全人人分享，国家安全为了人民、国家安全依靠人民。因此，国家安全虽然名为“国家”，其实并不只是国家的事，而同时是社会的事。国家安全既要依靠专业部门，同时要打“人民战争”。这样，国家安全与社会治理就紧密地联系起来了。如果没有扎实的社会治理，国家安全就缺乏坚实的群众基础，就会劳苦功微，行而不远。

第二，“以政治安全为根本”。在这里，“政治安全”的内涵比较广泛，既包括维护国家的主权统一和领土完整，又包括维护中国共产党领导创建的中国特色社会主义政治体制。近代以来的中国历史已经证明，要维护国家的主权统一和领土完整，就必须坚持中国共产党的领导，走中国特色社会主义道路。因此，政治安全的核心内容是维护党的领导和中国特色社会主义道路。国家安全之所以必须坚持“以政治安全为根本”，是因为，一般地说，自人类开启现代化进程以来，任何个人不管其主观意愿如何，最终都会被划分到一个国家。国家因此而成为个人展开其生存和发展活动的基本场所，失去国家，个人的生存和发展便无从保障。维护国家独立成为个人生存和发展的基本需要。尽管现今已经进入全球化时代，但全球秩序以民族国家为基石这一本质特征并未发生根本改变，国家仍是每个人赖以生存和发展的基本屏障，而维护国家独立最终会落脚到维护政治安全上。原因在于，在人口、领土和主权这三个构成国家的基本要素中，主权无疑是关键。而要建立和维护主权，依赖于一个有能力、有权威的政府。这是一个普遍的、客观的规律。没有一个有能力、有权威的政府，再多的人口也只是一盘散沙，再大的领土都只能任人出入。而对中国这样一个发展中大国来说，维护政治安全，即维护一个有能力、有权威的政府，显然更为必要和重要。

第三，"以经济安全为基础"。安全来不得半点虚假。不管是对外抵御侵略和压迫，还是对内调解矛盾、打击犯罪，都必须依赖于一定的物质条件。没有持续的经济发展，就不会有持续的安全，长治久安就是一句空话。尤其是对发展中国家来说，发展就是最大的安全。因此，国家安全必须以经济发展为基础，必须牢牢抓住经济建设这个中心不放松，不能脱离或妨碍经济发展。经济发展也有一个经济安全问题。当前，"国际经济合作和竞争局面正在发生深刻变化，全球经济治理体系和规则正在面临重大调整，引进来、走出去在深度、广度、节奏上都是过去所不可比拟的，应对外部经济风险、维护国家经济安全的压力也是过去所不能比拟的"①。在这种情况下，如果不重视经济安全，经济发展的生命力就很脆弱，甚至可能触礁。如果发生这样的情况，国家安全就成了无本之木、无源之水，最终也会崩塌。

第四，"以军事、文化、社会安全为保障"。军队从来都是一个国家生存和发展的基本保障。尤其是像中国这样一个崛起中的第三世界大国，面临的内外形势十分复杂。国防和军队建设是国家安全的坚强后盾。无论是对外维护国家独立和国际和平，还是对内救灾、平暴、反恐、反分裂，军队都发挥着不可替代的作用。没有巩固的

① 习近平．在党的十八届五中全会第二次全体会议上的讲话（节选）．求是，2016（1）：1－3.

国防，没有强大的军队，和平和发展就没有保障。国家安全离不开国家认同和民族自信。认同和自信是国家安全赖以维系的重要精神力量。如果丧失了认同和自信，再好的物质力量都派不上用场，国家安全也就没有保障。国家安全根植于整个社会。如果一个社会本身犯罪横行、人人自危，或者基本的生产和生活安全都无法保障，连起码的生命、健康和财产安全都无法保证，又或者人与人之间高度缺乏信任，相互提防，连基本的合作都无法达成，国家安全又从何谈起？这个时候“国家”就是一个空洞的概念，人们既无法在心理上信赖它，也无法实际地合作起来支持它，自然不可能保障国家的安全。当前中国在社会安全方面也面临许多挑战，亟须通过创新社会治理予以应对。

坚持和完善生态文明制度体系，促进人与自然和谐共生

建立和完善生态文明制度体系，是实现生态文明领域国家治理体系和治理能力现代化的内在要求和重要任务。生态文明制度是生态文明建设的指导性、规范性和约束性的行动准则和行为规范的体系化安排和制度化安排的总和。党的十九届四中全会通过的《决定》明确提出，必须“坚持和完善生态文明制度体系，促进人与自然和谐共生”①。这样，就进一步明确了我国生态文明制度建设和制度创新的方向。

一、坚持和完善生态文明制度体系的战略意义

坚持和完善生态文明制度体系，既是我国社会主义生态文明建设的重要任务，又是我国社会主义生态文明建设的重要支撑，具有重大的战略意义。

---

① 中共中央关于坚持和完善中国特色社会主义制度　推进国家治理体系和治理能力现代化若干重大问题的决定．人民日报，2019－11－06（1）.

(一) 克服生态环境问题制度成因的创新之举

我国是人口众多而人力资本实力薄弱、人均资源占有量少、地理区域发展不平衡的发展中的社会主义大国，在发展中又遭遇到了严重的环境污染。经过长期不懈的努力，我国生态环境质量在总体上得以持续改善。但是，资源能源短缺、环境容量有限、环境污染严重、生态系统脆弱、自然灾害频繁的情况，仍然没有得到根本扭转。污染重、损失大、风险高，仍然是我们面临的重大压力和挑战。我国还没有完全走上以生态优先、绿色发展为导向的高质量发展新路子，还没有完全形成人与自然和谐共生的现代化建设新格局。之所以如此，有一系列复杂的原因，在很大程度上与我国生态文明领域的体制不健全、制度不严格、法治不严密、执行不到位、惩处不得力有很密切的关系，在很大程度上与生态文明领域的国家治理体系和治理能力现代化水平偏低有很直接的关系。由于制度更带有根本性、全局性、稳定性和长期性，因此，为了切实解决我国现实存在的生态破坏和环境污染成本低而生态环境治理成本高、惩处生态破坏和环境污染力度小而生态环境损失大的问题，我们必须加强生态文明制度建设和创新。唯此，才能建成美丽中国。

(二) 继续推进生态文明制度建设的创新之举

针对上述问题，党的十八大强调，必须“加强生态文明制度建设”。按照这一精神，2013 年 11 月，党的十八届三中全会提出，在全面深化改革中，必须坚持用制度保护生态环境，实行最严格的源头保护制度、损害赔偿制度、责任追究制度，完善环境治理和生态修复制度，建立系统完整的生态文明制度体系。同时，必须健全自然资源资产产权制度和用途管制制度、划定生态保护红线、实行资源有偿使用制度和生态补偿制度、改革生态环境保护管理体制。2014 年 10 月，党的十八届四中全会提出，在全面推进依法治国中，必须坚持用严格的法律制度保护生态环境，加快建立生态文明法律制度。2015 年 4 月，《中共中央国务院关于加快推进生态文明建设的意见》提出，为了加快推进生态文明建设，必须加快建立系统完整的生态文明制度体系，坚持用制度保护生态环境。2015 年 9 月，中共中央、国务院印发的《生态文明体制改革总体方案》进一步提出了我国生态文明制度建设的目标和任务。

在此基础上，2017 年 10 月，党的十九大明确提出，在新时代必须坚持人与自然和谐共生的基本方略，必须树立和践行绿水青山就是金山银山的科学理念，改革生态环境监管体制，加强生态文明体制改革，实行最严格的生态环境保护制度。为了贯彻和落实上述精神，2018 年 5 月 18 日，全国生态环境保护大会召开。2018 年 6 月，党中央和国务院提出："保护生态环境必须依靠制度、依靠法治。必须构建产权清晰、多元参与、激励约束并重、系统完整的生态文明制度体系，让制度成为刚性约束和不可触碰的高压线。"[①] 2018 年 7 月，《全国人民代表大会常务委员会关于全面加强生态环境保护　依法推动打好污染防治攻坚战的决议》提出，必须建立健全最严格最严密的生态环境法律制度，必须大力推动生态环境保护法律制度全面有效实施。当下，只有继续推进生态文明制度建设，才能为生态文明建设提供强有力的制度支撑和保障。

（三）贯彻落实习近平生态文明思想的创新之举

作为习近平新时代中国特色社会主义思想的重要内容，习近平生态文明思想高度重视生态文明制度建设。在马克思主义的指导下，习近平善于从古今中外的智慧中汲取生态文明制度建设的灵感。例如，他指出，"我国古代很早就把关于自然生态的观念上升为国家管

① 中共中央　国务院关于全面加强生态环境保护　坚决打好污染防治攻坚战的意见.人民日报，2018－06－25（1）.

理制度，专门设立掌管山林川泽的机构，制定政策法令，这就是虞衡制度”①。当然，他着重从推进国家治理体系和治理能力现代化的高度推动生态文明制度建设。2013 年 5 月，他在主持十八届中共中央政治局第六次集体学习时指出，只有实行最严格的制度、最严密的法治，才能为生态环境保护和生态文明建设提供强有力的制度保障。为此，必须加快建立国土空间开发保护制度，强化水、大气、土壤等污染防治制度，建立健全资源生态环境管理制度，建立反映市场供求和资源稀缺程度、体现生态价值、代际补偿的资源有偿使用制度和生态补偿制度，健全生态环境保护责任追究制度和环境损害赔偿制度。这样，就为党的十八届三中全会以后的生态文明制度建设指明了方向。2017 年 5 月，他在主持十八届中央政治局第四十一次集体学习时又指出，生态文明建设重在建章立制。2018 年，他在全国生态环境保护大会上将“坚持用最严格制度最严密法治保护生态环境”确立为新时代加强生态文明建设必须坚持的原则。在总体上，习近平生态文明思想要求尽快地将生态文明制度的“四梁八柱”建立起来。现在，亟须将之转化为制度安排和治理效能。

正是综合考虑上述情况，《决定》将坚持和完善生态文明制度体系确立为坚持和完善中国特色社会主义制度的 13 项任务之一，丰富和完善了中国之制和中国之治。

二、坚持和完善生态文明制度体系的总体要求

在新时代的中国，建立和完善生态文明制度体系是一项复杂的社会系统工程，必须加强顶层设计。根据党的十九届四中全会精神，我们必须坚持如下总体要求。

① 习近平．推动我国生态文明建设迈上新台阶．求是，2019（3）：4－19.

（一）践行绿水青山就是金山银山的理念

“绿水青山就是金山银山”的理念（简称为“两山论”），是习近平生态文明思想的突出成果，是新时代生态文明建设的基本原则。在总结人民群众协调环境和发展关系经验的基础上，习近平在浙江省工作期间提出了“两山论”。党的十八大之后，他反复强调，中国明确把生态环境保护摆在更加突出的位置，提出了建设生态文明、建设美丽中国的战略任务。通俗地讲，绿水青山就是金山银山。在党的十九大上，我们党将“两山论”明确写入党的政治报告和党的章程。在此基础上，习近平在全国生态环境保护大会上指出：“绿水青山就是金山银山，阐述了经济发展和生态环境保护的关系，揭示了保护生态环境就是保护生产力、改善生态环境就是发展生产力的道理，指明了实现发展和保护协同共生的新路径。绿水青山既是自然财富、生态财富，又是社会财富、经济财富。保护生态环境就是保护自然价值和增值自然资本，就是保护经济社会发展潜力和后劲，使绿水青山持续发挥生态效益和经济社会效益。”① 目前，必须将“两山论”贯彻和落实在生态文明制度建设和创新中。

（二）坚持节约资源和保护环境的基本国策

节约资源和保护环境的基本国策，既是我国生态文明制度的重要构成部分，又是生态文明制度建设的重要制度保障。基本国策是指那些关系到国计民生的具有全局性、长期性、战略性的基本的重大的顶层政策。针对我国人均资源占有量少、环境污染严重的实际，改革开放以来，我国先后将节约资源、保护环境确立为我国的基本国策。党的十八大以来，我们党始终强调要坚定不移地贯彻和落实上述基本国策。2016 年 1 月，习近平在省部级主要领导干部学习贯

① 习近平．推动我国生态文明建设迈上新台阶．求是，2019（3）：4-19.

彻党的十八届五中全会精神专题研讨班上指出："我们要坚持节约资源和保护环境的基本国策，像保护眼睛一样保护生态环境，像对待生命一样对待生态环境，推动形成绿色发展方式和生活方式，协同推进人民富裕、国家强盛、中国美丽。"① 在总体上，将节约资源和保护环境确立为我国的基本国策，是我国生态文明制度创新的重大成果，为我国可持续发展提供了基本国策上的正确导向。

（三）坚持节约优先、保护优先、自然恢复为主的方针

节约优先、保护优先、自然恢复为主的方针，既是我国生态文明建设的方针，又是我国生态文明制度建设的方针。作为影响可持续发展的自然要素，资源、环境、生态存在着自身的规律，存在着是否可持续性的问题。针对这种情况，习近平在十八届中央政治局第六次集体学习时指出，必须坚持节约优先、保护优先、自然恢复为主的方针。《中共中央国务院关于加快推进生态文明建设的意见》和《生态文明体制改革总体方案》都强调要坚持这一方针。习近平在全国生态环境保护大会上指出，"在整个发展过程中，我们都要坚持节约优先、保护优先、自然恢复为主的方针，不能只讲索取不讲投入，不能只讲发展不讲保护，不能只讲利用不讲修复"②。因此，我们必须按照这一方针坚持和完善生态文明制度体系。

（四）坚定走生产发展、生活富裕、生态良好的文明发展道路

坚持和完善生态文明制度体系的直接目标是建设高度发达的生态文明。在提出可持续发展战略的同时，我们党已经扩展了其内涵，将生产发展、生活富裕、生态良好确立为其要求和目标。党的十八大以来，习近平反复强调，要全面推进经济建设、政治建设、文化

---

① 中共中央文献研究室．习近平关于社会主义生态文明建设论述摘编．北京：中央文献出版社，2017：12.

② 习近平．推动我国生态文明建设迈上新台阶．求是，2019（3）：4－19.

建设、社会建设、生态文明建设，不断开拓生产发展、生活富裕、生态良好的文明发展道路。党的十九大在提出坚持人与自然和谐共生基本方略的过程中强调，要坚定走生产发展、生活富裕、生态良好的文明发展道路。这条道路是我国社会主义生态文明建设必须坚持的道路。坚持和完善生态文明制度体系必须沿着这条道路进行。

总之，按照党的十九届四中全会精神，只有按照上述总体要求来坚持和完善生态文明制度体系，才能为生态文明建设提供科学而有力的制度保障，才能促进人与自然和谐共生。

三、坚持和完善生态文明制度体系的系统任务

生态文明制度体系是一个复杂的立体的系统。按照总结历史和面向未来相统一、保持定力和改革创新相统一、问题导向和目标导向相统一的原则，《决定》要求从以下四个方面坚持和完善生态文明制度体系。

（一）实行最严格的生态环境保护制度

生态环境是人类活动的场所。为了维持和实现生态环境的可持续性，我们要像对待生命一样对待生态环境，从制度上统筹生态保护和环境保护，实行最严格的生态环境保护制度。

1. 建立和完善生态环境保护体系

生态环境的承载能力、涵容能力、自我净化的能力存在着生态阈值，人类行为维持在其之内就具有可持续性，否则，就是不可持续的。因此，习近平在全国生态环境保护大会上提出了“加快构建生态文明体系”的任务。《决定》进一步提出：我们要“坚持人与自然和谐共生，坚守尊重自然、顺应自然、保护自然，健全源头预防、

过程控制、损害赔偿、责任追究的生态环境保护体系”①。生态环境保护体系，就是要在生态环境领域中建立有利于保护生态环境、打击生态环境破坏、防治生态环境污染行为的体系。我们必须将生态环境保护体系建立在尊重自然和自然规律的唯物主义的基础上，必须建立在全程管理的基础上。一方面，必须把生态保护和污染防治统筹起来考虑。另一方面，必须努力打通地上和地下、岸上和水里、陆地和海洋、城市和农村的生态环境保护，既防治一氧化碳又防治二氧化碳，这样，才能贯通生态保护和污染防治，加强生态环境保护统一监管。

2. 建立和完善国土空间开发保护制度

国土是生态文明建设的空间节点和空间载体。党的十八届三中全会将建立和完善国土空间开发保护制度作为生态文明制度建设的重要任务。《决定》进一步提出：“加快建立健全国土空间规划和用途统筹协调管控制度，统筹划定落实生态保护红线、永久基本农田、城镇开发边界等空间管控边界以及各类海域保护线，完善主体功能区制度。”② 为此，要切实做好以下工作：第一，建立和完善空间规划体系。空间规划体系是合理保护和有效利用国土空间的规划体系，我们要通过“多规合一”的方式，保护空间资源、统筹空间要素、优化空间结构、提高空间效率、实现空间正义。第二，建立和完善空间管控边界和各类海域保护线。这就是要将红线思维和底线思维贯彻和落实到空间上。其中，生态保护红线制度是具有基础性的制度。这一制度指的是在维护国家和地区生态安全的过程中，对于提升基础生态功能、保障生态系统服务功能的可持续保障能力所划定的最小资源数量、生态容量和空间范围，涉及水源涵养、土壤保持、防风固沙、灾害防护以及生物多样性等方面的保护和服务。生态保

①② 中共中央关于坚持和完善中国特色社会主义制度 推进国家治理体系和治理能力现代化若干重大问题的决定．人民日报，2019－11－06（1）.

护红线在狭义上是指划定保护的区域，即需要保护区域的空间边界和管理限值；广义上还包括最高或最低数量限值，呈现出更为立体化的管制。永久基本农田、城镇开发边界、海域保护线都可包括在广义的生态保护红线制度中。第三，建立和完善主体功能区制度。主体功能区制度就是要根据不同区域的自然资源禀赋、社会经济特征等要素确定其主体功能，促使各种要素布局向均衡方向发展的制度。总之，国土空间开发保护制度指的是，国土空间规划必须依照其用途进行管制，以空间规划为基础、以用途管制为基本手段，形成经济社会发展过程中开发国土空间的制度性监管。

3. 建立和完善推动绿色发展的制度

为了促进经济社会发展和生态环境保护的协调统一，必须坚持绿色发展。在党的十八届五中全会提出绿色发展理念的基础上，《决定》进一步提出："完善绿色生产和消费的法律制度和政策导向，发展绿色金融，推进市场导向的绿色技术创新，更加自觉地推动绿色循环低碳发展。"① 为此，应重点做好以下工作：第一，大力推动绿色政策创新。我们要完善相关法律和政策设计，推动绿色生产和绿色消费。尤其是要通过支持和鼓励绿色消费的法律和政策，推动用生活方式的绿色化倒逼生产方式的绿色化。第二，大力发展绿色金融。我们要通过创新性金融制度安排，有效抑制浪费资源、污染环境、破坏生态的"黑色投资"，引导和激励更多社会资本投入绿色产业。同时，应该充分利用绿色信贷、绿色债券、绿色股票指数和相关产品、绿色发展基金、绿色保险、碳金融等绿色金融工具为绿色发展服务。第三，大力推动绿色技术创新。绿色技术是技术生态化的成果。为此，我们要将绿色化的理念融入技术结构、技术体系、技术功能中，最终要将之转化为绿色产业。

---

① 中共中央关于坚持和完善中国特色社会主义制度 推进国家治理体系和治理能力现代化若干重大问题的决定．人民日报，2019－11－06（1）．

4. 建立和完善生态环境治理体系

针对我国生态环境污染严重的现实，党的十八大以来，我们发起污染防治三大攻坚战。《决定》进一步提出："构建以排污许可制为核心的固定污染源监管制度体系，完善污染防治区域联动机制和陆海统筹的生态环境治理体系。加强农业农村环境污染防治。"① 为此，应重点做好以下工作：第一，建立和完善污染物排放许可制。排污许可证属于生态环境保护许可证中的重要组成部分。在广义上，这一制度是指有关排污许可证的申请、审核、颁发、中止、吊销、监督管理和罚则等一系列规定的总称。在此基础上，我们要形成固定污染源监管制度体系。第二，建立和完善污染防治区域联动机制。由于环境污染往往存在跨地域性和跨流域性的特征，因此，结合国家区域协调发展战略，我们要完善京津冀、长三角、珠三角等重点区域的污染防治联防联控协作机制，同时要形成长江流域、黄河流域的污染防治的联动机制。第三，建立和完善陆海统筹的生态环境治理体系。立足于陆海空的整体关联，我们要形成统筹陆地生态文明建设和海洋生态文明建设的机制，协调进行陆海生态环境治理。第四，建立和完善城乡统筹的生态环境治理体系。按照统筹城乡协调发展的要求，我们要加强农村环境污染防治，切实推进农村生态环境治理。

总之，生态环境存在着一定阈值。在一定条件下，人类活动必须维持在环境阈值之内。因此，必须把保护放在优先位置，坚持在社会经济发展中保护环境、在保护环境中实现社会经济的发展。

（二）全面建立资源高效利用制度

自然资源是生产和生活所需要的物质原料的基本来源。在自然

---

① 中共中央关于坚持和完善中国特色社会主义制度　推进国家治理体系和治理能力现代化若干重大问题的决定．人民日报，2019－11－06（1）.

资源管理领域中，我们要建立和完善资源高效利用制度。

1. 完善资源产权、总量管理和全面节约制度

为了推动资源节约和保护，党的十八届三中全会提出，要健全自然资源资产产权制度。《决定》进一步提出："推进自然资源统一确权登记法治化、规范化、标准化、信息化，健全自然资源产权制度，落实资源有偿使用制度，实行资源总量管理和全面节约制度。"[①] 为此，应重点做好以下工作：第一，建立和完善自然资源资产产权制度。按照自然资源统一确权登记法治化、规范化、标准化、信息化的原则和要求，必须坚持资源公有、物权法定，清晰界定全部国土空间各类自然资源资产的产权主体，明确自然资源资产所有者、监管者及其责任。第二，建立和完善自然资源有偿使用制度。这一制度指的是在自然资源属于国有或者公有的前提下，自然资源的使用者必须按照相应定价付费使用自然资源的制度。目前，我们要全面建立覆盖各类全民所有自然资源资产的有偿出让制度，严禁无偿或低价出让；要进一步深化矿产资源有偿使用制度改革，调整矿业权使用费征收标准。第三，资源总量管理和全面节约制度。为了节约资源、提高资源利用效率，我们"既要通过完善价格形成机制，扩大竞争性出让，发挥市场配置资源的决定性作用，又要通过总量和强度控制，更好发挥政府管控作用"[②]。同时，我们要实行自然资源资产负债表和自然资源资产离任审计制度，深化自然资源及其产品价格改革，以推动在全社会形成节约资源的良好风气。

2. 健全资源节约集约循环利用政策体系

为了保证资源的可持续性和促进废物的循环利用，习近平在全国生态环境保护大会上提出，要推进资源全面节约和循环利用，实

① 中共中央关于坚持和完善中国特色社会主义制度 推进国家治理体系和治理能力现代化若干重大问题的决定．人民日报，2019-11-06（1）.

② 中共中央办公厅，国务院办公厅．关于统筹推进自然资源资产产权制度改革的指导意见．人民日报，2019-04-15（1）.

现生产系统和生活系统的循环链接。《决定》进一步提出："健全资源节约集约循环利用政策体系。普遍实行垃圾分类和资源化利用制度。"① 目前，应重点做好以下工作：第一，要大力推进清洁生产和循环经济，大力培育壮大节能环保产业、清洁生产产业、清洁能源产业，大力发展现代高效农业、先进制造业、现代服务业。第二，要推行产品的全生命周期设计理念，大力推行绿色包装和绿色运输，预防和减少流通环节造成的资源浪费和环境污染。第三，要大力倡导简约适度、绿色低碳的生活方式，坚决反对奢侈浪费和不合理消费，促进在全社会形成节约集约循环的良好社会风气。第四，必须全面禁止洋垃圾入境，严密防控垃圾焚烧产生的生态环境风险和有效解决垃圾围城的问题，实行垃圾分类和资源化利用，将垃圾分类排放、收集、处理、利用统一起来。

3. 大力推进能源革命

为了保证能源的可持续性，2014 年 6 月，习近平在中央财经领导小组第六次会议上提出了能源革命的要求。《决定》进一步提出："推进能源革命，构建清洁低碳、安全高效的能源体系。"② 目前，应重点做好以下工作：第一，推动能源消费革命。为了解决能源消费总量大和浪费严重的问题，必须大力落实节能优先的方针，形成节约能源的生产方式和生活方式，建设能源节约型社会。为此，必须通过控制能源消费总量和强度的"双控"行动，形成倒逼机制。第二，推动能源供给革命。在结构上，必须推动传统能源安全绿色开发和清洁低碳利用，发展绿色能源，不断提高其在能源结构中的比重。从产地来看，必须优化产地来源，立足国内保证供应安全，形成多种类能源多轮驱动的能源供应体系。第三，推动能源技术革命。面对国际能源技术革命浪潮，必须从我国国情出发，以清洁低碳、

①② 中共中央关于坚持和完善中国特色社会主义制度　推进国家治理体系和治理能力现代化若干重大问题的决定．人民日报，2019－11－06（1）．

安全高效为方向，分类推动能源技术、产业、商业等模式的创新，结合其他高新技术成果，把能源技术和产业培育成带动我国高质量发展的增长点。第四，推动能源体制革命。必须还原能源商品属性，构建有效竞争的市场结构和体系。同时，政府必须依法加强能源监管，充分运用经济和法律手段进行监管。此外，还要加强能源国际合作。这样，才能构建起清洁低碳、安全高效的能源体系。

4. 健全海洋资源开发保护制度

海洋是国土资源不可分割的部分，海洋环境保护是生态环境保护的重要领域，海洋生态文明建设是生态文明建设的重要任务。2013 年 7 月，习近平提出，要把海洋生态文明建设纳入海洋开发总布局，统筹陆海生态文明建设。《决定》进一步提出，要健全海洋资源开发保护制度。目前，应重点做好以下工作：第一，根据海洋资源环境的生态阈值，科学编制海洋功能区划，确定不同海域的主体功能，分类推进海洋资源的开发利用。在适宜开发的海洋区域，要加快调整经济结构和产业布局，积极发展海洋战略性新兴产业。第二，坚持“点上开发、面上保护”的方针，控制海洋开发强度，严格生态环境评价，提高资源集约节约利用和综合开发水平，最大程度减少开发行为对海域生态环境的负面影响。第三，按照海洋资源的可持续规律，科学完善海洋渔业资源总量管理控制制度，严格执行休渔禁渔等可持续渔业资源管理制度，推行近海捕捞限额管理，控制近海和滩涂养殖规模。

5. 健全自然资源监管体制

自然资源监管不到位是造成资源浪费和环境污染的重要原因。习近平提出，要“完善自然资源监管体制，统一行使所有国土空间用途管制职责”①。《决定》进一步提出，必须加快建立自然资源统一

① 中共中央文献研究室．习近平关于社会主义生态文明建设论述摘编．北京：中央文献出版社，2017：102.

调查、评价、监测制度，健全自然资源监管体制。第一，开展自然资源统一调查监测评价。我们要充分利用大数据等现代信息技术，掌握重要自然资源的数量、质量、分布、权属、保护和开发利用状况，建立统一的自然资源数据库，提升监督管理效能。第二，健全自然资源资产监管体系。在加强党的领导的前提下，要综合发挥人大、政府、司法、审计和社会的监督作用，创新管理方式方法，形成监管合力，完善监管体系。同时，要完善自然资源资产产权信息公开制度，强化社会监督。第三，加强自然资源监管工作。我们要建立科学合理的自然资源资产管理考核评价体系，在开展领导干部自然资源资产离任审计的基础上，落实完善党政领导干部自然资源资产损害责任追究制度。同时，要完善自然资源资产督察执法体制，严肃查处自然资源资产产权领域重大违法案件。

总之，我们要看到资源存在着可再生和不可再生两类，对前者的开发利用要维持在其再生的周期范围之内，对后者的开发利用要维持在技术代替的周期范围之内。因此，必须坚持把节约放在优先位置，以最少的资源消耗支撑经济社会持续发展。

（三）健全生态保护和修复（恢复）制度

生态安全是国家安全的自然前提和重要组成部分。为了维护生态系统的整体性、多样性、稳定性，我们必须健全生态保护和修复（恢复）制度。

1. 建立和健全生态保护和修复（恢复）制度

为了维护生态安全，必须建立和健全生态保护和修复（恢复）制度。生态保护和修复（恢复）制度主要是指，通过一定的科技手段和生态修复（恢复）工程，来修复已受损害的生态系统，使其逐渐恢复到原来的功能和状态。习近平提出，只有恢复绿水青山，绿水青山才能成为金山银山。《决定》进一步提出：“统筹山水林田湖草一体化保护和修复，加强森林、草原、河流、湖泊、湿地、海洋等自然生态保护。”[①] 目前，应主要做好以下工作：第一，按照“山水林田湖草是一个生命共同体”的科学理念，坚持保护优先、自然恢复为主的方针，坚持生态自然修复和人工修复相结合，推进重点区域和重要生态系统保护与修复，实施重大生态修复工程。第二，按照系统修复的原则，针对国家生态安全屏障进行保护修复，开展山体生态修复，加强矿产资源开发集中地区地质环境治理和生态修复，加强水产品产地保护和环境修复，建立湿地生态修复机制，统筹点源、面源污染防治和河湖生态修复，推进备用水源建设、水源涵养和生态修复等。第三，实施山水林田湖生态保护和修复工程，构建生态廊道和生物多样性保护网络，全面提升森林、河湖、湿地、草原、海洋等自然生态系统稳定性和生态服务功能，筑牢生态安全屏障。这样，通过自然修复和人工修复的结合，就可以使自然生态系统的功能和结构逐渐得以恢复。

2. 建立和完善国家公园保护制度

为了有效解决自然保护地管理和体制上的分割问题，我们推出了国家公园制度。国家公园是指由国家批准设立并主导管理，边界清晰，以保护具有国家代表性的大面积自然生态系统为主要目的，实现自然资源科学保护和合理利用的特定陆地或海洋区域。国家公园是我国自然保护地的最重要类型之一，属于全国主体功能区规划中的禁止开发区域，纳入全国生态保护红线区域管控范围，实行最严格的保护。党的十八大以来，我国在国家公园制度建设方面已经取得了重要进展。2017 年 9 月，中共中央办公厅和国务院办公厅印发了《建立国家公园体制总体方案》。《决定》进一步提出：“加强对重要生态系统的保护和永续利用，构建以国家公园为主体的自然保

① 中共中央关于坚持和完善中国特色社会主义制度 推进国家治理体系和治理能力现代化若干重大问题的决定．人民日报，2019－11－06（1）．

护地体系，健全国家公园保护制度。”[①] 为此，应主要做好以下工作：第一，加强对重要生态系统的保护和永续利用，改革各部门分头设置自然保护区、风景名胜区、文化自然遗产、地质公园、森林公园等体制，对上述各类保护地进行功能重组，构建以国家公园为代表的自然保护地体系，合理界定国家公园范围。第二，国家公园实行更严格保护，除不损害生态系统的原住民生活生产设施改造和自然观光、科研、教育、旅游外，禁止其他开发建设，保护自然生态和自然文化遗产原真性、完整性。国家公园区域内不符合保护和规划要求的各类设施、工矿企业等逐步搬离，建立已设矿业权逐步退出机制。第三，加强对国家公园试点的指导，加强国家公园方面的立法，强化国家公园管理机构的自然生态系统保护主体责任，按照国家公园体制总体方案推进国家公园建设。

3. 加强大江大河生态保护和系统治理

为了加强长江、黄河等大江大河的生态保护和系统治理，党的十八大以来，习近平就此发表了一系列讲话。《决定》进一步提出，要加强长江、黄河等大江大河生态保护和系统治理。目前，应重点做好以下工作：第一，加强大江大河的生态保护。长江、黄河等大江大河各自都是一个复杂的生态系统。在大江大河的治理中，既要充分考虑上中下游、左右岸的差异，又要将之看作一个有机整体。在推行“河长制”的基础上，应建立全流域的生态环境治理机构。第二，探索实现生态产品价值实现机制。在长江、黄河等大江大河流域，应该积极恢复绿水青山，让穷山恶水也变成金山银山，探索推广绿水青山转化为金山银山的路径，选择具备条件的地区开展生态产品价值实现机制试点，探索形成可持续的生态产品价值实现路径。第三，大力推进横向生态补偿政策。为了在整体上推进长江、

① 中共中央关于坚持和完善中国特色社会主义制度 推进国家治理体系和治理能力现代化若干重大问题的决定．人民日报，2019－11－06（1）．

黄河等大江大河的生态环境治理，在强化纵向生态补偿的基础上，要大力推进横向生态补偿，这样，可以促进上中下游、左右岸的协同治理。

4. 建立和完善生态安全体系

生态安全指的是建立在生态系统完整和健康的基础上，生态系统各项功能能够正常发挥的状态。习近平在全国生态环境保护大会上要求将生态安全体系作为生态文明体系的重要构成部分。《决定》进一步提出，要开展大规模国土绿化行动，加快水土流失和荒漠化、石漠化综合治理，保护生物多样性，筑牢生态安全屏障。因此，我们要注意以下问题：第一，坚持保护优先、自然恢复为主的方针，不断促进生态系统的整体性、多样性、稳定性，不断提升生态系统的服务功能和水平，构建生态安全体系。第二，形成高度的风险意识，协调推进维护资源安全、环境安全、生态安全、核安全、国土安全等方面的工作，科学防范生产安全、交通安全、食品安全、药品安全等方面的事故和事件有可能引发的生态风险，要科学防范自然灾害可能引发的生态安全问题。同时，根据新冠肺炎疫情防控经验，要统筹维护生物安全和维护生态安全。第三，严格控制开发行为，维护海洋生态环境安全。除国家重大项目外，全面禁止围填海，以维护海洋生态环境的可持续性。

总之，生态系统的多样性、系统性、稳定性影响着生态安全。生态系统的存在和运动有着复杂性规律，人类对其的干扰存在着一定的滞后性，因此，必须坚持以自然恢复为主，坚持将自然恢复与人工修复相结合。

（四）严明生态环境保护责任制度

为了保证生态文明建设的责任到人，落实党政主体责任，我们必须严明生态环境保护责任制度。

1. 建立和完善生态文明目标评价考核制度

为了有效克服长期占主导地位的GDP考核带来的生态环境弊端，必须建立和完善生态文明目标评价考核制度。这一制度是对生态文明建设目标评价以及绩效评价和考核的制度。习近平反复强调，不能以GDP论英雄，应该强化生态环境保护等方面的考核。《决定》进一步提出，我们要“建立生态文明建设目标评价考核制度，强化环境保护、自然资源管控、节能减排等约束性指标管理，严格落实企业主体责任和政府监管责任”①。为此，应主要做好以下工作：第一，把资源能源消耗、生态环境损害、生态环境效益等指标纳入经济社会发展综合评价体系，建立和完善绿色GDP体系，大幅增加考核权重，强化指标约束。第二，完善政绩考核办法，根据区域主体功能定位，实行差别化的考核制度。对限制开发区域、禁止开发区域和生态脆弱的国家扶贫开发工作重点县，取消地区国民生产总值考核；对农产品主产区和重点生态功能区，分别实行农业优先和生态保护优先的绩效评价；对禁止开发的重点生态功能区，重点评价其自然文化资源的原真性、完整性。第三，根据考核评价结果，对生态文明建设成绩突出的地区、单位和个人给予表彰奖励。同时，要强化考核问责，将生态文明绩效评价制度、自然资源资产离任审核制度和生态环境损害责任追究制度等有机统一起来。

2. 建立和完善自然资源资产离任审计制度

为了落实生态文明建设的责任，必须建立和完善自然资源资产离任审计制度。这一制度是指以领导干部任期内辖区自然资源资产变化状况为基础，通过审计，客观评价领导干部履行自然资源资产管理责任情况，依法界定领导干部应当承担的责任，加强审计结果运用的制度设计。习近平强调，必须实行自然资源资产离任审计。

① 中共中央关于坚持和完善中国特色社会主义制度　推进国家治理体系和治理能力现代化若干重大问题的决定．人民日报，2019-11-06（1）.

《决定》进一步提出，要大力开展领导干部自然资源资产离任审计。第一，主要应根据各地主体功能区定位及自然资源资产禀赋特点和生态环境保护工作重点，结合领导干部的岗位职责特点，确定审计内容和重点。第二，主要围绕被审计对象任职期间履行自然资源资产管理和生态环境保护责任情况进行审计评价，界定审计对象应承担的责任。第三，不仅要运用查账、对图、核表、实地勘查等常规审计方法，而且要利用卫星影像、遥感测绘、大数据等先进技术和手段，以科学准确地掌握自然资源资产的变化情况。

3. 健全生态环境监测和评价制度

为了落实生态文明建设的主体责任，必须健全生态环境监测和评价制度。这一制度以实际数据为科学依据，以最严格的形式将资源消耗、环境损害、生态效益等指标的情况反映出来，并形成科学的评价机制。2015 年 4 月，《中共中央国务院关于加快推进生态文明建设的意见》提出，要加强生态文明建设统计监测和执法监督。《决定》进一步提出，要健全生态环境监测和评价制度。目前，应做好以下工作：第一，我们要加强生态环境方面的统计监测核算能力建设，提升信息化水平。同时，要利用卫星遥感等技术手段，对生态环境状况开展全天候监测，健全覆盖所有生态环境要素的监测网络体系。第二，要健全环境与健康调查、监测和风险评估制度，定期开展全国生态环境状况调查和评估。

4. 建立和完善生态补偿制度

为了实现生态文明领域的公平正义，必须建立和完善生态补偿制度。生态补偿，是指在综合考虑生态保护成本、发展机会成本和生态服务价值的基础上，采用行政、市场等方式，由生态保护受益者或生态损害加害者通过向生态保护者或因生态损害而受损者以支付金钱、物质或提供其他非物质利益等方式，弥补其成本支出以及其他相关损失的行为。党的十八届三中全会提出，要实施生态补偿制度。《决定》进一步提出，要落实生态补偿制度。目前，应主要做好以下工作：第一，进一步完善补偿范围，逐步实现草原、森林、湿地、荒漠、河流、海洋和耕地等重点领域和禁止开发区域、重点生态功能区等重要区域全覆盖。第二，逐步增加对重点生态功能区转移支付，完善生态保护成效与资金分配挂钩的激励约束机制，并鼓励各地区开展生态补偿试点。第三，要健全生态保护补偿机制，引导生态受益地区与保护地区之间、流域上游与下游之间，通过资金补助、产业转移、人才培训、共建园区等方式实施补偿。第四，在长江、黄河等重要河流探索开展横向生态保护补偿试点，通过试点地区生态保护补偿机制的建立，探索我国生态补偿制度的建设。第五，要加快完善生态补偿配套基础制度建设，加强生态补偿标准体系建设、建立生态服务价值核算体系等。

5. 建立和完善生态环境损害赔偿制度

生态环境损害危及公共利益和共同利益，因此，必须建立和完善生态环境损害赔偿制度。这一制度指的是，将生态损害行为、范围和结果予以确定，依据相关法律和制度标准对生态损害行为做出评估，并通过生态恢复、损害赔偿等措施实现生态救济，保障人们的生态环境权益。2013 年，党的十八届三中全会提出，要实行损害赔偿制度。《决定》进一步提出，要落实生态环境损害赔偿制度。目前，重点工作是：第一，加强生态环境损害赔偿方面的基础理论、技术标准的研究，为实行这一制度提供理论依据。第二，加强生态环境损害赔偿立法工作，抓紧出台相关专项法律，为实行这一制度提供法律依据和支撑。第三，建立生态环境损害赔偿信托基金，为实行这一制度提供资金支持。

总之，各级领导干部对保护生态环境、建设生态文明务必坚定信念，严格执行党政同责、一岗双责，要勇于扛起生态文明建设和生态环境保护的政治责任。

可见，前三个制度主要是管“物”的制度，涉及生态环境、自然资源、生态安全三个方面；最后一个制度主要是管“人”的制度，主要对象为各级党政干部。这样，既见“物”又见“人”，就可形成系统完备的生态文明制度体系。

四、坚持和完善生态文明制度体系的政治保障

生态文明制度体系是中国特色社会主义制度的重要组成部分，因此，坚持和完善生态文明制度体系，必须坚持坚定正确的政治方向。

（一）强化习近平生态文明思想对生态文明制度建设的思想指导

习近平生态文明思想对社会主义生态文明建设进行了顶层设计和系统部署。在坚持和完善生态文明制度体系的过程中，必须始终坚持以习近平生态文明思想为科学指导。

1. 坚持将“绿水青山就是金山银山”转化为制度设计

“两山论”是习近平生态文明思想的代表性成果，是坚持和完善生态文明制度体系的科学理念。我们要进一步将之转化为制度设计。第一，坚持自然价值和自然资本的理念，探索实现自然价值和自然资本的制度设计，促进外部问题的内部化，为资源产品价格改革、环境污染征税、生态补偿等生态经济活动提供制度保障。第二，坚持保护生态环境就是保护生产力、改善生态环境就是发展生产力的科学理念，探索形成将产业生态化和生态产业化统一起来的制度，通过大力发展生态农业、生态工业、生态旅游的方式，实现从绿水青山向金山银山的转化。第三，坚持生态效益、经济效益、社会效益相统一的原则，通过制度设计，始终将生态效益作为基础、将经济效益作为手段、将社会效益作为目的，让绿水青山在持续发挥生态效益的基础上发挥其综合效益。

2. 强化节约资源和保护环境的基本国策的制度威力

习近平生态文明思想进一步强化和细化了节约资源和保护环境的基本国策。我们必须在习近平生态文明思想的指导下，进一步强化基本国策的制度威力。第一，加强基本国策的宣传教育。加强向公众进行基本国策方面的宣传和教育工作，可以促进基本国策进一步深入人心。第二，加强基本国策之间的协调配合。按照行政管理体制，节约资源和保护环境的工作现在分别由自然资源部和生态环境部负责。为了克服部门分割带来的弊端，现在有必要进一步加强上述两个部门之间的协调配合。第三，明确坚持基本国策的落地途径。我们要把坚持绿色发展作为贯彻和落实基本国策的现实途径，要把贯彻和落实基本国策与建设资源节约型社会和环境友好型社会结合起来。

（二）强化中国共产党对生态文明制度建设的政治领导

中国共产党是我国社会主义生态文明建设事业的领导力量。习近平指出，要“充分发挥党的领导和我国社会主义制度能够集中力量办大事的政治优势，充分利用改革开放40多年来积累的坚实物质基础，加大力度推进生态文明建设、解决生态环境问题”①。目前，坚持党对生态文明制度建设和制度创新的领导，必须将以下制度纳入生态文明制度体系。

1. 落实中央生态环境保护督察制度

为了切实推进生态文明领域的国家治理现代化，必须强化中央生态环境保护督查的权威。这一制度是指，中央设立专职生态环境保护督察机构，对地方党委和政府、国务院有关部门以及有关中央企业等组织开展生态环境保护督察，以压实生态环境保护责任。习

---

① 习近平．推动我国生态文明建设迈上新台阶．求是，2019（3）：4－19.

近平指出，"要加大环境督查工作力度"①。2019 年 6 月，中共中央办公厅、国务院办公厅印发了《中央生态环境保护督察工作规定》，进一步提出，要落实中央生态环境保护督察制度。目前，应重点做好以下工作：第一，应该从单方面的生态环境保护督察转向促进绿色发展的督察上，推动形成人与自然和谐共生的现代化建设格局。第二，在加强对党政部门和企事业督察的同时，要加大对生态文明建设事务的督察。第三，在采用例行督察、专项督察和"回头看"等手段的基础上，应该实现督察的常态化、制度化、法治化、程序化。同时，要加强科学化和民主化。

2. 建立和完善生态环境损害责任终身追究制度

为了强化对党政干部的责任追究，必须建立和完善生态环境损害责任终身追究制度。这一制度指的是，根据有关党内法规和国家法律法规，在依法依规、客观公正、科学认定、权责一致、终身追究的原则下，党政领导干部负起生态环境和资源保护职责；对于造成生态环境损害者，依规依法追究其责任，而且终身追究。习近平十分重视推行这一制度。2015 年 8 月，中共中央办公厅、国务院办公厅下发了《党政领导干部生态环境损害责任追究办法（试行）》，该文件进一步提出，实行生态环境损害责任终身追究制。目前，应主要做好以下工作：第一，建立领导干部任期生态文明建设责任制，完善节能减排目标责任考核及问责制度。第二，严格责任追究，对违背绿色发展要求、造成资源环境生态严重破坏者要记录在案，实行终身追责，不得转任重要职务或提拔使用，已经调离的也要问责。第三，对推动生态文明建设工作不力的，要及时诫勉谈话；对不顾资源和生态环境盲目决策、造成严重后果的，要严肃追究有关人员的领导责任；对履职不力、监管不严、失职渎职的，要依纪依法追

① 中共中央文献研究室．习近平关于社会主义生态文明建设论述摘编．北京：中央文献出版社，2017：109.

究有关人员的监管责任；对构成犯罪的依法追究刑事责任。第四，对领导干部离任后出现重大生态环境损害并认定其应承担责任的，实行终身追责。

（三）强化依法治国方略对生态文明制度建设的法律引导

依法治国是党领导人民治理国家的基本方略，是我国国家制度和国家治理体系的显著优势。习近平提出，我们“要完善法律体系，以法治理念、法治方式推动生态文明建设”[①]。只有用最严密的法治保护生态环境、建设生态文明，才能促进实现人与自然和谐共生。

1. 完善生态环境保护法律体系和执法司法制度

在生态文明建设已经实现入宪的前提下，按照依法治国基本方略，必须进一步完善生态环境保护法律体系和执法司法制度。第一，我们要统筹山水林田湖草保护治理，加快推进生态环境保护立法，完善生态环境保护法律法规制度体系，推动形成生态文明领域的法律体系。第二，我们要建立健全覆盖水、气、土、声、渣、光等各种环境污染要素的法律规范，构建科学严密、系统完善的污染防治法律制度体系。第三，我们要抓紧开展生态环境保护法规、规章、司法解释和规范性文件的全面清理工作，加快制定、修改与生态环境保护法律配套的行政法规、部门规章，及时出台并不断完善生态环境保护标准。第四，我们要牢固树立法律的刚性和权威，加强备案审查工作，及时纠正违反上位法规定的法规、规章、司法解释，维护社会主义法制统一[②]。这样，才能将依法治理彻底贯彻和落实到生态文明制度建设中。

---

① 中共中央文献研究室．习近平关于社会主义生态文明建设论述摘编．北京：中央文献出版社，2017：110.

② 全国人民代表大会常务委员会关于全面加强生态环境保护依法推动打好污染防治攻坚战的决议．人民日报，2018－07－11（4）.

2. 完善生态环境公益诉讼制度

由于生态环境问题涉及不特定的多数人的利益，因此，必须完善生态环境公益诉讼制度。公益诉讼是指对侵犯国家利益、社会利益、公共利益提起诉讼，而由法院依法追究侵犯者法律责任的行为活动。党的十八届四中全会提出了“探索建立检察机关提起公益诉讼制度”的要求。《决定》进一步提出，要完善生态环境公益诉讼制度。目前，应重点做好以下工作：第一，应该将一切涉及公共利益和共同利益的生态环境行为纳入公益诉讼的范围。第二，必须鼓励和支持党政机关、检察机关、企事业单位、社会团体和公民个人等一切合法主体参与公益诉讼，必须鼓励和支持基层民主政权、人民团体、律师、新闻工作者代理利益受害者、受损者参与公益诉讼。第三，必须明确对虚假诉讼、恶意诉讼、无理缠诉、谋求不当私利等诉讼行为的惩治规定，并加大实际的惩治力度。根据新冠肺炎疫情防控的经验，我们也应该在野生动物保护领域开展公益诉讼。

此外，我们还必须充分发挥人民群众的主体作用。目前，按照中共中央办公厅、国务院办公厅于 2020 年 3 月印发的《关于构建现代环境治理体系的指导意见》，我们要大力健全环境治理全民行动体系。在习近平生态文明思想的指导下，只有坚持党的领导、人民当家作主、依法治国有机统一，才能保证生态文明制度建设和制度创新的正确的政治方向。

新时代坚持和完善党对人民军队的绝对领导制度

“凡兵，制必先定。”党的十九届四中全会从坚持和完善中国特色社会主义制度、推进国家治理体系和治理能力现代化的高度，对中国特色社会主义军事制度和军队治理体系建设提出目标要求。《决定》指出，“坚持和完善党对人民军队的绝对领导制度，确保人民军队忠实履行新时代使命任务”①。这一要求阐明了人民军队必须牢牢坚持的根本制度，明确了坚持和完善党对人民军队绝对领导制度的重大任务，必将推动国防和军队建设各方面制度更加成熟更加定型，把党对军队绝对领导的军事制度优势更好地转化为保障国家主权、安全、发展利益的显著优势和打赢制胜的强军本领。

一、新时代坚持和完善党对人民军队的绝对领导制度的重大意义

“人民军队是中国特色社会主义的坚强柱石，党对人民军队的绝

① 本书编写组．《中共中央关于坚持和完善中国特色社会主义制度、推进国家治理体系和治理能力现代化若干重大问题的决定》辅导读本．北京：人民出版社，2019：35.

对领导是人民军队的建军之本、强军之魂。”[①]《决定》的这一表述，深刻揭示了坚持党对人民军队绝对领导制度在新时代的极端重要性。这一制度作为支撑中国特色社会主义的一项根本制度，在党、国家、军队事业全局中具有特殊地位和作用，它关系人民军队的性质和宗旨，关系社会主义前途命运，关系党和国家长治久安，对于实现“两个一百年”奋斗目标和中华民族伟大复兴的中国梦，具有重大而深远的意义。

1. 党对人民军队的绝对领导制度是中国共产党建军治军的根本原则

党对人民军队绝对领导的根本原则与制度是中国共产党 90 多年苦难辉煌历史的基本经验和建军治军的根本原则，是马克思主义建党建军学说与中国革命和建设实际紧密结合的产物，是中国近现代军事领导制度的重大变革。自从确立了党对人民军队绝对领导这一根本原则与制度，党领导的中国革命、建设和改革事业就有了不断取得胜利的制度保障和力量支撑。正如习近平主席在中国人民解放军建军 90 周年之际所指出的那样：“历史告诉我们，党指挥枪是保持人民军队本质和宗旨的根本保障，这是我们党在血与火的斗争中得出的颠扑不破的真理。有了中国共产党，有了中国共产党的坚强领导，人民军队前进就有方向、有力量。前进道路上，人民军队必须牢牢坚持党对军队的绝对领导，把这一条当作人民军队永远不能变的军魂、永远不能丢的命根子，任何时候任何情况下都以党的旗帜为旗帜、以党的方向为方向、以党的意志为意志。”[②]

党对人民军队的绝对领导形成于中国革命和建设实践，赋予我军最根本的政治优势。我军是党缔造的，一诞生便与党紧紧联系在

① 本书编写组．《中共中央关于坚持和完善中国特色社会主义制度、推进国家治理体系和治理能力现代化若干重大问题的决定》辅导读本．北京：人民出版社，2019：35.

② 习近平．在庆祝中国人民解放军建军九十周年大会上的讲话//中共中央文献研究室．十八大以来重要文献选编：下．北京：中央文献出版社，2018：812.

一起。党对人民军队绝对领导的根本原则和制度发端于南昌起义，奠基于三湾改编，定型于古田会议，丰富发展于党领导人民军队革命、建设和改革的伟大实践。这些制度主要包括：军委主席负责制，党委制、政治委员制、政治机关制，党委统一的集体领导下的首长分工负责制，支部建在连上等。这些制度历史性地解决了中国自古以来“兵随将走”的矛盾和弊端，明确了是党指挥枪而不是枪指挥党的原则，确保部队性质宗旨不变，确保部队在任何时候、任何情况下都是执行党的政治任务的武装集团。

2. 党对人民军队的绝对领导制度是中国特色社会主义制度的重要支撑

党对人民军队的绝对领导制度构建了中国特色新型党军模式，是中国特色社会主义的根本军事制度。党的十九大报告把“坚持党对人民军队的绝对领导”上升为新时代坚持和发展中国特色社会主义的基本方略，党的十九届四中全会进一步将把坚持和完善党对人民军队的绝对领导制度纳入坚持和完善中国特色社会主义制度、推进国家治理体系和治理能力现代化中进行统筹谋划，做出顶层设计，充分证明了军事制度及其改革在国家发展和社会主义事业大局中的重要地位，充分彰显了习近平主席对党对人民军队的绝对领导制度的极端重视。

党的十九届四中全会“突出坚持和完善支撑中国特色社会主义制度的根本制度、基本制度、重要制度”，指明了完善国家制度和国家治理的切入点、聚焦点和着力点。党对人民军队的绝对领导制度是中国特色社会主义制度的重要组成部分，这是由国家性质和政治制度决定的，也是从历史经验和教训中得出的一个重要结论。十月革命胜利 100 多年来，世界社会主义发展跌宕起伏，20 世纪八九十年代，东欧和苏联一些社会主义国家相继改旗易帜，放弃了社会主义制度，造成这种历史结局的关键性因素之一就是放弃了党对军队的领导。而新中国成立 70 年来，面对国内外敌对势力的围攻遏制、干扰破坏，社会主义中国之所以能够站稳脚跟，一个重要的原因在于有一支坚决执行党的政治任务、对党和人民忠贞不渝的人民军队。进入新时代，习近平指出，党对人民军队的绝对领导是中国特色社会主义的本质特征，是党和国家的重要政治优势①。这一重要论述明确了党对人民军队的绝对领导在巩固社会主义制度上的关键作用和核心地位。当前，坚持和完善党对人民军队的绝对领导更是坚持和完善中国特色社会主义制度、推进国家治理体系和治理能力现代化的必然，对国家制度具有重要支撑作用，能产生巨大的综合性溢出效应，必将推动我国国家制度和国家治理体系愈加完善。

3. 党对人民军队的绝对领导制度是确保党和国家长治久安的根本保证

兵者，国之重器。我军在巩固党的长期执政地位、维护国家长治久安中具有特别重要的地位和作用，只有将党对人民军队的绝对领导制度坚持和完善好，充分发挥这一制度的优越性，才能确保国家社稷永续安宁。新中国成立 70 年来，在党的绝对领导下，人民军队有效履行保卫祖国、保卫人民和平劳动的根本职能，严密守卫祖国的万里边疆和辽阔海空，有效震慑和打击危害国家安全和统一的各种分裂破坏活动，依法履行香港、澳门防务的职责，完成一系列急难险重任务，为国家发展繁荣、人民安居乐业提供了可靠安全保证。2020 年年初，当湖北省武汉市等地区爆发新冠肺炎疫情时，我军牢记人民军队宗旨，坚决贯彻党中央、中央军委决策号令，闻令而动，勇挑重担，迅速抽调组织几千名医务人员和其他保障人员驰援武汉，承担火神山等医院的医疗救治工作，为打赢疫情防控人民战争、总体战、阻击战做出突出贡献，谱写了一曲新时代军民同心、共克时艰的感人赞歌。事实充分说明，党领导的人民子弟兵永远忠

① 许其亮．坚持和完善党对人民军队的绝对领导制度．人民日报，2019－11－21（6）．

于党、忠于人民，是国家富强、民族振兴、人民安康的坚强力量保证。

当前中国特色社会主义进入新时代，实现中国梦正面临千载难逢的历史机遇，同时也要看到，我们越发展壮大，遇到的阻力和压力就会越大，面临的风险和挑战就会越多。面对世界百年未有之大变局，面对意识形态领域的复杂斗争，我们必须牢牢坚持党对人民军队的绝对领导，巩固党的执政地位，确保红色江山永不变色、国家长治久安。

4. 党对人民军队的绝对领导制度是实现强国梦强军梦的坚强柱石

党的十八大以来，习近平总书记站在战略和全局的高度，提出实现“两个一百年”奋斗目标、实现中华民族伟大复兴的中国梦，之后进一步指出，“强国梦对于军队来讲，也是强军梦”[①]，明确提出了建设一支听党指挥、能打胜仗、作风优良的人民军队这一新时代的强军目标，发出把人民军队全面建设成为世界一流军队的伟大号召，与时俱进地创新军事战略指导，制定新形势下的军事战略方针，明确新时代军队使命任务。

在强国强军的征途中，我们比历史上任何时期都更加接近中华民族伟大复兴的目标，比历史上任何时期都更需要建设一支强大的人民军队。而党的领导是人民军队始终保持强大的凝聚力、向心力、创造力、战斗力的根本保障。党的十八大以来，在习近平主席亲自领导、亲自决策、亲自推动下，人民军队实现了政治生态重塑、组织形态重塑、力量体系重塑、作风形象重塑，人民军队重整行装再出发，在中国特色社会主义强军之路上迈出了坚实步伐。深化国防和军队改革是实现强国梦强军梦的时代要求，是强军兴军的必由之路，也是决定军队未来的关键一招。我军正经历着这场革命性变革，

① 本报评论员．用忠诚和奋斗托起强军梦．解放军报．2012-12-13 (1).

新情况新问题新挑战层出不穷。只有坚持和完善党对人民军队的绝对领导，才能确保军改的成功和正确的政治方向。因此，新时代坚持和完善党对人民军队的绝对领导，是实现强国梦强军梦的重要保障。

二、新时代坚持和完善党对人民军队绝对领导制度的原则要求

《决定》指明了坚持和完善党对人民军队绝对领导制度的基本原则和总体思路，我们必须时刻遵循和牢牢把握。

1. 必须牢固确立习近平强军思想在国防和军队建设中的指导地位

习近平强军思想是全面推进新时代强军事业的科学指南，是坚持和完善党对人民军队绝对领导制度的思想引领。《决定》明确指出，“必须牢固确立习近平强军思想在国防和军队建设中的指导地位”[①]。这是着眼于党在新时代的强军目标，把人民军队全面建成世界一流军队提出的战略要求。党的十八大以来，以习近平同志为核心的党中央着眼于实现中华民族伟大复兴的中国梦，围绕新时代建设一支什么样的强大人民军队、怎样建设强大人民军队，做出一系列新的重大判断、新的理论概括、新的战略安排，在波澜壮阔的强军实践中，带领全军深入进行理论探索、实践创造，形成了习近平强军思想，开拓了当代中国马克思主义军事理论和军事实践发展新境界，为在新的历史起点上全面推进强军事业提供了根本遵循。党的十九大确立了习近平强军思想在国防和军队建设中的指导地位，并郑重写入党章。习近平强军思想是习近平新时代中国特色社会主义思想的重要组成部分，是党的军事指导理论最新成果，是坚持走

① 本书编写组.《中共中央关于坚持和完善中国特色社会主义制度、推进国家治理体系和治理能力现代化若干重大问题的决定》辅导读本.北京：人民出版社，2019：35.

中国特色强军之路、全面推进国防和军队现代化的行动纲领。

习近平强军思想是一个蕴含宏大思想的科学体系。它涵盖了军队建设的各个领域、各个层次，从目标到路径，从布局到举措，形成了一整套中国特色鲜明的强军大方略、治军大格局，既有战略的深刻思考又有战术的科学谋划，既阐述科学理念又制定方针政策，构成了一个系统完整、相互贯通、特色鲜明的军事理论体系。全军官兵要从听党指挥、维护核心的政治高度，从实现中华民族伟大复兴的时代高度，从强国强军的战略高度，深刻认识习近平强军思想的重大政治意义、理论意义和实践意义，更加自觉地在坚持和完善党对人民军队绝对领导制度的过程中用以武装头脑、指导实践、推动工作，转化为坚定信仰和绝对忠诚，转化为工作指导、发展理念、建设思路及具体举措。

2. 巩固和拓展深化国防和军队改革成果

新时代坚持和完善党对人民军队的绝对领导制度，既要解决好“坚持和巩固什么”的问题，又要解决好“完善和发展什么”的问题。因此，与时俱进推进制度创新，巩固和拓展深化国防和军队改革成果是其中的重要目标与原则。

党的十八大以来，党中央围绕强军兴军提出一系列重大战略思想、做出一系列重大决策部署、推进一系列重大工作，形成新时代党的强军思想，推动强军事业取得历史性成就、发生历史性变革。习近平主席着眼实现强国梦强军梦，把深化国防和军队改革纳入全面深化改革总盘子，领导人民军队全面实施改革强军战略。率先开展领导指挥体制改革，打破长期实行的总部体制、大军区体制、大陆军体制，形成军委管总、战区主战、军种主建新格局，实现我军组织架构历史性变革。压茬推进规模结构和力量编成改革，改变长期以来的陆战型、国土防御型的力量结构，调整改革后，军队组织架构和力量体系实现整体性、革命性重塑。人民军队体制一新、结构一新、格局一新、面貌一新。及时巩固和拓展国防和军队改革的这些成果，进一步释放改革效能对坚持和完善党对人民军队的绝对领导制度提出了新的时代需求。尤其是加强国防和军队改革在国家整体改革中的一体性、协调联动性，形成总体效应等，都对强化党对人民军队的绝对领导提出了更为迫切的要求。

同时，深化国防和军队改革的过程，也是以整风精神推进政治整训，着力整顿思想、整顿用人、整顿组织、整顿纪律，重振政治纲纪，推动军队党的领导和党的建设发生全面深刻变化的过程。党的十八大以来，习近平主席毫不动摇坚持党对人民军队的绝对领导，先后组织召开古田全军政治工作会议、军委党的建设会议，做出一系列重大决策部署。新时代坚持和完善党对人民军队的绝对领导制度必须及时把加强军队党的领导和党的建设的新探索新创造在制度层面固化下来，永葆人民军队性质、宗旨和本色。

3. 构建中国特色社会主义军事政策制度体系

军事政策制度是国家或政治集团在一定历史条件下，为满足建设和运用军事力量需要所确立的调整军事领域各种社会关系及相应军事活动的规范体系，主要包括军事领导体制、武装力量体制、军队体制编制、军队各项工作制度、兵役制度、军事法律制度等。中国特色社会主义军事政策制度体系是我们党创造性地运用马克思主义基本原理，经过长期探索实践逐步建立和发展起来的，具有鲜明特色和显著优势。我们党历来高度重视军事政策制度，在革命、建设、改革各个历史时期，根据形势发展变化、历史使命、人民军队担负的职责任务，根据建军治军特点规律和实践要求，不断调整和完善军事政策制度，为人民军队永葆性质和宗旨、提高打赢能力、不断从胜利走向胜利提供了重要保障。

党的十八大以来，党中央强军兴军的重大决策部署、重大理论成果、重大实践成果，都需要在军事政策制度上确定下来。国防和军队改革实践需要加紧推进军事政策制度改革，以巩固和拓展前期改革成果，进一步释放改革效能。军事政策制度还要跟上党和国家政策制度创新步伐，加强同各方面改革的协调联动，形成总体效应。2018 年 11 月，中央军委召开政策制度改革工作会议，整体设计和推进军事政策制度改革，拉开了军事政策制度改革这一全面深化国防和军队改革的“第三大战役”的帷幕。这次军事政策制度改革以确保党对军队的绝对领导为指向，以战斗力为唯一的根本标准，以调动军事人员积极性、主动性、创造性为着力点，系统谋划、前瞻设计、创新发展、整体重塑，建立健全中国特色社会主义军事政策制度体系，为实现党在新时代的强军目标、把人民军队全面建成世界一流军队提供有力的政策制度保障。本轮深化国防和军队改革的一个亮点，就是紧紧扭住现代军队建设的特点规律和内在机理，运用法治思维和法治方式解决体制性障碍、结构性矛盾、政策性问题，抓紧出台一批改革急需、备战急用、官兵急盼的政策制度。

党的十九届四中全会的有关部署就是认真贯彻落实习近平主席关于深化军事政策制度改革的决策指示，把新时代强军的理论和实践成果转化为政策引领、制度规范和行为准则，推动我军实现更内在、更深层、更持久的重塑。

4. 全面推进国防和军队现代化

现代化是标注时代的名片。国防和军队现代化是我们党一以贯之的治国方略，也是人民军队始终追求的时代特征与发展方向。新中国一成立，我们党就提出国民经济现代化和国防现代化这“两个现代化”。1954 年第一届全国人民代表大会第一次会议，首次提出要实现工业、农业、交通运输业和国防四个现代化的目标。1964 年 12 月，第三届全国人民代表大会第一次会议的政府工作报告明确提出：在 20 世纪内，把中国建设成为一个具有现代农业、现代工业、现代国防和现代科学技术的社会主义强国，并明确了实现四个现代化目标的“两步走”设想。改革开放以来，我们党聚焦建设社会主义现代化强国这一目标，在推进国防和军队现代化建设上形成并不断丰富发展“三步走”战略构想，与国家现代化建设的进程基本一致。

党的十九大报告提出了新“三步走”战略：我军到2020年要基本实现机械化，信息化建设取得重大进展，战略能力有大的提升，力争到2035年基本实现国防和军队现代化，到本世纪中叶把人民军队全面建成世界一流军队。这一战略安排，清晰描绘了全面推进国防和军队现代化的宏伟蓝图，引领我军开启强军兴军新征程，大踏步朝着世界一流军队迈进。

现代化的具体目标是动态变化的。根据党的十九大报告中提出的国防和军队现代化新“三步走”的战略安排，具体到2020年主要是实现机械化、信息化复合发展和有机融合，战略能力有大的提升，在一些关键领域形成非对称优势，不断提高慑战制敌战略能力。到2035年主要实现军事理论现代化、组织形态现代化、军事人员现代化和武器装备现代化等。到21世纪中叶，国防和军队现代化的标志是人民军队全面建成世界一流军队。这样的一支军队是同强国地位相称、能够全面有效维护国家安全、具备强大的国际影响力，成为世界军事发展潮流的引领者。

坚持和完善党对人民军队的绝对领导制度就是要瞄准全面推进国防和军队现代化的建设目标，确保如期完成党的十九大提出的“三步走”战略构想，为实现“两个一百年”奋斗目标、实现中华民族伟大复兴提供战略支撑。

5. 确保实现党在新时代的强军目标

建设强大的人民军队是我们党的不懈追求，在各个历史时期，我们党都根据形势任务的变化，明确提出人民军队建设发展的目标要求，引领我军建设不断向前发展。毛泽东领导制定建设优良的现代化革命军队的总方针，邓小平提出建设一支强大的现代化正规化革命军队的总目标，江泽民同志提出政治合格、军事过硬、作风优良、纪律严明、保障有力的总要求，胡锦涛同志提出按照革命化、现代化、正规化相统一的原则加强军队全面建设的重要思想。

新时代，习近平主席指出强军的责任历史地落到我们肩上，要挑起这副担子。“军队要像军队的样子”，新时代“军队的样子”是什么呢？从此问题出发，习近平主席鲜明提出党在新形势下的强军目标。2013 年 3 月，在十二届全国人大一次会议解放军代表团全体会议上，他明确指出，建设一支听党指挥、能打胜仗、作风优良的人民军队，是党在新形势下的强军目标。党的十九大报告正式表述为：“党在新时代的强军目标是建设一支听党指挥、能打胜仗、作风优良的人民军队，把人民军队建设成为世界一流军队”①。这是总结我们党建军治军成功经验、适应国际战略形势和国家安全环境发展变化，着眼于解决军队建设面临的突出矛盾和问题提出来的。听党指挥是灵魂，决定军队建设的政治方向；能打胜仗是核心，反映军队的根本职能和军队建设的根本指向；作风优良是保证，关系军队的性质、宗旨、本色。这三条决定着军队发展方向，也决定着军队生死存亡。建军治军抓住这三条，就抓住了要害，就能起到纲举目张的作用。把人民军队全面建成世界一流军队是国防和军队现代化的战略安排。

党在新时代的强军目标，是习近平强军思想的核心内容。当前，中华民族正经历从“富起来”到“强起来”的伟大飞跃，我军也正处于由大向强的特殊阶段，中国特色强军之路之所以迈开坚定步伐，强军兴军不断开创新局面，正是源于强军目标的科学引领，源于广大官兵自觉把个人理想抱负、价值追求融入实现强国梦强军梦的伟大实践。坚持和完善党对人民军队的绝对领导这一中国特色社会主义军事制度正是确保实现党在新时代的强军目标，把人民军队全面建成世界一流军队，永葆人民军队的性质、宗旨、本色的坚强制度保障。

以上这些原则和要求是坚持和完善党对人民军队的绝对领导制

① 习近平．决胜全面建成小康社会　夺取新时代中国特色社会主义伟大胜利：在中国共产党第十九次全国代表大会上的报告．北京：人民出版社，2017：19.

度过程中必须时刻牢记和严格遵循的基本原则，须臾不得偏离，否则便没有了根基、迷失了方向。

三、把党对人民军队绝对领导的制度优势转化为打赢胜势的根本举措

坚持和完善党对人民军队的绝对领导制度，将党对人民军队的绝对领导制度转化为制胜本领，是全党全军的重大战略任务，是新时代国防和军队建设的重中之重。《决定》提出了如下三个方面的根本举措和大力强化的制度体系：

1. 坚持人民军队最高领导权和指挥权属于党中央

军队归谁领导、听谁指挥，这是建军治军的首要问题。坚持人民军队最高领导权和指挥权属于党中央和中央军委，中央军委实行主席负责制，这是我们党在创建和领导人民军队的实践中，始终坚持党指挥枪的根本原则，对我军最高领导权的配置和运用进行反复探索而形成的重大制度成果，体现了军事领导权配置“兵权贵一、军令归一”的普遍规律，凝结着我们党建军治军的宝贵经验。历史表明，军委主席负责制贯彻得好，党对人民军队的绝对领导就有根本保证，党和军队的事业就会兴旺发达；军委主席负责制贯彻不好，党对人民军队的绝对领导就会从根本上受到削弱，党和军队事业就会受到严重损害。进入新时代，深入贯彻军委主席负责制是确保党中央牢牢掌握军队最高领导权和指挥权的关键所在。党的十九大把“中央军事委员会实行主席负责制”写入党章，使这一领导体制在党的根本大法中确立下来，标志着中国特色社会主义政治制度和军事制度更加成熟完善。中央军委实行主席负责制是坚持党对人民军队绝对领导的根本实现形式。它的具体含义主要有：全国武装力量由军委主席统一领导和指挥，国防和军队建设一切重大问题由军委主席决策和决定，中央军委全面工作由军委主席主持和负责。

当前和今后，坚持人民军队最高领导权和指挥权属于党中央，中央军委实行主席负责制，应着力加强两个方面的建设。

一是，完善贯彻军委主席负责制的体制机制，严格落实军委主席负责制各项制度规定。全面深入贯彻军委主席负责制，必须有健全完备科学高效的体制机制来保证，绝不能搞虚、落空。党的十八大以来，党中央、中央军委通过一系列体制设计和制度安排，推动军委主席负责制的完善贯彻和坚决实施。主持修订《中央军事委员会工作规则》，制定《关于贯彻落实军委主席负责制建立和完善相关工作机制的意见》《关于全面深入贯彻军委主席负责制的意见》，推动军委主席负责制法治化、规范化、机制化运行。把健全和落实请示报告、督促检查、信息服务“三项机制”，作为全面深入贯彻军委主席负责制的机制保障，作为推动贯彻军委主席负责制法治化、规范化、程序化的重要抓手，主动适应新体制要求，常态抓好细化规范和贯彻执行，强化监督问责和巡视巡察，确保习近平主席全面及时掌握军队重要情况，确保习近平主席和军委决策部署一贯到底、通达全军。

同时面对新形势、新体制、新要求，全面深入贯彻军委主席负责制，需要将一些经实践检验的好做法用法规制度固化下来，健全关键性、基础性机制，如完善服务军委决策的咨询、评估论证机制，健全指挥运行、统筹协调机制等，加快形成责权清晰、统一高效的格局，推动贯彻军委主席负责制法治化、规范化、程序化进行。

二是，严明政治纪律和政治规矩，坚决维护党中央、中央军委权威，确保政令军令畅通。全面深入贯彻落实军委主席负责制是严肃而重大的政治任务，是全军官兵的共同责任，必须作为最高政治要求来遵循、作为最高政治纪律来严守，层层压实责任，形成可落实、可检查、可监督、可问责的责任体系，确保军委主席负责制坚决地而不是敷衍地、全面地而不是片面地、具体地而不是抽象地、无条件地而不是有条件地落实到国防和军队建设各领域和全过程，切实做到对党绝对忠诚。

全军官兵对党中央和中央军委的决策部署，决不允许合意的就执行、不合意的就不执行，决不允许先斩后奏，决不允许口是心非、阳奉阴违，决不允许打擦边球、打折扣，决不允许搞上有政策、下有对策那一套。要加强监督问责，运用纪检、巡视、审计监督手段，深化政治巡视，搞好政治体检，纠正政治偏差，对在重大政治原则问题上旗帜不鲜明、立场不坚定，不担当、不作为，明知故犯、顶风违纪的人和事，依规依纪依法严肃处理。军队领导干部尤其是高级干部，在严明政治纪律和政治规矩，贯彻落实军委主席负责制这一重大原则问题上必须头脑特别清醒、态度特别鲜明、行动特别坚决，以身作则、以上率下，用模范行动感召带动部队，确保全军绝对忠诚、绝对纯洁、绝对可靠。

2. 健全人民军队党的建设制度体系

加强军队党组织自身建设是落实党对军队绝对领导的基础和前提。落实《决定》的明确部署，健全人民军队党的建设制度体系，总体而言就是贯彻新时代党的建设总要求，以党章为根本遵循，围绕坚持和完善党对人民军队的绝对领导制度，完善全面深入贯彻军委主席负责制相关规定，突出修订军队党的建设条例这一主干制度，完善军队党的政治建设、思想建设、组织建设、作风建设、纪律建设制度，构建系统完备的我军党的建设制度体系，形成维护党中央权威和集中统一领导、确保党对人民军队绝对领导的坚强制度保证。

一是，抓好军魂培育，传承红色基因。全面贯彻政治建军各项要求，坚持和完善从思想上政治上掌握部队的各项制度，探索构建新时代思想政治教育体系，确保广大官兵坚定听党指挥的政治灵魂，筑牢坚定不移听党话、跟党走的思想根基。强化理论武装，深入学习贯彻习近平新时代中国特色社会主义思想特别是习近平强军思想，不断增强“四个意识”、坚定“四个自信”、做到“两个维护”，确保部队在任何时候任何情况下坚决听从党中央、中央军委和习近平主席指挥。

狠抓军魂培育，形成基本理论灌输、党史军史学习、红色文化熏陶、纪律制度规范、实践考验锤炼的培育工作格局，教育引导官兵学懂弄通党对军队绝对领导的基本原理、科学内涵和实践要求，锻造官兵对党不掺任何杂质的、没有任何水分的忠诚，始终在思想上政治上行动上同党中央保持高度一致。

传承红色基因，深化“不忘初心、牢记使命”主题教育和“传承红色基因、担当强军重任”主题教育，形成长效机制，成为永恒课题。扭住强固精神支柱、锻造忠诚品格这个根本，着眼培养“四有”新时代革命军人、锻造“四铁”过硬部队，确保我军血脉永续、根基永固、优势永存。

打好意识形态主动仗，坚决抵制“军队非党化、非政治化”和“军队国家化”等错误政治观点，引导官兵正确理解阶级、政党、国家和军队的关系，深刻认识党对军队绝对领导的历史必然性、科学真理性和制度优越性，自觉坚定政治信念、站稳政治立场、严守政治纪律和政治规矩。

二是，完善党领导人民军队的组织体系。党的力量来自组织。我们党在人民军队团以上部队和相当于团以上部队的单位设立委员会，在营和相当于营的单位设立基层委员会，在连和相当于连的单位设立支部，实行党委统一的集体领导下的首长分工负责制，形成了从党中央、中央军委到基层党组织上下贯通的严密组织，确保了党的领导直达基层，直达官兵。在军队中建立党委制、政治委员制、政治机关制，包括双首长制，是我们党在思想建党、政治建军过程中，通过艰辛探索创造、吸收经验教训而丰富发展、逐步定型的，构成实现党对军队绝对领导组织体系的“四梁八柱”，体现了我军独特的政治优势。

习近平主席在古田全军政治工作会议上的重要讲话中指出：“必须认识到，党委制、双首长制、政治委员制是一种制度安排，更是一种政治设计。”[①] 这些制度的设计安排，是一个相互支撑、相互作用的完备体系，使党的组织结构与军队体制编制有机融合，使我军政治工作有序运转、发挥作用，符合我军政治建军的内在要求。

要坚持组织路线服务政治路线，聚焦备战打仗主责主业，加强我军党的组织体系建设。坚持党委制、政治委员制、政治机关制，充分发挥党委在部队全面建设中的领导核心作用，充分发挥政治委员在抓部队思想政治建设中的首要责任人作用，充分发挥政治机关在组织筹划开展政治工作中的主体责任作用，切实把党领导军队的一系列制度贯彻到部队建设各领域和完成任务全过程。坚持党委统一的集体领导下的首长分工负责制，提高党委科学决策、民主决策、依法决策的水平，提高各级首长依据职责抓好党委决策部署贯彻落实的能力和水平。坚持支部建在连上，把党支部建设成坚强的战斗堡垒，发挥对连队全面建设和遂行任务政治定向、统一领导、监督执行等重要作用，确保党的领导贯彻体现到每个组织成员、每个战斗节点，把广大党员和干部战士组织凝聚成为一个有机整体，确保党的理论和路线方针政策能够在末端具体落实，真正使党对军队绝对领导的制度落地生根。

三是，完善军队干部队伍建设制度。政治路线确定之后，干部就是决定的因素。完善军队干部队伍建设制度就是要适应强军兴军要求，抓好干部和人才队伍建设，构建具有我军特色的选人用人、素质培养、从严管理和正向激励体系，着力锻造忠诚干净担当的高素质干部队伍，着力集聚矢志强军打赢的各方面优秀人才。要坚持党管干部原则，坚持德才兼备、以德为先、任人唯贤，突出政治标准和打仗能力，建立健全干部考核评价、选拔任用、奖惩激励、管理培训等政策制度体系，树立正确用人导向，加强思想淬炼、政治

① 习近平．切实加强和改进新形势下我军政治工作//中共中央文献研究室．十八大以来重要文献选编：中．北京：中央文献出版社，2016：198.

历练、实践锻炼、专业训练，不断提高干部队伍建设的整体质量水平，加紧构建新型军事人才培养体系。同时，严把政治观、品行观、作风观、能力观、廉洁观，确保枪杆子永远掌握在忠于党的可靠的人手中。

四是，完善军队党的作风纪律建设制度。军中绝不能有腐败分子藏身之地。从制度层面坚定不移正风肃纪，就是要建立全面从严治党治军制度体系，把法规制度建设贯穿到反腐倡廉各个领域，落实到制约和监督权力各个方面。要坚持标本兼治，一体推进不敢腐、不能腐、不想腐，巩固军队反腐败斗争压倒性胜利。要完善纪律教育和反腐败斗争教育长效机制，强化党纪法规和规章制度教育，深化警示教育。完善权力运行制约与监督长效机制，把权力关进制度的笼子里。要完善强化监督执纪问责长效机制，综合运用巡视、审计和查办案件等多种手段，综合运用“四种形态”，严肃军纪，执法如铁。要完善作风建设长效机制，严格落实中央八项规定精神，持续深入纠治“四风”。还要完善全面从严治党全面从严治军责任落实机制，明确各类责任主体的责任要求，严肃追究主体责任、监督责任、领导责任，让法规制度和纪律约束的力量在反腐倡廉建设中得到充分释放。

3. 把党对人民军队的绝对领导贯彻到军队建设各领域全过程

军事政策制度改革，涉及军事实践各领域、各方面、各环节，系统性、整体性、协同性很强。当前和今后一个历史时期里，把党对人民军队绝对领导贯彻到军队建设各领域全过程就集中体现在推动党领导下的军事政策制度改革上。建立健全中国特色社会主义军事政策制度体系，就是要做到导向鲜明、覆盖全面、结构严密、内在协调，用综合集成的方法构建起集领兵、用兵、养兵、管兵之制于一体的完整制度群。2018 年 11 月中央军委政策制度改革工作会议分别从指挥、建设、管理、监督四条链路上进行了顶层设计。《决定》也鲜明地提出深化军队党的建设制度改革、创新军事力量运用政策制度、重塑军事力量建设政策制度、推进军事管理政策制度改革，建立健全中国特色社会主义军事政策制度体系的“一大体系、四大板块”的改革内容与目标。坚持和完善党对人民军队的绝对领导，就是要将党对人民军队绝对领导的制度优势转化为治理效能，转化为打赢制胜的强军本领。

首先，要清楚地认识到，深化我军军事政策制度改革必须以确保党对人民军队绝对领导为前提。军事政策制度改革首要的是坚持正确政治方向，在改什么与不改什么上必须保持政治定力，对不能改、不能丢的，必须一以贯之、坚持到底，改了丢了就是自毁长城。前苏联就是这样，1990 年 10 月出台《苏联共产党组织在苏联武装部队中的工作条例》，禁止苏联共产党组织及其机构干预行政人员和军事指挥机关的工作。这种改革使军队完全脱离了苏共的领导，最终导致苏联的解体。党对人民军队的绝对领导是我军建军之本、强军之魂，国防和军队改革不论怎么改，都丝毫不能动摇这个“命根子”，不仅如此，还必须通过军事政策制度改革，不断把党领导军队的一系列根本原则和制度巩固得更加成熟定型。

其次，当前就是要深化以下四大板块的军事政策制度改革，确保军事政策制度系统配套、同向发力。

一是，建立健全基于联合、平战一体的军事力量运用政策制度体系。进入新时代，我国国家安全的内涵外延、时空领域、内外因素都发生了深刻变化，军队担负的使命任务不断拓展，军事力量运用常态化、多样化特征日益凸显。2015 年《中国的军事战略》国防白皮书和 2019 年《新时代的中国国防》白皮书相继指出，贯彻落实新时代军事战略方针，有效履行新时代军队使命任务，“根据国家面临的安全威胁，扎实做好军事斗争准备，全面提高新时代备战打仗能力，构建立足防御、多域统筹、均衡稳定的新时代军事战略布局”。这就提出了必须适应国家安全战略的需求，聚焦能打仗、打胜仗，创新军事力量运用，以刚性的政策制度把备战打赢“指挥棒”

立起来，有效塑造态势、管控危机、遏制战争、打赢战争。

在信息网络时代，战争过程日益科学化，军队作战行动更加强调标准化、规范化、精细化。一体化联合作战已经成为现代战争的基本作战形式，其战场空间全域多维，作战要素高度联动，作战节奏空前加快，作战管理更加精细，如果没有法规制度规范去统一协调，必然打不了胜仗。因此加快推进军事力量运用政策制度改革势在必行。其中全面构建联合作战法规体系，确保军队的战争与非战争军事行动在法规制度下遂行是重点。此外，还要调整和完善战备制度，健全战备情况处置规定，加强实战化军事训练，确保我军能有效应对各方向各领域安全威胁和突发情况。通过创新军事战略指导制度，构建联合作战法规体系，调整完善战备制度，以形成基于联合、平战一体的军事力量运用政策制度，我军才能加快推动军事力量体系整体提升，切实履行好党和人民赋予的新时代使命任务。

二是，建立健全聚焦打仗、激励创新的军事力量建设政策制度体系。军事力量建设是战斗力生成和提高的基础工程和系统工程。当前，我军建设正处在由数量规模型向质量效能型、人力密集型向科技密集型转变的关键阶段，必须通过军事力量建设政策制度创新，配置好、发展好、运用好战斗力诸要素，推动形成现代化战斗力生成模式，让战斗力全要素的活动竞相迸发。因此，建立和健全科学合理、运行顺畅、充满活力的军事人力资源政策制度，关系军队建设全局，关系未来战争胜负，关系强国梦强军梦实现。

军事力量建设的首要内容是人力资源建设。在军事人力资源制度体系设计上，要统筹解放军现役部队和预备役部队、武装警察部队、民兵建设，统筹军队各类人员制度安排，加强军事人力资源制度体系设计，建立军官职业化制度，改革文职人员制度、兵役制度，优化军人待遇保障制度，构建完善军人荣誉体系，让战斗力各要素富有动力、充满活力、形成合力。除了人力资源外，还要统筹推进军事训练、装备发展、后勤建设、军事科研、国防动员、军民融合等方面政策制度改革，切实形成聚焦打仗、激励创新、军民融合的军事力量建设政策制度，更好解放和发展战斗力，加快提升国防和军队现代化建设水平。

三是，建立健全精准高效、全面规范、刚性约束的军事管理政策制度体系。“练兵之法，管之为要”。军事管理是战斗力生成和提高的倍增器。我军建设正处在换挡提速、提高质量的关键阶段，只有推进以效能为核心、以精确为导向的军事管理革命，更加注重集约高效的发展理念，不断提高军事管理标准化、规范化、专业化、精细化、科学化水平，才能推动我军高质量发展，提升履行新时代使命任务的能力。

在改革军事政策管理制度上，一要创新战略管理制度，强化军委战略管理功能。健全军委重大决策咨询、论证、评估及配套政策，强化需求牵引规划、规划主导资源配置，健全完善需求、规划、预算、执行、评估既相互独立又相互制约的制度机制。二要完善军费管理制度，强化军费集中统管和宏观调控，调整优化军委机关和军兵种预算权责，构建配置科学、用管分离、执行规范、监督严格的军费管理制度。三要加强中国特色军事法治建设，推进法规制度建设集成化、军事法规法典化，推进军事司法制度改革，构建中国特色军事法规制度体系、军事法治实施体系、军事法治监督体系、军事法治保障体系。

四是，加快军民融合深度发展步伐，构建一体化国家战略体系和能力。军民融合发展是兴国之举，强军之策。实施军民融合发展战略是构建一体化国家战略体系和能力的必然选择，也是实现党在新时代强军目标的必然选择。信息化战争条件下的体系对抗，不仅是军事体系之间的较量，更集中表现为以国家整体实力为基础的体系对抗。军民融合发展是实现发展和安全兼顾、富国和强军统一的必由之路。一要同步推进军民融合发展体制和机制改革，完善军民融合发展组织管理体系、工作运行体系、政策制度体系，让更多优质民营企业进入军品科研生产和维修领域，带动关键领域的跨越突破，构建一体化的国家战略体系和能力。二要完善国防科技创新和武器装备建设制度，深化国防动员体制改革，构建在党中央统一领导下，既各司其职又密切协同的国防动员新格局。三要健全党政军警民合力强边固防工作机制，强化重大工作的顶层设计、总体布局、统筹协调，建设强大稳固的现代边海防。四要完善双拥工作和军民共建机制，加强军政军民团结。

总之，全面贯彻落实党的十九届四中全会精神，就是要坚持和完善党对人民军队的绝对领导制度，强化使命担当，强化制度创新，强化系统集成，强化军地合力，为不断开创强军事业新局面做出新的更大的贡献。

坚持和完善“一国两制”制度体系，推进祖国和平统一

作为中华民族乃至当今世界极富创造性的制度成果，“一国两制”是我国的显著制度优势，也是推进国家治理体系和治理能力现代化的重要课题。立足于百年未有之大变局的时代潮头，回首中国之治辉煌璀璨的实践历程，党的十九届四中全会通过的《决定》，既诠释了巩固和发展“一国两制”制度优势的时代任务，也指出了“坚持和完善‘一国两制’制度体系，推进祖国和平统一”的现实要求。

一、科学认知坚持和完善“一国两制”制度体系的时代课题

中国特色社会主义进入新时代，“一国两制”也进入新时代；作为前无古人的事业，“一国两制”本身需要不断完善和发展。在新时代条件下坚持和完善“一国两制”制度体系应注意以下总体要求：

1. 深入把握“一国两制”的重要地位

《决定》中“‘一国两制’是党领导人民实现祖国和平统一的一项重要制度，是中国特色社会主义的一个伟大创举”的论断，整体界定了“一国两制”的重要地位，明确了认识“一国两制”制度体

系的应有高度。从统一层面来看，最早为解决台湾问题而提出的“一国两制”，是解决历史遗留港澳问题的最佳方案，也是实现祖国完全统一的最好制度；从发展层面来看，“一国两制”是维持特别行政区繁荣发展的重要保障，是实现中华民族伟大复兴的制度优势。就理论价值而言，“一国两制”是中国共产党人对马克思主义国家观的重要发展，是全球范围内史无前例的科学创造；就实践影响而言，香港和澳门的繁荣发展有力论证了“一国两制”是“行得通、办得到、得人心的”，生动彰显中国特色社会主义制度自信的又一依据。深入把握“一国两制”的重要地位，才能贯彻好“坚定不移，不会变、不动摇”的实践要求。

2. 真正理解“一国两制”的科学内涵

要使“一国两制”的实践“不变形、不走样”，就要准确把握“一国两制”的科学内涵。“一国两制”是指在一个中国的前提下，国家的主体坚持社会主义制度，香港、澳门、台湾保持原有的资本主义制度长期不变。“一国两制”是个完整的概念，“一国”与“两制”密不可分。从具体地位来看，两者并非等量齐观，“一国”是根，根深才能叶茂；“一国”是本，本固才能枝荣[①]。从相互关系来看，两者不容分割，“‘一国’是实行‘两制’的前提和基础，‘两制’从属和派生于‘一国’并统一于‘一国’之内”[②]。“一国”与“两制”的具体地位和内在关系，明确了“一国两制”的底线，也保障了“一国两制”的优势。

3. 有序推进“一国两制”的具体实践

有序推进“一国两制”的具体实践，就港澳和台湾来说，有着不同的要求。就港澳来说，要看到实践“一国两制”是为了坚定维护国家主权、安全、发展利益，维护香港、澳门长期繁荣稳定的初

---

① 习近平．习近平谈治国理政：第 2 卷．北京：外文出版社，2017：435.

② “一国两制”在香港特别行政区的实践．北京：人民出版社，2014：31.

心，要落实“严格依照宪法和基本法对香港特别行政区、澳门特别行政区实行管治”“绝不容忍任何挑战‘一国两制’底线的行为，绝不容忍任何分裂国家的行为”的使命，从而对中央和地方都有相应的具体要求。有序推进“一国两制”的具体实践，就台湾来说，更多的是深化两岸合作交流，反对“台独”分裂势力，探索“一国两制”台湾方案，坚定推进祖国和平统一进程。

4. 重视发挥“一国两制”的民众力量

无论是“人民群众是历史创造者”的马克思主义经典作家的传统论断，还是“人民是真正英雄”的中国共产党人的当代表述，都说明了民众在中国特色社会主义事业中起着主体作用，在“一国两制”制度体系的坚持和完善方面，他们的主体作用也不容忽视。“一国两制”的实践同样是为了人民、依靠人民，自然需要整合民众的力量来推进这一制度体系的发展和完善。

二、全面准确贯彻“一国两制”下治港治澳的方针

之所以要全面准确贯彻“一国两制”下治港治澳的方针，从实践成就来看，“一国两制”是解决历史遗留的香港、澳门问题的最佳方案，也是港澳回归后实现长期繁荣发展的最佳制度。从制度价值来看，“一国两制”是港澳保持繁荣稳定之根本优势所在，也是中国特色社会主义的显著制度优势之一。从现实挑战来看，“一国两制”面临着破除偏颇认知和捍卫原则底线的当前压力，也孕育了新时代下推动自身体系完善和发展的内在要求。这些压力基本可以归结为对“一国两制”的理解问题和港澳自身如何深化发展的问题。无论哪一类问题，都可以用全面准确贯彻“一国两制”作为金钥匙来解决。

1. 坚持依法治港治澳

宪法和基本法确立了特别行政区的宪制基础。《宪法》第三十一

条规定，“国家在必要时得设立特别行政区。在特别行政区内实行的制度按照具体情况由全国人民代表大会以法律规定”，第六十二条明确全国人民代表大会行使的职权包括“决定特别行政区的设立及其制度”。这些规定以国家根本大法的形式将“一国两制”正式确立下来，并为香港、澳门特别行政区的设立提供了法律依据。依据宪法而衍生的基本法则明文规定：特别行政区实行的制度是为了“保障国家对港澳的基本方针政策的实施”，“特别行政区是中华人民共和国不可分离的部分”，特别行政区“直辖于中央人民政府”。宪法和基本法都清晰界定出，从领土范围来看，香港和澳门都是中国领土不可分割的一部分；从行政归属来看，特别行政区是中华人民共和国的地方单位。

坚持依法治港治澳，是维护宪法和基本法确立的宪制秩序的内在要求。作为全社会必须尊崇的根本大法，宪法对特别行政区也具有最高的法律效力；而基本法，是特别行政区治理行为的直接规范。两者在特别行政区的法律体系中具有至高无上的地位，特别行政区的行政、立法和司法工作都必须以其为遵循。依法治港治澳，是特别行政区推动自身更好发展的前提条件。因为有了宪法和基本法的相关规定，“一国两制”付诸实践，特别行政区正式设立，“港人治港”“澳人治澳”“高度自治”得以可能，港澳的长期繁荣稳定有了法律护航。依法治港治澳，也是我国全面依法治国的题中应有之义，理应成为全社会的共同法律认知。对于特别行政区的民众来说，尤其要加大对宪法和基本法的学习、遵守和运用。澳门对国家宪法日的率先启动，大大增进了当地居民对宪法重要性的认识；澳门基本法纪念馆的及时设立，在一定程度上巩固了特别行政区依法治澳的社会认知。

2. 在港澳治理中落实“三个结合”

将坚持“一国”原则和尊重“两制”差异结合起来。正因为在一国之内的大陆主体实行的是社会主义制度，少数地区实行资本主义制度，不会改变中华人民共和国的国家性质，中央才能从实际出发，照顾港澳的特殊历史和现实情况，设立特别行政区。所以说没有社会主义为主体，没有中华人民共和国，就没有特别行政区的设立。“一国”是香港和澳门实行资本主义制度、保持长期稳定繁荣的保障和基础，特别行政区居民必须坚持“一国”原则、树立“一国”意识。任何挑战“一国两制”底线的行动或是任何分裂国家的行径，都是对国家主权、安全和发展利益的损害，是对香港、澳门保持繁荣稳定的危害，是绝不能容忍的，也是必须加以防范的。同时，由于香港和澳门是特别行政区，依法享有“港人治港”“澳人治澳”“高度自治”的权利，坚持社会主义制度的内地要包容和尊重特别行政区的资本主义制度，尊重特别行政区居民享有的各项权利和自由。“两制”的差异应得到尊重，还体现在实行资本主义制度的特别行政区居民，要充分尊重国家主体实行的社会主义制度，尊重国家现行的政治制度及其他制度体系。

将维护中央对特别行政区全面管治权和保障特别行政区高度自治权结合起来。中央对特别行政区的全面管治权是“一国两制”中“一国”之本的政治体现，也是单一制国家中央拥有最高权力的直接彰显。特别行政区的高度自治权与中央对特别行政区的全面管治权不能相提并论，二者是管辖与被管辖的隶属关系。无论从中华人民共和国的单一制国家属性，还是特别行政区设立的宪法和基本法依据来看，香港和澳门并非政治实体，所行使的权力来自中央赋予，而非本身所固有。高度自治不是完全自治，不存在“绝对权利说”或是“剩余权力论”。高度自治的权力并非无限的，中央依法授予多少权力，港澳就拥有多少权力。早在关于香港回归问题的谈判中，邓小平对于英方“以主权换治权”的主张及让香港作为一方参与谈判的严词批驳，就重申了香港的主权和治权都属于国家、香港只不过是中国的地方性区域的客观事实。他还明确指出“香港的事情全由香港人来管”的想法不可行也不实际，而保持中央的权力“对香港有利无害”①。邓小平的这段谈话表明，在“一国两制”设计之初，中央就富有针对性地明确了特别行政区必须服从于中央的全面管治，绝不允许以“高度自治权”对抗中央权力，这对维护特别行政区的根本利益和国家的主权安全来说都必不可少。

同时，香港和澳门作为特别行政区，实行的是“港人治港”“澳人治澳”“高度自治”方针，依法享有行政管理权、立法权、独立的司法权和终审权。两地所依法享有的高度自治权，被形容为“主权国家之下的地区所能享有的最大程度的自治权”。这种高度自治权也应当得到充分尊重和切实保障。

将发挥祖国内地坚强后盾作用与提高特别行政区自身竞争力结合起来。对“一国两制”的应有认知，要看到“一国”与“两制”的从属关系，也要发挥“一国”之中“两制”共存的制度优势。巧用“一国”之中“两制”之利的首要途径是将发挥祖国内地坚强后盾作用与提高特别行政区自身竞争力更好地结合起来。港澳回归以来的繁荣发展与祖国的大力支持有着密切关系。在当前港澳内外经济环境的调整和变化中，特别行政区要在发挥祖国内地坚强后盾作用的同时重视自身竞争力的提升，珍惜国家发展机遇，拓宽与内地优势互补、共同发展的空间，激发特别行政区发展的更大活力和生机。

3. 完善特别行政区同宪法和基本法实施相关的制度和机制

随着“一国两制”实践的深入发展，基本法贯彻不断推进，港澳社会发展呈现新形势，特别行政区要加大同宪法和基本法实施相关的制度和机制的完善力度。这种完善和发展要检视对宪法和基本法相关要求落实的具体状况，立足于当前的现实需要，着眼于特别

① 中共中央文献研究室．邓小平年谱（一九七五——九九七）：下．北京：中央文献出版社，2004：1179.

行政区的长治久安，将中央政府与特别行政区的内在关系制度化、法治化，增进民众的“一国两制”制度自信和使命担当。完善特别行政区同宪法和基本法实施相关的制度和机制，需要从制度规章上进行必要的增设、补充、修改和删减、废止等，也应该坚持以下几个方面。

一是坚守以爱国者为主体的港澳治理原则。“港人治港”“澳人治澳”“高度自治”并非没有任何前提和具体标准，这种治理必须是以爱国者为主体而开展的。若不以爱国者为主体来治理港澳，势必影响中央的全面管治权，影响特别行政区的高度自治权，对国家领土、主权和发展利益构成威胁，给香港和澳门居民的根本利益带来危害。

二是理顺特别行政区行政、立法和司法机关的关系。特别行政区长官是特别行政区和特别行政区政府的“双首长”，是港澳贯彻“一国两制”政策方针的第一责任人。长官既要对特别行政区负责，又要对中央人民政府负责。行政、立法和司法机关虽然在特别行政区的治理中有其独特地位，但是处理三者之间的关系要保障基本法所确立的行政主导原则。三者应该是恪尽职守、相互协作的有机关系，而非渎职失守、恶意牵制的对立和割裂。自觉维护行政长官权威，确保以行政长官为核心的行政主导体系的畅通，是特别行政区有序治理、特别行政区居民的民主和自由权利得到保障的基础。

三是提高特别行政区依法治理能力和水平。“打铁还需自身硬”，特别行政区依法治理能力和水平尚待提高。香港人口构成多元，公务员相对保守等现状，尤其考验治理队伍的能力和水准。如何凝聚民众共识、提高自身威望，是治理队伍克服管治困难、破解政治危局的重要着力点。香港特别行政区政府在前瞻能力和研判水平等方面存在一些不足。澳门的治理能力和水平也有待跃上新台阶，面临着“适应现代社会治理发展变化及其新要求，推进公共行政等制度改革，提高政府管治效能，促进治理体系和治理能力现代化”的建设要求①。更好地依法治港治澳，必须加强特别行政区治理团队的自身建设，要全面重视技能学习和定期进修、轮训制度的作用，应完善必要的监督、考核和问责制度，以多方面促成治理效果的改进和提升。

四是要完善特别行政区解决民生问题的制度。“一国两制”的践行情况关系着特别行政区民生问题的解决，港澳民生问题的解决也影响着“一国两制”的制度认同。重视特别行政区民生问题的解决，是“一国两制”维持特别行政区长期繁荣稳定的内在要求，也有助于消除敌对势力将港澳社会问题恶意解读为“一国两制”践行不当的隐患，有利于防止经济领域矛盾向政治领域转移。习近平就香港如何解决民生问题谈到要“始终维护和谐稳定的社会环境”，要“始终聚焦发展这个第一要务”，“少年希望快乐成长，青年希望施展才能，壮年希望事业有成，长者希望安度晚年，这都需要通过发展来实现”②。这些关于香港建设的指导意见，体现了他对社会民生问题的一贯重视，对“以人民为中心”发展理念的彻底坚持。习近平就澳门的发展强调“坚持以人为本，进一步保障和改善民生”③，要坚持发展的目的是为广大市民创造更加美好的生活，更加关注对弱势群体的帮助和扶持，为青少年成长成才创造更好条件。居安思危，科学谋划，深入解决港澳土地有限、房价虚高、阶层固化等潜在矛盾，完善特别行政区解决民生问题的制度体系，尤其要重视对民情的深度了解，增进与民众的及时沟通，致力于民生问题的积极解决。2019 年 11 月，香港特区行政长官林郑月娥提出举行社会对话并邀请社会领袖检视社会动荡因由，就体现出特区政府对解决社会深层次

---

① 习近平．在庆祝澳门回归祖国二十周年大会暨澳门特别行政区第五届政府就职典礼上的讲话．人民日报，2019－12－21（2）.

② 习近平．习近平谈治国理政：第 2 卷．北京：外文出版社，2017：437，436，436.

③ 同①.

问题的高度重视。2019 年 12 月 5 日，澳门特区行政长官崔世安在接受新华社采访时关于“民生是我们的头等大事”的经验之谈，诠释了政府人员对于教育、医疗、社会保障、防灾减灾等民众基本需求的持续致力。

三、健全中央依法对特别行政区行使全面管治权的制度

新时代下，健全中央依法对特别行政区行使全面管治权的制度，必要而且迫切。首先，从制度体系的内在关系来看，中央依法对特别行政区行使全面管治权的制度在“一国两制”制度体系中处于首要地位，是促进“一国两制”其他配套制度和机制建设的核心力量，是保障“一国两制”制度体系有效运行的引领角色。其次，从国家和特别行政区的发展利益来看，“一国”与“两制”的从属关系得到保障只是基本要求，“一国”与“两制”的机构优势得以发挥才是最高目标，而中央依法对特别行政区行使全面管治权的制度健全是兼顾基本要求与最高目标的前提条件。最后，从当前所面临的国内外挑战来看，要坚决防范和遏制外部势力干预港澳事务和进行分裂、颠覆、渗透、破坏活动。加强中央对特别行政区全面管治权的制度保障是应对这些风险的最有力方式。

1. 依法行使宪法和基本法赋予中央的各项权力

香港和澳门的回归，使两地重新纳入我国治理体系。中央政府对包括香港和澳门在内的所有地方行政区都拥有全面管治权。概括说来，宪法和基本法明文规定属于中央的权力主要包括十大类：特别行政区的创制权，特别行政区政府的组织权，特别行政区基本法的制定、修改、解释权，对特别行政区高度自治的监督权，向特别行政区行政长官发出指令权，外交事务权，防务权，决定在特别行政区实施全国性法律，宣布特别行政区进入战争或紧急状态，中央

还可根据需要向特别行政区做出新的授权[①]。中央政府拥有的这十项权力是“两制”从属于“一国”的重要体现。而将这些权力的行使加以制度化、规范化、程序化，能确保其全面准确地贯彻实施。随着实践的发展和形势的变化，在保障中央对特别行政区全面管治权的现有制度基础上，还应进一步细化或丰富相关制度，以更好地明确底线，保障国家主权、领土和发展利益安全。

2. 建立健全特别行政区维护国家安全的法律制度和执行机制

由于近年来各种不稳定因素的存在，特别行政区不仅要加快落实与宪法和基本法相关的制度建设，尽快完善行政长官对中央政府负责的具体制度，而且要尽快完善保障国家安全的相关制度和措施，这是确保“一国两制”实践行稳致远的基本要求，也是保障特别行政区高度自治权有效开展的重要条件。

在维护宪法和基本法权威，维护国家领土、主权和利益安全方面，澳门提供了可资借鉴的经验。《维护国家安全法》的通过、“防独”条款的增设、《国歌法》的列入等法律层面的强化，很好地保障了宪法和基本法各项规定在澳门的贯彻落实，“澳门回归20年来，没有发生过有关中央与特别行政区关系的宪制争议，更没有发生过挑战中央权力的情况”[②]。澳门的成功经验表明，完善相关法治、确保有法可依，有助于特别行政区更为和谐稳定地发展。建立健全维护国家安全的法律制度和执行机制，强化执法力量，已成为摆在香港特别行政区政府和社会各界人士面前的突出问题和紧迫任务[③]。完善特别行政区同宪法和基本法相关的制度和机制，查找相关制度漏

---

① 张晓明．坚持和完善“一国两制”制度体系．人民日报，2019-12-11（9）．

② 温红彦，等．“一国两制”成功实践铸就濠江辉煌．人民日报，2019-12-14（1）．

③ 本书编写组．《中共中央关于坚持和完善中国特色社会主义制度、推进国家治理体系和治理能力现代化若干重大问题的决定》辅导读本．北京：人民出版社，2019：348．

洞，突出法治权威，就成为健全特别行政区高度自治权制度基础的当务之急。十三届全国人大三次会议通过了《全国人民代表大会关于建立健全香港特别行政区维护国家安全的法律制度和执行机制的决定（草案）》，迈出了关键一步，具有重大意义和深远影响。

3. 完善港澳融入国家发展大局的协同发展机制

在“一国”框架体系下的“两制”关系，应该在制度创新中实现融合式发展。实现“两制”之下内地与港澳更好地取长补短式的互惠互利发展，需要充分行使中央对特别行政区的全面管治权，健全中央大力引领、港澳积极参与、相关地区共同着力的协同机制，夯实促进港澳与内地融合发展的制度建设。

中央在完善“一国”内“两制”融合发展的政策制度中起着引领作用。中央始终高度重视港澳地区在国家发展中的地位。如习近平曾特别强调港澳同胞是我国改革开放伟大奇迹的“见证者”“参与者”“受益者”“贡献者”，描绘了他们与祖国人民一道感受的“发展历程”“打拼历程”“共享历程”①，可见港澳与内地关系之密切、融合之深度。正是在这种回顾中，习近平特别勉励港澳同胞发挥好“一国两制”的最大优势，立足于国家改革开放的最大的舞台，珍惜粤港澳大湾区建设等国家战略实施的重大机遇，找准定位，乘势而上，以“培育新优势，发挥新作用，实现新发展，作出新贡献”②。这一讲话实际上呈现了中央为更好地促进“一国”内“两制”充分融合而做出的战略安排。《香港澳门台湾居民在内地（大陆）参加社会保险暂行办法》等条例的试行，则表明了国家为进一步消除港澳同胞在内地生活发展后顾之忧的努力。中央在推进“一国”内“两制”融合发展中，可考虑在参军入伍、公务员招考等领域给予港澳居民更全面的国民待遇，继续在出台整体政策引领作用的同时加大

①② 习近平．会见香港澳门各界庆祝国家改革开放40周年访问团时的讲话．人民日报，2018－11－13（2）.

对内陆省市和特别行政区融合工作的督促。

特别行政区在密切港澳与内地交流发展的体制机制建设中起着主体作用。港澳与内地交流合作的密切，促进了内地经济的发展，增进了特别行政区同胞的家国认同，也为自身激发经济活力提供了广阔空间。在与内地的紧密合作中，港澳可以充分利用内地市场腹地和丰富要素资源，在国家“走出去”战略中发挥好资金和人才引进、国际先进技术和管理经验借鉴的桥梁作用，从而获得自身发展的不竭动力。习近平给予港澳地区更加积极主动“助力国家全面开放”“融入国家发展大局”“参与国家治理实践”“促进国际人文交流”的具体期待，实际上是对特别行政区融入内地发展的主体作用提出了新要求。实现“国家所需，港澳所长”与“港澳所需，国家所长”的有机结合，需要特别行政区立足“一带一路”倡议、粤港澳大湾区建设的良好平台，发挥好港珠澳大桥、广深港高铁等交通枢纽在相互连通中的便利条件，健全好港澳与内地交流发展的相关保障制度机制，真正巩固优势，凸显特色，加快融合。

其他省市在便利港澳与内地融合发展的政策措施制定中有着重要作用。在内地与港澳融合发展中，广东等省市在促进相关制度机制建设中大有可为。这种努力可着重从三个方面突破：“规则对接”是条件，“协同发展”是关键，“便利措施”是保障。在首届粤港澳大湾区创新合作交流会上，“规则对接”被强调为“一个国家、两种制度、三个关税区、三种货币”条件下建设大湾区的必经之路。“协同发展”则被视为粤港澳大湾区建设成功的客观要求，在中央牵头推进、在市场主体自发合作基础上如何实现内地与港澳的协同关系到大湾区的长远发展。“便利措施”，也即相关的硬件设施、软件条件、政策配套等因素。尤其要重视完善港澳居民在内地生活工作学习的条件，这也应该是内地省市在促进港澳与内地融合发展中除了积极响应中央规划、主动协同港澳贯彻之外应予以重点考虑的方面。此三者是大湾区发展壮大的必要条件，也是港澳与内地融合发展的整体要求。

4. 加强对港澳社会特别是公职人员和青少年的爱国教育

在社会的发展中，制度是载体，法治是约束，而教育是基础。2014 年，习近平就向特别行政区提出了“加强青少年教育培养”“保证‘一国两制’事业后继有人”[①] 的方针。今天看来，这一方针无疑极具前瞻性和建设性。

推进特别行政区爱国主义专门教育体制机制的建设，应注意把握这样几个方面：一是重视爱国主义专门教育的意义。开展主题鲜明的、必要的系统性教育，既有助于增进“一国两制”的基本共识，又可培育港澳未来的建设人才。二是明确爱国主义专门教育的形式。要做到借鉴澳门成功经验、汲取香港相关教训、立足时代整体需要三重维度的结合，从而实现防患未然、重视实然、面向应然的理想效果。三是扩大爱国主义专门教育的对象。要以青少年教育为重点，以公职人员教育为关键，以港澳全体居民教育为目标。四是丰富爱国主义专门教育的内容。在加强对现有教材合法性、合理性审查的基础上，丰富爱国主义的相关内容。要将宪法和基本法教育作为基础性工程，以中国国情、历史和文化教育为必要性项目，以殖民统治时期历史的批判教育为辅助性内容，以巩固港澳同胞的国家意识和爱国精神。五是探索爱国主义专门教育的渠道。探索文化教育、历史教育和军事教育相结合，公办教育与私人教育、合办教育相结合，学校教育和家庭教育、社会教育相结合，港澳本地与中联办、大湾区岛外教育相结合的办学方式，营造全覆盖、多层次、立体化的教育模式。

5. 防范和遏制外部势力对港澳事务的干涉

外部势力对港澳事务的干涉从未停止。健全保障中央行使全面管治权的制度，要加强遏制外部势力干涉的制度化应对，要采取必

---

① 习近平．习近平谈治国理政：第 2 卷．北京：外文出版社，2017：426.

要的常态性防范措施，有力应对各种分裂、颠覆、渗透、破坏活动，才能确保港澳的长治久安。在庆祝澳门回归20周年时，习近平强调“特别行政区的事务完全是中国内政”“维护国家主权、安全、发展利益的意志坚如磐石”①，进一步表明了夯实中央全面管治权、从国家制度层面强化应对和防范风险的必要性。

四、坚定推进祖国和平统一进程

解决台湾问题，实现祖国完全统一，是全体中华儿女的共同愿望。自新中国成立以来，中国共产党促进祖国统一的初心不改，始终依据时代变迁丰富国家统一理论，不断结合两岸关系发展制订对台方针，彰显了我们党和政府及全国人民解决台湾问题、实现祖国统一的矢志不渝与不懈努力。“一国两制”构想在港澳成功实践，充分论证了它的科学可行性，对台湾问题的解决产生了很大的垂范意义。两岸关系虽在曲折中发展，但是在频繁的经济文化交流往来中，台湾与大陆已经形成了密不可分的命运共同体。随着我国综合国力的大幅提升，祖国大陆的发展进步从根本上日益决定着海峡两岸关系的基本走向。在中国日益步入国际舞台中央的过程中，国际社会认同“一个中国”的有利格局愈发巩固。

同时，祖国和平统一大业也面临着新挑战。这种挑战主要来自四个方面：一是“台独”势力在持续扩大影响。二是“统派”力量逐渐势微。三是台湾“本土化”趋势加剧。四是美国插手台湾问题又成明显之态。

坚定推进祖国和平统一进程，需要把握有利局势，克服不利因素，从以下几个方面加快相关的制度化建设：

① 习近平．在庆祝澳门回归祖国二十周年大会暨澳门特别行政区第五届政府就职典礼上的讲话．人民日报，2019-12-21 (2).

（一）提升“实现祖国统一是中华民族根本利益所在”的思想认知

增进“两岸一家亲”的历史认同。两岸命运与共、血浓于水，始终在风雨中心心相印，在沧桑中守望相助。因晚清政府腐朽无能，才导致台湾在历史上被殖民者入侵，造成了两岸同胞之间的剜心之痛，也导致了台湾同胞的悲情心结，催生了其特定的本土观念和强烈的“出头天”意识。对于这样的历史情结和同胞伤痛，习近平多次强调要“疗伤止痛”，而抚平创伤的最好的方式是亲情善意，是心灵契合。他反复诠释“两岸同胞一家亲”“广大台湾同胞都是我们的骨肉天亲”“大家同根同源、同文同宗，心之相系、情之相融，本是血脉相连的一家人”①。在推动增进和平发展前景的制度建设中，就应立足台湾同胞的特殊历史遭遇和当前复杂的社会环境，在解开心结、加强应对、扩大往来、关注青年等层面多下功夫，以巩固和增进台湾同胞对两岸根脉的认同，减少因历史久远、分治太久而容易造成记忆断裂的不利影响。

增进共圆“中国梦”的时代认知。民族复兴、国家统一是“大势所趋、大义所在、民心所向”，台胞应将共谋民族复兴作为“无上光荣的事业”。理由有三点：从成员构成来看，广大台湾同胞都是中华民族的一分子，要“做堂堂正正的中国人”，要“认真思考台湾在民族复兴中的地位和作用”②；从历史追求来看，“实现国家富强、民族振兴、人民幸福，是孙中山先生的夙愿，是中国共产党人的夙愿，也是近代以来中国人的夙愿”③；从现实发展来看，两岸是命运共同体，“台湾前途在于国家统一，台湾同胞福祉系于民族复兴”，“民族复兴、国家强盛，两岸中国人才能过上富足美好的生活”④。台湾同

① 习近平．习近平谈治国理政．北京：外文出版社，2014：237.

② 中共中央文献研究室．十九大以来重要文献选编：上．北京：中央文献出版社，2019：743.

③ 同①240.

④ 同②.

胞要与大陆同胞携手同心，共担复兴责任，共迎复兴辉煌，共享复兴荣耀。

增进“一国两制”的政治认同。“一国两制”是我国的一项基本制度，“和平统一、一国两制”是实现国家统一的最佳方式。加快探索“两制”台湾方案的制度政策安排，要夯实“一国两制”政治认同这一思想基础和前提。随着“一国两制”港澳实践的影响愈来愈大，国际上坚持一个中国原则的格局越来越稳、理解和支持中国统一事业的国家和人民越来越多。因此，要有针对性地厘清外界对于“一国两制”的错误认知，主动回应民众质疑，解答理论困惑，将“九二共识”与“一国两制”刻意画等号的险恶用心讲清楚，将对台湾现行情况和台湾同胞意愿的最大尊重说透彻，以增进民众对“一国两制”构想与和平统一方式的深度认同。

（二）推动两岸就和平发展达成制度性安排

夯实“九二共识”政治基础的重要作用。促进两岸和平发展前景，要在坚守两岸同属一个中国的法理基础上，增进“九二共识”互信，减少两岸政治分歧。尽管海峡两岸尚未完全统一，但“大陆和台湾同属一个中国的事实从未改变”。一个中国是两岸现状的客观描述，也是维护和平统一前景的根本原则。坚持一个中国的政治原则，两岸关系就能改善和发展，台湾同胞就能受益；背离这一基础和原则，两岸关系就会紧张甚至动荡，台胞利益就会受损。[①]“九二共识”体现了一个中国原则，明确界定了两岸关系的根本性质，清楚确立了“大陆与台湾同属一个中国，两岸关系不是国与国关系，也不是‘一中一台’”[②]。“九二共识”的重要作用被习近平形容为“两岸关系之锚”和“定海神针”，台湾政党和团体应充分考虑两岸

---

① 中共中央文献研究室．十九大以来重要文献选编：上．北京：中央文献出版社，2019：745.

② 习近平．习近平谈治国理政：第2卷．北京：外文出版社，2017：429.

同胞“要和平不要冲突、要交流不要隔绝、要协商合作不要零和对抗”[①]的共同心声，正视并坚守这一共识。在此基础上，增进政治互信，开展平等协商，进行有效沟通。在此基础上，什么问题都可商谈，什么前嫌都可释怀，什么分歧都可解决。

重视岛内力量在“两制”台湾方案探索中的作用。台湾问题虽有相对特殊的历史成因和现实状况，但“制度不同，不是统一的障碍，更不是分裂的借口”。正因为“两岸长期存在的政治分歧问题是影响两岸关系行稳致远的总根子，总不能一代一代传下去”，实现国家统一已是中华民族伟大复兴的重要内容，两岸应本着对民族、对后世负责的态度，积极“探索‘两制’台湾方案，丰富和平统一实践”[②]。“一国两制”最早就是为解决台湾问题而酝酿的，是为了极大照顾台胞利益而构建的，当前海峡两岸所要致力的是“凝聚智慧，发挥创意，聚同化异”。加快“两制”台湾方案探索的制度安排，理应重视台湾政党、团体、个人在其中的作用，在广泛交换意见中寻求最大共识，在细化“两岸最大公约数”中共同规划设计。

加大官方和民间对“两制”台湾方案的研究论证。作为马克思主义中国化的理论成果，“一国两制”的形成和发展是集体智慧的结晶，其丰富和完善也需要集思广益。在这一理论的形成和丰富中，党的领袖群体是主导者角色，理论工作者起着贡献者作用，人民群众智慧也可吸收和借鉴，海外华人华侨观点也要关注。官方和民间在“两制”台湾方案的研究和论证中，有着不尽相同却又相辅相成的作用，尤其要发挥政府决策部门、院校研究机构、智囊性单位在其中的突出影响，要发挥好设立课题议题的支撑作用，及时健全相关的激励措施，完善必要的保障机制，最大限度地调动一切积极因素和人员力量致力于探索。“两岸的事是家里的事”，相信我们中国

① 习近平．习近平谈治国理政：第2卷．北京：外文出版社，2017：430.

② 中共中央文献研究室．十九大以来重要文献选编：上．北京：中央文献出版社，2019：744.

人自己完全能解决好台湾问题，也坚信这一问题“因民族弱乱而产生，也必将随着民族复兴而终结”。

（三）完善促进两岸交流融合发展的制度安排和政策措施

坚守为台湾同胞多谋福祉的实践方针。为台胞多谋福利，是推进“一国两制”的初心，也是促进两岸交流融合的重心。为台胞多谋福祉也始终是习近平阐释对台方针的中心。2013 年，他强调要“积极促进在投资和经济合作领域加快给予台湾企业与大陆企业同等待遇”；2014 年，他表示要“让广大台湾同胞特别是基层民众都能更多享受到两岸关系和平发展带来的好处”、要“照顾弱势群体，使更多台湾民众在两岸经济交流合作中受益”[①]；2015 年，他提出要“让两岸同胞过上更加美好的生活”[②]；2017 年，他号召“逐步为台湾同胞在大陆学习、创业、就业、生活提供与大陆同胞同等的待遇，促进两岸经济社会融合发展，增进台湾同胞福祉”[③]；2019 年，他说到要让台湾同胞有更多获得感、“在对台工作中贯彻好以人民为中心的发展思想，对台湾同胞一视同仁”。习近平的这些阐释，是对台方针的极大丰富和发展。他将为台胞谋福祉的重要性提升为两岸和平发展的落脚点，将同等待遇的领域从经济合作层面拓展到社会生活，将关注对象的范围从大陆台企扩大到岛内基层民众，将以“人民为中心”理念适用的范畴从祖国内地贯彻到海峡两岸，为全方位具体落实为台胞谋福祉的方针提供了翔实指南。实践好这些方针，既要拓宽领域，深化合作，促进交融，又要保持连续性，重视制度化，促成一体化。

深化促进两岸融合发展的制度安排。贯彻为台胞多谋福利的方

---

① 习近平．习近平谈治国理政．北京：外文出版社，2014：231，239，243.

② 中共中央文献研究室．十九大以来重要文献选编：上．北京：中央文献出版社，2019：40.

③ 同②745－746.

针，在深化两岸融合发展的制度建设中，要把握好“沟通常态化、合作制度化、联通普惠化、服务便捷化”的总体要求，从而更好地团结台胞共同投身民族复兴大业。共同推动经济合作迈上新台阶可从四个方面进行努力：一是开展融合发展对话，以“加强形势、政策、发展规划沟通，增强经济合作的前瞻性和协调性”①。二是拓展融合发展空间，以“做大共同利益‘蛋糕’，增加两岸同胞的受益面和获得感”②。三是提高融合发展水平，以“为发展增动力，为合作添活力，壮大中华民族经济”③。四是细化融合发展目标，以最大限度“推动两岸文化教育、医疗卫生合作，社会保障和公共资源共享”。如习近平提出的“四大通”和“四小通”就体现了对两岸融合发展目标的细化安排：“两岸要应通尽通，提升经贸合作畅通、基础设施联通、能源资源互通、行业标准共通，可以率先实现金门、马祖同福建沿海地区通水、通电、通气、通桥”④。再如《关于促进两岸经济文化交流合作的若干措施》和《关于进一步促进两岸经济文化交流合作的若干措施》的先后出台，也从制度建设层面体现了对两岸融合发展方针的细化贯彻。

（四）团结广大台湾同胞共同反对“台独”、促进统一

坚持寄希望于台湾人民的方针。统一是无法抗拒的历史潮流，台湾的前途在于统一。促进两岸和平统一是为了人民，也需要依靠人民。广大台胞是反对“台独”、促进统一的重要依靠和有效力量。广大台湾同胞，“不分党派、不分宗教、不分阶层、不分军民、不分地域，都要认清‘台独’只会给台湾带来深重祸害，坚决反对‘台独’分裂，共同追求和平统一的光明前景”。所有台胞，要“像珍视

① 习近平．习近平谈治国理政．北京：外文出版社，2014：231.

② 习近平．习近平谈治国理政：第2卷．北京：外文出版社，2017：431.

③④ 中共中央文献研究室．十九大以来重要文献选编：上．北京：中央文献出版社，2019：746.

自己的眼睛一样珍视和平，像追求人生的幸福一样追求统一，积极参与到推进祖国和平统一的正义事业中来”①。

加大对“台独”分裂势力的制度化震慑。统一是历史大势，是正道；“台独”是历史逆流，是绝路。震慑的渠道多元，有政治、军事、外交、法律震慑等不同形式。如习近平关于任何人任何势力都无法改变和阻挡“两岸同属于一个中国的法理事实”、“两岸同胞都是中国人的民族认同”、“两岸关系向前发展的时代潮流”、“民族复兴、两岸统一的历史大势”的义正词严的宣告②，是对两岸发展历程客观规律的总结，更是对“台独”及其他分裂势力的政治震慑。《新时代的中国国防》白皮书中中国军队将“不惜一切代价”捍卫国家统一的坚定立场、两岸关系被人为制造紧张时的大陆台海军事演习及辽宁舰穿越台湾海峡的适时巡视，无不给“台独”势力以必要的军事震慑。中国政府向美国意欲与台湾扩大军事联系等图谋进行的严正交涉以及外交部发言人就涉台消极法案的公开批驳，都适时在外交领域震慑了恶意支持“台独”的境外势力。《反分裂国家法》曾对“台独”势力产生过巨大的法律震慑，而在立足新形势、全面依法治国的大背景下如何加大对“台独”的法治约束，进一步形成硬性机制则可继续努力。

---

① 中共中央文献研究室．十九大以来重要文献选编：上．北京：中央文献出版社，2019：745，746.

② 同①743.

坚持和完善独立自主的和平外交政策，推动构建人类命运共同体

推动党和国家事业发展需要和平的国际环境和良好的外部条件，必须统筹国际国内两个大局，高举和平、发展、合作、共赢旗帜，坚定不移维护国家主权、安全、发展利益，坚定不移维护世界和平、促进共同发展。

习近平总书记关于《中共中央关于坚持和完善中国特色社会主义制度、推进国家治理体系和治理能力现代化若干重大问题的决定》的说明中指出，古人讲，“天下之势不盛则衰，天下之治不进则退”。当今世界正经历百年未有之大变局，国际形势复杂多变，改革发展稳定、内政外交国防、治党治国治军各方面任务之繁重前所未有，我们面临的风险挑战之严峻前所未有。这些风险挑战，有的来自国内，有的来自国际，有的来自经济社会领域，有的来自自然界。我们要打赢防范化解重大风险攻坚战，必须坚持和完善中国特色社会主义制度、推进国家治理体系和治理能力现代化，运用制度威力应对风险挑战的冲击①。

---

① 本书编写组.《中共中央关于坚持和完善中国特色社会主义制度、推进国家治理体系和治理能力现代化若干重大问题的决定》辅导读本.北京：人民出版社，2019.

党的十九届四中全会公报指出，“当今世界正经历百年未有之大变局，我国正处于实现中华民族伟大复兴关键时期”。《决定》将“坚持和完善独立自主的和平外交政策，推动构建人类命运共同体”作为国家治理体系和治理能力现代化的重要方面，为中国外交体系与外交能力现代化建设指明了方向。

一、推进外交体系和外交能力现代化

1. 坚持以维护党中央权威为统领，加强党对对外工作的集中统一领导

当今世界正处于百年未有之大变局，国际竞争日益激烈。习近平总书记指出，“制度优势是一个国家的最大优势，制度竞争是国家间最根本的竞争”①。《决定》指出，中国共产党领导是中国特色社会主义最本质的特征，是中国特色社会主义制度的最大优势，党是最高政治领导力量。

新中国外交 70 年的辉煌成就，首先归功于党的领导，这是中国外交最根本的政治保障。70 年来，中国共产党与时俱进，不断丰富发展具有中国特色的外交理论体系，形成了一系列优良传统和鲜明特色。独立自主是中国外交的基石，天下为公是中国外交的胸怀，公平正义是中国外交的坚守，互利共赢是中国外交的追求，服务发展是中国外交的使命，外交为民是中国外交的宗旨。2018 年中央外事工作会议确立了习近平外交思想的指导地位，这是新中国外交理论建设具有划时代意义的重大成果，为进入新时代的中国外交提供了根本遵循，也为探索解决当今世界各种复杂问题指明了方向。

坚持外交大权在党中央，全面贯彻党中央外交大政方针和战略

① 习近平．坚持和完善中国特色社会主义制度 推进国家治理体系和治理能力现代化．求是，2020（1）．

部署。外事工作是党和国家工作中政治性最强的工作之一，确保正确政治方向至关重要。对外工作必须增强“四个意识”，坚定“四个自信”，做到“两个维护”，一切以党中央制定的对外工作大政方针为依归，全面贯彻落实党中央的战略意图，严格遵守党的外事工作纪律和规矩，决不容许擅作主张、各行其是、阳奉阴违。

2. 健全党对外事工作领导体制机制

外事工作制度是中国特色社会主义制度体系的重要组成部分，是落实中国特色大国外交的制度保证。健全党对外事工作领导体制机制，就要加强党中央对外事工作集中统一领导，深入推进涉外体制机制建设，统筹协调党、人大、政府、政协、军队、地方、人民团体等的对外交往，统筹协调驻外机构各方面各领域工作，加强涉外法治工作，建立涉外工作法务制度，加强国际法研究和运用，提高涉外工作法治化水平。

加强党总揽全局、协调各方的对外工作大协同格局，确保党中央外交大政方针和战略部署贯彻落实，更好形成对外工作合力。为此要加强中国特色大国外交理论建设，不断推进外交理论创新，始终在变局中认清本质、在纷乱中抓住主流，确保党的对外工作大政方针正确有效，保证党中央对外工作决策部署及时有力。要加强涉外法治工作，在驻外使领馆逐步探讨设立相关制度，对中国公民和企业在外旅行、工作、学习、生活提供相应法律指导和服务。要加强国际法研究和运用，尽快补足我国在国际法领域核心人才短缺、理论创新不够、现实运用不足等短板，在国际法研究、制定、运用上与我国外事工作的要求相适应、与我国大国地位相匹配。

二、完善全方位外交布局

1. 坚持独立自主和平外交政策

独立自主的和平外交政策，这一承载着近代以来中华民族梦想的政治术语，从最初的基本立场到概念形成再到发展完善，经历了中华民族从站起来到富起来的历史进程，也必将见证和贡献中华民族强起来的伟大使命。

独立自主的和平外交政策符合和平、发展、合作、共赢的时代潮流，符合中国特色社会主义本质要求及中国和中国人民根本利益，符合中华文化基因，是立足实现“两个一百年”奋斗目标、实现中华民族伟大复兴中国梦全局和长远的战略选择。正如习近平总书记指出的：“几千年的历史演进中，中华民族创造了灿烂的古代文明，形成了关于国家制度和国家治理的丰富思想，包括大道之行、天下为公的大同理想……亲仁善邻、协和万邦的外交之道，以和为贵、好战必亡的和平理念，等等。这些思想中的精华是中华优秀传统文化的重要组成部分，也是中华民族精神的重要内容。”[①] 因此，独立自主的和平外交政策是新中国外交的特色、优势、传统，凝聚着新中国成立70年来的外交理论和实践探索成果，必须在新时代发扬光大。

独立自主的和平外交政策有利于我们广交朋友、开放发展，维护延长用好我国发展的重要战略机遇期。当今世界正经历百年未有之大变局，推动变局的基本动力是生产力发展和世界力量对比的变化，基本趋势是世界多极化、经济全球化、社会信息化、文化多样化。尽管存在保护主义、单边主义、霸权主义和反全球化等各种逆流，存在极端主义、恐怖主义、分裂主义等各种乱象，存在战乱、传染病、自然灾害、网络攻击等各种威胁，和平与发展的时代主题没有变，和平、发展、合作、共赢的时代潮流没有变。我们坚持独立自主的和平外交政策，顺应时代潮流和各国人民期待，站在历史正义的一方，承担引领人类文明走向的历史责任，已经并将继续为

① 习近平．坚持和完善中国特色社会主义制度　推进国家治理体系和治理能力现代化．求是，2020（1）．

我们赢得世界上最广大人民的衷心拥护，推动国际力量对比朝着更加均衡的方向发展，为我国发展创造更有利的外部条件。

坚定不移走和平发展道路，坚持在和平共处五项原则基础上全面发展同各国的友好合作，坚持国家不分大小、强弱、贫富一律平等，推动建设相互尊重、公平正义、合作共赢的新型国际关系，积极发展全球伙伴关系，维护全球战略稳定，反对一切形式的霸权主义和强权政治。坚持通过对话协商、以和平手段解决国际争端和热点难点问题，反对动辄使用武力或以武力相威胁。坚持奉行防御性的国防政策，永远不称霸，永远不搞扩张，永远做维护世界和平的坚定力量。

新形势下，中国同世界的联系空前紧密，同世界的相互影响日益加深，推动党和国家事业发展需要和平的国际环境和良好的外部条件。与此同时，我国作为世界第二大经济体和最大的发展中国家，日益走近世界舞台中央，对维护国际秩序、推动世界发展、完善全球治理发挥着日益重要的作用，影响和塑造国际局势的能力日益上升。坚持独立自主的和平外交政策，必须统筹国际国内两个大局，以宽广的国际视野和长远的战略眼光，以对中国人民和世界人民高度负责的精神，统筹做到独立自主、和平发展、开放合作、互利共赢。

要坚定不移维护国家主权、安全、发展利益，牢牢把握坚持和平发展、促进民族复兴这条主线，为和平发展营造更加有利的国际环境，维护和延长我国发展的重要战略机遇期，为实现“两个一百年”奋斗目标、实现中华民族伟大复兴的中国梦提供有力保障。习近平总书记反复强调，做好外交工作，胸中要装着国内国际两个大局。国内大局就是“两个一百年”奋斗目标，实现中华民族伟大复兴的中国梦；国际大局就是为我国改革发展稳定争取良好外部条件，维护国家主权、安全、发展利益。外交工作必须始终把国家独立、主权、安全、尊严放在首位，任何情况下绝不拿原则做交易，绝不能在任何压力下吞下损害我国利益的苦果。对国际事务，坚持从中国人民根本利益和各国人民共同利益出发，根据事情本身的是非曲直，独立自主地决定自己的立场和政策，绝不屈从于任何外来压力。坚持多边主义和国际关系民主化，坚持各国的事情由本国政府和人民自主决定，世界上的事情由各国政府和人民平等协商，维护国际公平正义，反对侵略扩张和干涉别国内政。倡导相互尊重、平等协商，坚决摒弃冷战思维和强权政治，走对话而不对抗、结伴而不结盟的国与国交往新路。

2. 坚持以深化外交布局为依托打造全球伙伴关系

构建以合作共赢为核心的新型国际关系，为深化外交布局指明了方向。独立自主的和平外交政策主张结伴而不结盟，重点是发展全球伙伴关系，维护全球战略稳定。

构建伙伴关系是中国外交的特色之一，就是要在坚持不结盟原则的前提下广交朋友，形成遍布全球的伙伴关系网络。这是总结以结盟对抗为标志的冷战历史经验教训，探索出的一条结伴而不结盟的新路。伙伴关系有三大基本特征：第一是平等性。国家不分大小贫富，都要相互尊重主权、独立和领土完整，相互尊重各自选择的发展道路与价值观念，相互平等相待，相互理解支持。第二是和平性。伙伴关系与军事同盟最大的区别是不设假想敌，不针对第三方，排除了军事因素对国家间关系的干扰，致力于以合作而非对抗的方式，以共赢而非零和的理念处理国与国之间的关系。第三是包容性，超越社会制度与意识形态的异同，最大限度地谋求共同利益与共同追求，正像习近平总书记所指出的，“志同道合是伙伴，求同存异也是伙伴”①。其中，平等体现了新中国外交传统，和平体现了中国传统文明，包容体现了时代需求和发展大势。

---

① 习近平出席亚太经合组织工商领导人峰会开幕式并发表主旨演讲．人民网，2014－11－09.

目前，我国已经同世界上 180 个国家建立了外交关系，同 110 多个国家和国际组织建立了不同层级的伙伴关系，同相关地区国家和国际组织建立了中非合作论坛、中拉论坛、中阿合作论坛、中国-太平洋岛国经济发展合作论坛、中国-中东欧国家合作（“17+1”合作）等机制，实现了同发展中国家交流合作机制全覆盖。进一步完善全方位外交布局，就要坚持在和平共处五项原则基础上全面发展同各国的友好合作，扩大中国的朋友圈，坚持在不冲突不对抗、相互尊重、合作共赢基础上推进大国协调和合作，推动构建总体稳定、均衡发展的大国关系框架，维护世界和平与发展；按照亲诚惠容理念和与邻为善、以邻为伴周边外交方针深化同周边国家关系，推动构建区域命运共同体；秉持正确义利观和真实亲诚理念加强同广大发展中国家团结合作，维护广大发展中国家共同利益。要维护我国发展的重要战略机遇期，必须把维护全球战略稳定放在极为重要的位置。我们坚定不移走和平发展道路，但是，和平发展是有条件的。个别国家无视他国利益和感受，不择手段维护自身霸权，毫无节制追求自身绝对安全，严重侵害他国尊严、利益、权利、安全，严重威胁世界和平与发展。为了维护我国发展的和平国际环境和有利外部条件，为了维护全人类利益，必须调动一切可以调动的因素、团结一切可以团结的力量，维护国际公平正义，维护全球战略稳定。面对中国和平发展，西方一些人造出所谓“修昔底德陷阱”“金德尔伯格陷阱”来说事，妄称中国“国强必霸”，同美国为争夺霸权而冲突甚至战争不可避免，引起国际社会公共产品短缺和治理危机不可避免。这些都毫无疑问是以己度人。中华民族没有侵略扩张、称王称霸的基因，坚定不移走和平发展道路，无论发展到什么程度，不愿跟任何人争霸和对抗，不会坐视中美关系和世界被拖入对抗的深渊而无所作为，不会推卸自己作为世界大国的责任担当。同时，我们不挑事、更不怕事，必须针对这些“陷阱”的警示，做好出现任何情况的万全准备。

三、推进合作共赢的开放体系建设

1. 坚持互利共赢的开放战略

坚定不移奉行互利共赢的开放战略，贯彻对外开放的基本国策，在开放合作中谋求自身发展，以自身发展推动建设开放型世界经济，恪守维护世界和平、促进共同发展的外交政策宗旨。

当今世界，各国之间的相互联系、相互依赖日益紧密，开放是源头活水，合作是成事之基，任何一个国家要把自己关进封闭孤立的黑屋子，要同全球产业链、价值链、利益链完全脱钩，都无异于自残。我国发展成就得益于对外开放和同各国的互利合作，今后要实现更大发展，必须立足于对世界更高水平的开放、同各国更深层次的合作。面对保护主义、单边主义和反全球化等逆流，必须顺历史潮流而动，高举经济全球化、贸易和投资自由化便利化的旗帜，积极建设更高水平的开放型经济，坚定不移维护多边贸易体制，推动全球经济治理变革和完善，推动经济全球化朝着更加开放、包容、普惠、平衡、共赢的方向发展。

当前，个别国家打着世界贸易组织改革之名，妄图公器私用打压其他国家发展，甚至不惜搁置、虚化、废弃国际多边贸易体制，导致全球经济治理赤字加剧，国际多边贸易体制面临危机。在经济全球化面临曲折、多边主义面临挑战的大背景下，我们要坚定维护多边贸易体制，维护世界贸易组织基本原则，通过双边、多边等方式，推动构建面向全球的高标准自由贸易区网络，推动《区域全面经济伙伴关系协定》早日达成，推动中日韩经济合作，推动亚太自由贸易区建设进程，推动建设开放型世界经济。要支持广大发展中国家提高自主发展能力，善尽作为最大发展中国家的国际责任，欢迎各国特别是发展中国家搭乘我国发展的快车，推动解决全球发展失衡、数字鸿沟等问题，推动实现各国共同发展。要健全对外开放安全保障体系，加快补齐安全保障短板，在扩大开放中牢牢扎紧维护国家安全的篱笆，防范外来颠覆渗透破坏活动，加快构建海外利益保护和风险预警防范体系，完善领事保护工作机制，维护海外同胞安全和正当权益，保障重大项目和人员机构安全。

维护完善多边贸易体制，推动贸易和投资自由化便利化，推动构建面向全球的高标准自由贸易区网络，支持广大发展中国家提高自主发展能力，推动解决全球发展失衡、数字鸿沟等问题，推动建设开放型世界经济。健全对外开放安全保障体系，构建海外利益保护和风险预警防范体系，完善领事保护工作机制，维护海外同胞安全和正当权益，保障重大项目和人员机构安全。

2. 推动共建“一带一路”高质量发展

互利共赢的开发战略是我国建设更高水平开放型经济的必然要求，更是推动建设开放型世界经济的重要抓手。共建“一带一路”成为中国以自身开放推动世界开放的全球大合唱。目前，共建“一带一路”已经成为冷战结束以来影响最大的国际公共产品，其建设也从大写意阶段进入工笔画阶段，推动共建“一带一路”高质量发展已经成为国际社会普遍共识，成为我国对外开放的总抓手。

共建“一带一路”是我国对世界贡献的国际公共产品，目的是通过共商共建共享，推动相关国家政策沟通、设施联通、贸易畅通、资金融通、民心相通，推动构建利益共同体、责任共同体、命运共同体，最终实现共同发展繁荣。截至 2020 年 1 月底，中国已同 138 个国家和 30 个国际组织签署了 200 份共建“一带一路”合作文件，形成一大批务实合作成果。我国先后两次在北京成功举办“一带一路”国际合作高峰论坛，取得圆满成功。

“一带一路”融通古今中外、东西南北，激活了古丝路记忆和丝路精神，以和平、繁荣、开放、创新、文明、绿色、廉洁之“七路”应对当今世界和平、发展、治理、信任“四大赤字”，顺潮流、得民心、惠民生、利天下。共建“一带一路”目的是聚焦互联互通，深化务实合作，携手应对人类面临的各种风险挑战，实现互利共赢、共同发展，这顺应经济全球化的历史潮流，顺应全球治理体系变革的时代要求，顺应各国人民过上更好日子的强烈愿望。

在第二届“一带一路”国际合作高峰论坛开幕式上的主旨演讲中，习近平总书记指出，共建“一带一路”倡议，目的是聚焦互联互通，深化务实合作，携手应对人类面临的各种风险挑战，实现互利共赢、共同发展。从亚欧大陆到非洲、美洲、大洋洲，共建“一带一路”为世界经济增长开辟了新空间，为国际贸易和投资搭建了新平台，为完善全球经济治理拓展了新实践，为增进各国民生福祉做出了新贡献，成为共同的机遇之路、繁荣之路。事实证明，共建“一带一路”不仅为世界各国发展提供了新机遇，也为中国开放发展开辟了新天地。

高质量共建“一带一路”，要秉持共商共建共享原则，要坚持开放、绿色、廉洁理念，要努力实现高标准、惠民生、可持续目标。一是把共商共建共享原则落到实处，全方位推进务实合作。要深刻认识共建“一带一路”的“中国倡议、各国共建、市场运作、全球共享、构建人类命运共同体的新型国际合作平台”的基本属性。只有秉持“三共”原则，共建“一带一路”的朋友圈才会越来越大，好伙伴才会越来越多。二是把开放、绿色、廉洁理念落到实处，共建充满生机、风清气正的丝绸之路。开放是“一带一路”建设的鲜明标识。“一带一路”建设既是中国更高水平对外开放的重要举措，也为全球提供了开放合作的国际平台。绿色是“一带一路”建设的亮丽底色。建设绿色丝绸之路，不仅是实现联合国2030可持续发展目标的需要，也是中国的新发展理念、生态文明理念在海外的践行。廉洁是“一带一路”建设的底线红线，也是“一带一路”建设行稳致远的重要基础，既关系到企业自身的可持续发展，也关系到国家利益和国家形象。三是把实现高标准、惠民生、可持续目标落到实处，让“一带一路”建设成果惠及合作各方。高标准一定是适合当地经济社会发展的标准，也一定是动态的，不能是绝对的。既要扎实推进陆海天网的“硬联通”，更要加大规划政策、规则标准、执法监管的对接力度。惠民生聚焦消除贫困、增加就业、改善民生，让共建“一带一路”成果更好惠及沿线国家全体人民。中国愿意通过共建“一带一路”与其他国家分享自己在40余年改革开放中积累的发展经验，与沿线国家共建美好未来，让沿线国家的人民获得实实在在的利益。可持续发展是破解当前全球性问题的“金钥匙”，是各方的最大利益契合点和最佳合作切入点。共建“一带一路”同《联合国2030年可持续发展议程》在目标、原则、实施路径上高度契合，得到国际社会积极响应和支持，为世界提供了合作共赢推动“可持续发展”的新方案。

四、积极参与全球治理体系改革和建设

1. 坚持以公平正义为理念引领全球治理体系改革

秉持共商共建共享的全球治理观，倡导多边主义和国际关系民主化，推动全球经济治理机制变革。推动在共同但有区别的责任、公平、各自能力等原则基础上开展应对气候变化国际合作。维护联合国在全球治理中的核心地位，支持上海合作组织、金砖国家、二十国集团等平台机制化建设，推动构建更加公正合理的国际治理体系。

积极参与全球治理体系改革和建设。这是中国作为世界大国义不容辞的责任，更是维护我国利益、提高我国国际地位和国际影响力的必然要求。在当今世界一系列重大问题上，国际社会很看重我国的立场和态度，已经形成离开中国参与很难做出实质性重大决定的国际共识。这在客观上对我们提出了参与全球治理体系改革和建设的要求。党的十八大以来，在习近平外交思想指引下，我们与时俱进推进中国特色大国外交，积极参与国际多边事务，主办多项重

要国际会议，在重要国际组织中代表性、话语权、影响力日益提高，发起成立亚洲基础设施投资银行、新开发银行等机构，为改革完善全球治理贡献出越来越多中国智慧和中国方案。当前，国际格局正在经历深刻复杂变化，人类面临的共同挑战日益增多，完善全球治理的呼声越来越高，但全球治理赤字不仅没有缓解迹象，反而呈现加剧趋势。在这样的形势下，我国作为负责任大国，必须以勇于担当的精神更加积极地参与全球治理体系改革和建设，引领世界格局演变方向，引领人类文明进步走向。为此，必须高举构建人类命运共同体旗帜，秉持共商共建共享的全球治理观，倡导多边主义和国际关系民主化。必须推动全球经济治理机制变革。

当前，全球经济治理机制面临严峻挑战，国际组织有的在代表性、话语权上落后时代，不能反映国际力量对比发生变化的现实；有的受到强权政治干扰，无法发挥应有效力；有的则面临被架空虚置的危险。在全球经济治理变革问题上，有的国家出于一己之私妄图以变革之名行害人之实，未来难免会有一场艰巨激烈的斗争。我们要引导全球经济治理变革在正确轨道上行驶，必须对各种开倒车的行为高度警惕、坚决斗争。必须推动在共同但有区别的责任、公平、各自能力等原则基础上开展应对气候变化国际合作，坚守国际承诺，坚定不移走绿色低碳可持续发展之路，同时尽己所能帮助广大发展中国家增强应对气候变化和绿色发展能力，善尽维护人类家园的国际责任。必须维护联合国在全球治理中的核心地位，支持上海合作组织、金砖国家、二十国集团等平台机制化建设，推动构建更加公正合理的国际治理体系。

2. 共同构建人类命运共同体

当今世界，虽然进入 21 世纪，但仍然遭受保护主义、民粹主义、恐怖主义、极端主义思潮的煎熬；古丝绸之路沿线地区曾经是“流淌着牛奶与蜂蜜的地方”，如今很多地方却成了冲突动荡和危机挑战的代名词。世界怎么了？我们怎么办？人类向何处去？

针对这一时代之问，习近平总书记胸怀天下、心系人民，饱含古今中外之情感，汲取东西南北之智慧，提出“一带一路”、人类命运共同体，成为新型全球化和全球治理的中国方案和中国智慧。共建“一带一路”倡议正成为构建人类命运共同体的重要实践平台。

“一带一路”正在解决当今世界四大赤字——和平赤字、发展赤字、治理赤字、信任赤字，在解决问题的过程中推动构建人类命运共同体。

和平赤字：盗贼出于贫穷——当今世界的和平赤字一方面是历史遗留，另一方面也是不公正、不合理的国际秩序带来的。“一带一路”聚焦发展不充分、不均衡、不包容等根本性问题，以发展求安全，以安全促发展，推动全球化朝着开放、包容、普惠、平衡、共赢方向发展，实现国家、地区和全球层面的长治久安。

发展赤字：世界银行发布研究文章指出，“一带一路”相关投资可以额外帮助全球多达 3 400 万人摆脱中度贫困，其中 2 940 万人来自“一带一路”沿线国家和地区。除了脱贫外，“一带一路”还是削减贫富差距的有效药方，通过帮助内陆国家和地区寻找海洋，融入全球分工；通过聚焦基础设施和互联互通，再现中国经验——要致富先修路。

治理赤字：当今世界，碎片化的治理格局困扰国际社会。正如全球能源互联网计划以“智能电网＋特高压＋清洁能源”三位一体，彻底解决人类能源短缺问题，同时实现碳排放减少所显示的，“一带一路”主张标本兼治，统筹协调，推动广大发展中国家参与全球治理，对接已有的国际治理机制，实现从起点、过程和结果的公平正义。

信任赤字：“坚持公正合理，破解治理赤字”“坚持互商互谅，破解信任赤字”“坚持同舟共济，破解和平赤字”“坚持互利共赢，破解发展赤字”。习近平总书记 2019 年 3 月在巴黎出席中法全球治理论坛闭幕式，并发表题为《为建设更加美好的地球家园贡献智慧和力量》的重要讲话，为全球治理提供中国方案。“信任是国际关系中最好的黏合剂”，要把互尊互信挺在前头，把对话协商利用起来，坚持求同存异、聚同化异，通过坦诚深入的对话沟通，增进战略互信，减少相互猜疑。

2020 年 3 月 12 日晚，国家主席习近平应邀同联合国秘书长古特雷斯通电话时，习近平强调，新冠肺炎疫情的发生再次表明，人类是一个休戚与共的命运共同体。在经济全球化时代，这样的重大突发事件不会是最后一次，各种传统安全和非传统安全问题还会不断带来新的考验。国际社会必须树立人类命运共同体意识，守望相助，携手应对风险挑战，共建美好地球家园。

人类命运共同体理念将中国外交的和平、发展、合作、共赢的宗旨予以铸魂，将中国共产党为世界进步事业做出新的更大贡献的世界初心予以宣示，将联合国宪章的宗旨和原则予以弘扬，得到了国际社会的广泛而积极的响应，使中国逐渐占据人类道义制高点。

2017 年 2 月 10 日，联合国社会发展委员会第 55 届会议协商一致通过“非洲发展新伙伴关系的社会层面”决议，“构建人类命运共同体”理念首次被写入联合国决议。同年 11 月 1 日，第 72 届联大负责裁军和国际安全事务第一委员会通过了“防止外空军备竞赛进一步切实措施”和“不首先在外空放置武器”两份安全决议，“构建人类命运共同体”理念再次载入这两份联合国决议。

人类命运共同体理念发轫于和合-共生中华传统文化，萌芽于近代以来中国共产党人解放全人类的革命传统，孕育于新中国成立 70 年来的丰富外交实践，是中国外交哲学的升华。人类命运共同体理念通世界各国文化之传统，现代国际体系之道统，马克思主义之正统，被第 71 届联合国大会主席汤姆森誉为“我们星球唯一的未来”。

党的十九大报告指出："世界命运握在各国人民手中，人类前途系于各国人民的抉择。中国人民愿同各国人民一道，推动人类命运共同体建设，共同创造人类的美好未来！""中国共产党是为中国人民谋幸福的政党，也是为人类进步事业而奋斗的政党。中国共产党始终把为人类作出新的更大的贡献作为自己的使命。"人类命运共同体成为中国共产党领导的中国在新时代践行"中国应为人类做出较大贡献"的承诺，彰显中共的世界初心和天下担当。

习近平总书记指出："人类命运共同体，顾名思义，就是每个民族、每个国家的前途命运都紧紧联系在一起，应该风雨同舟，荣辱与共，努力把我们生于斯、长于斯的这个星球建成一个和睦的大家庭，把世界各国人民对美好生活的向往变成现实。"①

命运共同体前提是命运自主，其次是超越国家利益分野，着眼于人类命运本身，通过利益共同体——利当计天下利，责任共同体——天下兴亡，匹夫有责，到命运共同体，不忘人类初心，牢记命运与共，打造共同体。

人类命运共同体鼓励各国走符合自身国情发展道路，在命运自主基础上实现命运与共，最终形成命运共同体，是与独立自主和平外交政策，天下大同、协和万邦的传统文化以及中国共产党为人类进步事业而奋斗的目标一脉相承的。

人类命运共同体理念展示了中国的共生哲学：夫爱人者，人必从而爱之；利人者，人必从而利之。将中国古代的大同思想和天下观予以创造性转化和创新性发展，同时汲取人类其他文明的类似思想予以提炼，成为当今世界的最大价值公约数。

建设持久和平、普遍安全、共同繁荣、开放包容、清洁美丽的世界，为共同构建人类命运共同体指明了目标和路径。为此，就要

---

① 习近平．携手建设更加美好的世界：在中国共产党与世界政党高层对话会上的主旨讲话．北京：人民出版社，2017：4.

摒弃零和博弈、丛林法则、唯我独尊、党同伐异等不合时宜的旧思维，树立相互尊重、平等协商、合作安全、开放发展、包容互鉴、珍爱地球、同舟共济、互利共赢的新理念。人类社会发展不可能永久停留在一部分人富得流油而另一部分人食不果腹的失衡状态，当今世界面临的发展赤字、公平赤字、治理赤字、信任赤字必须得到正视和解决。人类命运共同体主张为解决这四大赤字提供了方向和路径。我们要从加强国际合作、促进共同发展入手，从帮助广大发展中国家增强自主发展能力、尽可能消弭数字鸿沟着力，推动人类朝着建设利益共同体、价值共同体、责任共同体、命运共同体的正确方向不懈努力。

人类命运共同体成为中国倡导的新型国际关系、新型全球治理的核心理念，成为习近平新时代中国特色社会主义思想的世界观，集中展示了中国共产党为人类进步事业而奋斗的天下担当。

总之，“中国特色社会主义制度和国家治理体系是以马克思主义为指导、植根中国大地、具有深厚中华文化根基、深得人民拥护的制度和治理体系，是党和人民长期奋斗、接力探索、历尽千辛万苦、付出巨大代价取得的根本成就，我们必须倍加珍惜，毫不动摇坚持、与时俱进发展”。习近平总书记着重指出，“坚持和完善中国特色社会主义制度、推进国家治理体系和治理能力现代化，是关系党和国家事业兴旺发达、国家长治久安、人民幸福安康的重大问题”①。新形势下，必须坚持党对外事工作的集中统一领导，统筹国际国内两个大局，坚持和完善独立自主的和平外交政策，高举和平、发展、合作、共赢旗帜，积极推进中国特色大国外交，坚定不移维护国家主权、安全、发展利益，坚定不移维护世界和平、促进共同发展，为实现“两个一百年”奋斗目标、实现中华民族伟大复兴的中国梦

① 习近平．坚持和完善中国特色社会主义制度 推进国家治理体系和治理能力现代化．求是，2020（1）．

营造有利外部环境，为建设新型国际关系、构建人类命运共同体做出中国贡献。

“坚持和完善独立自主的和平外交政策，推动构建人类命运共同体”是国家治理体系和治理能力现代化的重要方面。我们要不断加强中国特色大国外交理论建设、机制建设、能力建设、法治建设，推动外交外事领域治理体系和治理能力的现代化。

坚持和完善党和国家监督体系

党和国家监督体系是国家治理体系的重要组成部分。党的十九届四中全会通过的《决定》，要求“坚持和完善党和国家监督体系，强化对权力运行的制约和监督”，从党和国家监督制度、权力配置运行机制、反腐败体制机制三个方面做出战略部署和重大安排，为新时代坚持和完善党和国家监督体系提供了重要遵循。

一、党长期执政条件下推进自我革命的重要保障

中国共产党要担负起领导人民进行伟大社会革命的历史责任，必须勇于进行自我革命。习近平指出，自我监督是世界性难题，是国家治理的“哥德巴赫猜想”。解决这一“哥德巴赫猜想”，必须建立一套科学有效的党和国家监督体系。“没有监督的权力必然导致腐败，这是一条铁律。”① 我国80%的公务员、95%以上的领导干部是共产党员，党内监督和国家监察既具有高度内在一致性，又具有高度互补性。党的十九届四中全会做出坚持和完善党和国家监督体系的重大制度安排，整体谋划、一体落实，具有重大意义。

① 习近平．习近平谈治国理政．北京：外文出版社，2014：418.

一是党在长期执政条件下解决自身问题、跳出历史周期率的制度保障。全面从严治党是一场自我革命，必须探索出一条党长期执政条件下实现自我净化的有效途径，这关乎党和国家事业成败，关乎我们能不能跳出历史周期率。解决这个问题，不能搞西方那样的政党轮替和三权分立，而要根本上靠党的自我革命、自我净化。党的十八大以来，我们党以前所未有的勇气和定力推进全面从严治党，取得了历史性、开创性成就，产生了全方位、深层次影响。我们坚持以伟大自我革命引领伟大社会革命、以科学理论引领全党理想信念、以“两个维护”引领全党团结统一、以正风肃纪反腐凝聚党心军心民心，探索出一条长期执政条件下解决自身问题、跳出历史周期率的成功道路，构建起一套行之有效的权力监督制度和执纪执法体系。在新时代要把我们党建设得更加坚强有力，顺利完成党的历史使命，必须坚持和完善党和国家监督体系，充分发挥中国特色社会主义监督制度的巨大优势，以确保党的永不变质，确保红色江山永不变色。

二是推进国家治理体系和治理能力现代化的重要内容。推进国家治理的关键是治权，防止权力异化和权力任性，而有效治权离不开科学监督。只要有公权力存在，就必须制约和监督。不关进笼子里，公权力就会被滥用。有权必有责，用权受监督，这是公权力运行的基本原则。监督具有保障执行、促进完善的作用。一方面，督促制度执行、规范权力运行，保障中国特色社会主义制度切实得以坚持巩固；另一方面，发现问题、提出建议，促进中国特色社会主义制度不断完善发展。党的十八大以来，我们党在加强对国家机器的监督、切实把公权力关进制度笼子方面做了大量探索和努力，强化了党和国家的监督力量，有力增强了国家治理效能。《决定》明确中国之治的总体目标，实现这一目标，要求健全党统一领导、全面覆盖、权威高效的监督体系，形成决策科学、执行坚决、监督有力的权力运行机制，确保党的路线方针政策和各项决策部署贯彻落实，确保党和人民赋予的权力规范正确行使。坚持和完善党和国家监督体系，“使监督体系契合党的领导体制，融入国家治理体系，推动制度优势更好转化为治理效能”①。

三是巩固和发展反腐败斗争压倒性胜利的有力保证。腐败是社会毒瘤，是我们党面临的最大威胁，必须下最大气力解决好消极腐败问题，确保党始终同人民心连心、同呼吸、共命运。党的十八大以来，我们党坚定不移正风肃纪反腐、管党治党兴党，坚决惩治腐败、纠治不正之风，奋力夺取反腐败斗争的压倒性胜利。其中一条重要经验，就是加强党对反腐败工作的集中统一领导，建立和完善党和国家监督体系，大力推动体制机制创新，整合行政监察部门、预防腐败机构和检察机关反腐败相关职责，优化反腐败资源配置，实现党内监督同国家监察、依规治党同依法治国的有机统一，凝聚起反腐败斗争的强大合力。当前，反腐败斗争形势依然严峻复杂，影响党的先进性、弱化党的纯洁性的因素是复杂的，党面临的“四大考验”“四种危险”是尖锐的。在党长期执政条件下，党员干部特别是各级“一把手”，时刻面临着被“围猎”、被腐蚀的风险，腐败存量不少、增强仍在发生。必须保持反腐高压态势，充分运用党和国家监督体系的制度优势和制度威力，一体推进不敢腐、不能腐、不想腐，努力换来海清河晏、朗朗乾坤。

二、健全党和国家监督制度

建立一套系统有效的监督制度，是防止权力异化的重要手段。马克思强调，社会主义国家的一切权力属于人民，应“以随时可以罢免的勤务员来代替骑在人民头上作威作福的老爷们，以真正的责

① 习近平．一以贯之全面从严治党强化对权力运行的制约和监督　为决胜全面建成小康社会决战脱贫攻坚提供坚强保障．人民日报，2020－01－14（1）.

任制来代替虚伪的责任制，因为这些勤务员总是在公众监督之下进行工作的”[①]。列宁对监督制度和机制进行了积极探索。例如，设立党的监察委员会和工农检查院，改组工农检查院，实行监察委员会和工农检查院联合办公，更好实现对国家工作人员和党员干部的监督制约。再如，重视发挥群众监督的重要作用，认为“使苏维埃变得生气勃勃，吸收党外群众来参加工作，由**党外群众**来检查党员的工作——这是绝对正确的”[②]。马克思主义经典作家关于监督问题的探索，为社会主义国家进行党和国家监督制度建设提供了理论基础和行动指南。

我们党从成立之日起就高度重视权力监督问题。早在延安时期，毛泽东就提出跳出“历史周期率”的课题，“只有让人民来监督政府，政府才不敢松懈；只有人人起来负责，才不会人亡政息”[③]。1949 年 10 月，第一个国家监察机构——中央人民政府政务院人民监察委员会正式成立。1949 年 11 月，中共中央成立了由朱德等 11 人组成的中共中央纪律检查委员会。党的八大规定任何党员和党的组织都必须受到自上而下的和自下而上的监督。在“文化大革命”中，行使纪律检查职能的中央监察委员会被撤销。党的十一届三中全会决定恢复中央纪律检查委员会，率先从加强党内监督专门机关入手重建党和国家监督体系。1982 年党的十二大修改党章，对党内监督做出一系列明确具体的规定，为新时期强化党内监督奠定基础。1987 年 6 月，国家监察部成立，7 月正式对外办公。1993 年 2 月，中共中央决定将中央纪委和监察部合署办公，实行“一套班子、两块牌子”的制度，履行纪检和监察两种职能。在党的领导和推动下，

---

① 马克思，恩格斯．马克思恩格斯选集：第 3 卷．3 版．北京：人民出版社，2012：141.

② 列宁．列宁选集：第 4 卷．3 版．北京：人民出版社，2012：549.

③ 中共中央文献研究室．十六大以来重要文献选编：上．北京：人民出版社，2005：144.

党和国家监督制度体系逐步建立和发展，监督渠道不断拓宽，监督手段不断丰富。

党的十八大以来，以习近平同志为核心的党中央不断深化纪检监察体制改革，加强党对反腐败工作的统一领导，实现对全体党员和所有行使公权力的公职人员监督全覆盖。党的十八届三中全会决定指出，强化权力运行制约和监督体系，必须构建决策科学、执行坚决、监督有力的权力运行体系，形成科学有效的权力制约和协调机制。党的十八届六中全会制定《关于新形势下党内政治生活的若干准则》、修订《中国共产党党内监督条例》，规范党内政治生活，加强党内监督。党的十九大报告提出，构建党统一指挥、全面覆盖、权威高效的监督体系。党的十九届四中全会通过的《决定》将“健全党和国家监督制度”列为重要一章做出专门部署，表明我们党对党和国家监督制度的认识越来越深刻、任务越来越明确。

1. 发挥党内监督主导作用

党和国家监督体系是个庞大的系统，包括各种形式的监督。习近平指出，“党的执政地位，决定了党内监督在党和国家各种监督形式中是最基本的、第一位的”①。《决定》要求，“完善党内监督体系，落实各级党组织监督责任，保障党员监督权利”；“重点加强对高级干部、各级主要领导干部的监督，完善领导班子内部监督制度，破解对‘一把手’监督和同级监督难题”；“强化政治监督，加强对党的理论和路线方针政策以及重大决策部署贯彻落实情况的监督检查，完善巡视巡察整改、督察落实情况报告制度”。落实这些重大任务，需要把握以下重点：

一是完善党内监督体系。邓小平认为，“对于共产党员来说，党的监督是最直接的”②。《中国共产党党内监督条例》规定：“建立健

---

① 中共中央文献研究室．习近平关于全面从严治党论述摘编．北京：中央文献出版社，2016：213.

② 邓小平．邓小平文选：第1卷．2版．北京：人民出版社，1994：270.

全党中央统一领导，党委（党组）全面监督，纪律检查机关专责监督，党的工作部门职能监督，党的基层组织日常监督，党员民主监督的党内监督体系。”要强化自上而下的组织监督、改进自下而上的民主监督，发挥同级相互监督作用，让日常监督如影随形、不留空白。党委（党组）书记要真正履行好第一责任人职责，党委（党组）班子成员要真正落实“一岗双责”，既要抓好业务工作，又要抓好管党治党工作。各级纪委（纪检组）是党内监督的专责机关，要切实履行监督执纪问责职责。切实解决基层党的领导和监督虚化、弱化问题，把负责、守责、尽责体现在每个党组织、每个岗位上。要增强党员的主体意识，畅通党员监督渠道，反馈监督处置情况，提高党员监督的积极性。

二是抓住“关键少数”。毛泽东指出，“政治路线确定之后，干部就是决定的因素”[①]。一把手违纪违法最易产生催化、连锁反应，甚至造成区域性、系统性、塌方式腐败，必须破解一把手监督难题。领导干部责任越重大、岗位越重要，就越要加强监督。要坚持问题导向，注重精准施策，完善对高级干部、各级主要领导干部监督制度，完善领导班子内部监督制度，加强纪委对同级党委特别是常委会委员履行职责、行使权力情况的监督，推动主要领导干部决策和用人情况等在适当范围内公开。确保权力受到严格约束，使领导干部做到位高不擅权、权重不谋私。

三是强化政治监督。旗帜鲜明讲政治是我们党作为马克思主义政党的根本要求。习近平指出，“党的政治建设决定党的建设方向和效果，不抓党的政治建设或背离党的政治建设指引的方向，党的其他建设就难以取得预期成效”[②]。新时代党和国家监督，具有鲜明的政治属性，最关键最紧要的是增强“四个意识”，坚定“四

---

① 毛泽东．毛泽东选集：第2卷．2版．北京：人民出版社，1991：526.

② 习近平．把党的政治建设作为根本性建设　为党不断从胜利走向胜利提供重要保证.人民日报，2018-07-01（1）.

个自信”，做到“两个维护”。要监督检查党的路线方针政策和党中央决策部署落实情况、习近平总书记重要指示批示精神落实情况，防范化解重大风险情况，发现和推动解决上有政策、下有对策，有令不行、有禁不止等问题。完善巡视巡察整改、督查落实情况报告制度，对整改责任不落实、敷衍整改，甚至边改边犯情况进行严肃问责。纪检监察机关要带头加强党的政治建设，继承对党绝对忠诚的光荣传统，做忠诚干净担当、敢于善于斗争的战士。

2. 完善纪检监察体制

纪检监察机关作为党和国家的专门监督机关，决定了纪检监察体制改革是健全党和国家监督制度的一项重要改革。习近平指出，“要坚持目标导向、问题导向，继续把纪检监察体制改革推向前进，牢牢把握深化标本兼治的改革目标”①。《决定》要求，“深化纪检监察体制改革，加强上级纪委监委对下级纪委监委的领导，推进纪检监察工作规范化、法治化”，“完善派驻监督体制机制”。落实这些重大任务，需要把握以下重点：

一是加强党对纪检监察工作的集中统一领导。坚持和加强党的集中统一领导，既是推进纪检监察体制改革的根本目标，也是为相关改革的推进和深化提供根本保证。2019 年施行的《中国共产党纪律检查机关监督执纪工作规则》《监察机关监督执法工作规定》，都对加强党对纪检监察工作的领导做出了严格要求，体现了纪检监察工作的政治性。要一体推进党的纪律检查体制改革、国家监察体制改革和纪检监察机构改革，实现党内监督和国家监察、依规治党和依法治国的有机统一。通过各级纪委监委合署办公，推动职能、人员、工作深度融合。要从组织形式、职能定位、决策程序上，保证

① 习近平．持续深化国家监察体制改革　推进反腐败工作法治化规范化．人民日报，2018－12－15（1）.

党的全面领导和全过程领导，使各级党委全面从严治党的政治责任进一步强化。

二是完善纪检监察工作领导体制。党的十八届三中全会明确要求，推动党的纪律检查工作双重领导体制具体化、程序化、制度化，查办腐败案件以上级纪委领导为主，线索处置和案件查办在向同级党委报告的同时必须向上级纪委报告。各级纪委要认真落实各级纪委书记、副书记的提名和考察以上级纪委会同组织部门为主的要求。要全面加强对中央一级党和国家机构派驻机构的统一管理，完善地方纪委向同级党和国家派驻机构全面覆盖，加强对中管企业、中管金融企业、党委书记和校长列入中央管理的高校以及纪检监察机构的领导和管理，强化国有企业事业单位纪检监察机构监督作用。进一步完善纪检监察机构的领导体制，加强上级纪委监委对下级纪委监委的领导。

三是推动纪检监察工作规范化运行、高质量发展。习近平对完善纪检监察体制机制提出五个方面的要求，即改革目标不能偏、工作职能要跟上、各项规则要跟上、配套法规要跟上、协调机制要跟上。纪检监察机关要在强化自我监督、自我约束上做表率，牢固树立法治、程序、证据意识，严格按照权限、规则、程序开展工作。要整合规范纪检监察工作流程，强化纪检监察机关内部权力运行的监督制约，如完善特约监察员制度。要健全统一决策、一体运行的执纪执法工作机制，对涉嫌违纪、职务违法、职务犯罪的问题进行一体审查调查，用好党纪和国法“两把尺子”。要制定同监察法配套的法律法规，将监察法中原则性、概括性的规定具体化，形成系统完备的法规体系。要强化对纪检监察体制改革的领导，对内加强跨部门跨地区统筹协调，对外加强反腐败国际合作。

3. 推动各类监督有机贯通、相互协调

随着全面深化改革向纵深推进，健全党和国家监督制度进入系统集成、协同高效的新阶段。习近平指出，“只有以党内监督带动其他监督、完善监督体系，才能为全面从严治党提供有力制度保障”[①]。《决定》要求，“推进纪律监督、监察监督、派驻监督、巡视监督统筹衔接，健全人大监督、民主监督、行政监督、司法监督、群众监督、舆论监督制度，发挥审计监督、统计监督职能作用”，“以党内监督为主导，推动各类监督有机贯通、相互协调”。落实这些重大任务，需要把握以下重点：

一是推进各类监督的统筹衔接。各类监督在党和国家监督体系中发挥着各自独特的作用。纪律监督是党内监督的基本形式，重在从严从实、唤醒党章党规党纪意识。监察监督是对所有行使公权力的公职人员实行监督，重在全覆盖和有效性。派驻监督是纪委监委直接领导和授权派驻组对派驻机构进行监督，重在发挥“派”的权威和“驻”的优势。巡视监督是上级党组织对所管理的地方、部门、企事业单位党组织的政治监督，重在发现问题和推动整改。要统筹各类监督力量，着力构建既分工负责、衔接贯通，又协同配合、相得益彰的统筹联动工作格局。要注重纪法无缝衔接、信息共享互通、案件联查协作、问题整改落实，把各项监督的特点、优势发挥出来。

二是健全各类监督制度，发挥职能监督作用。要支持各级人大及其常委会通过询问、质询、执法检查、听取和审议工作报告等方式履行监督职权。要支持人民政协依照章程进行民主监督，重视民主党派和无党派人士提出的意见、批评、建议。要完善行政机关内部监督，促进各级政府及其工作人员依法行政。要健全司法机关依法独立公正地行使审判权和监督权的相关制度，防止和查处领导干部失职渎职、滥用权力等行为。要畅通信访举报渠道，支持人民群众依法行使申诉、控告或者检举的权利。要发挥舆论监督作用，通过对典型案例曝光，发挥警示作用。审计监督、财会监督和统计监

① 中共中央文献研究室．习近平关于全面从严治党论述摘编．北京：中央文献出版社，2016：213.

督具有专业优势，必须完善纪检监察机关和审计财会统计部门协作配合机制。

三是以党内监督为主导，推动各类监督有机贯通、相互协调。一方面，要推进监督内容贯通。《中国共产党党内监督条例》规定了党内监督的八个方面的主要内容，各类监督都要向这八个方面聚焦发力。例如，在廉洁自律、秉公用权情况的监督上，要把党内监督和其他监督结合起来，加强对权力行使依据、过程和结果的监督，确保权力运行合规合法合理。另一方面，要推动监督形式对接。党内监督的形式主要有巡视、巡察、党内谈话、领导干部述责述廉、个人有关事项报告、插手干预重大事项记录等，这些都要与其他监督方式密切配合，才能顺利进行。通过推动各类监督有机贯通，完善以党内监督为主导、包括各种监督形式在内的中国特色社会主义监督制度。

三、完善权力配置和运行制约机制

强化对权力运行的制约和监督，保证公权力不被滥用，是国家治理的关键环节。马克思、恩格斯认为应该以体现人民意志的法律来制约国家权力，社会权利才能得到保障。马克思对 1831 年《黑森宪法》给予高度评价："没有哪一部宪法对行政机关的权力作过这样严格的限制，使政府在更大程度上从属于立法机关，并且给司法机关广泛的监督权。"[①] 恩格斯在 1875 年给奥·倍倍尔的信中也写道，"一切自由的首要条件：一切官吏对自己的一切职务活动都应当在普通法庭面前遵照普通法向每一个公民负责"[②]。列宁高度重视法律的执行问题，认为"如果不认真地执行，很可能完全变成儿戏而得到

① 马克思，恩格斯．马克思恩格斯全集：第 19 卷．2 版．北京：人民出版社，2006：16.

② 马克思，恩格斯．马克思恩格斯选集：第 3 卷．3 版．北京：人民出版社，2012：348.

完全相反的结果”①；要求担任负责工作的共产党员和所有公职人员，向工农群众做工作报告。马克思主义经典作家关于权力问题的探索，为社会主义国家规范公共权力运行提供了理论基础和行动指南。

我们党从成立之日起就高度重视权力制约问题。1945 年，毛泽东在《论联合政府》中强调共产党人行使权力要对人民负责，“全心全意地为人民服务，一刻也不脱离群众；一切从人民的利益出发，而不是从个人或小集团的利益出发；向人民负责和向党的领导机关负责的一致性；这些就是我们的出发点”②。改革开放初期，邓小平指出，“对各级干部的职权范围和政治、生活待遇，要制定各种条例，最重要的是要有专门的机构进行铁面无私的监督检查”③。1997 年，党的十五大报告提出：“要深化改革，完善监督法制，建立健全依法行使权力的制约机制。”这是新中国成立以来，首次在党的全国代表大会报告中提出权力制约问题。2002 年，党的十六大报告首次将权力制约与监督并列提出，强调“加强对权力的制约和监督”，表明了党在重视权力监督的同时，更加注重权力本身的制约问题。从党的十七大报告开始，把关注点转向权力结构和运行机制问题，提出建立健全决策权、执行权、监督权既相互制约又相互协调的权力结构和运行机制。在党的领导和推动下，权力控制从治标转向治本，实现“从单一的监督向制约与监督并重和系统控制转变”④。

党的十八大以来，以习近平同志为核心的党中央注重权力配置和运行制约体系建设，要求把权力关进制度的笼子里。党的十八届三中全会通过的《中共中央关于全面深化改革若干重大问题的决定》把“强化权力运行制约和监督体系”单列一章，强调必须构建决策

① 列宁．列宁选集：第 4 卷．3 版．北京：人民出版社，2012：86.

② 毛泽东．毛泽东选集：第 3 卷．2 版．北京：人民出版社，1991：1094 - 1095.

③ 邓小平．邓小平文选：第 2 卷．2 版．北京：人民出版社，1994：332.

④ 侯志山．党和国家监督制度 40 年重构与转型．中国党政干部论坛，2018（12）：52 - 55.

科学、执行坚决、监督有力的权力运行体系。党的十八届四中全会第一次在党的决定中提出“公权力”概念，要求“必须以规范和约束公权力为重点，加大监督力度”。党的十九大报告要求，“加强对权力运行的制约和监督，让人民监督权力，让权力在阳光下运行，把权力关进制度的笼子”①。党的十九届四中全会通过的《决定》要求“完善权力配置和运行制约机制”，并对重点领域和关键环节做出具体部署，注重整体性、系统性的体系建设，体现了对权力运行规律认识的深化，是对权力制约监督问题的创新探索。

1. 完善权力配置机制

强化权力制约监督，必须依法确定权力归属。习近平指出，“任何人都没有法律之外的绝对权力，任何人行使权力都必须为人民服务、对人民负责并自觉接受人民监督”②。《决定》要求，“坚持权责法定，健全分事行权、分岗设权、分级授权、定期轮岗制度，明晰权力边界，规范工作流程，强化权力制约”。落实这些重大任务，需要把握以下重点：

一是坚持权责法定。所有公权力都是人民赋予的，能做什么、不能做什么，必须依法确定和行使。邓小平对特权现象深恶痛绝，指出“我们今天所反对的特权，就是政治上经济上在法律和制度之外的权利”③，认为应通过法律和教育手段来约束权力滥用。2018 年 3 月，新修订的《中华人民共和国宪法》规定国家监察委员会的具体职能、人员构成和领导任期等，是对权责法定原则的有力贯彻。要进一步深化党和国家机构改革，完善党和国家领导体制，规范党政主要领导干部职责权限，科学配置党政机关及内设机构权力和职能。推进机构、职能、权限、程序、责任法定化，凡是没有授权的，不

① 习近平．决胜全面建成小康社会　夺取新时代中国特色社会主义伟大胜利：在中国共产党第十九次全国代表大会上的报告．北京：人民出版社，2017：67.

② 习近平．习近平谈治国理政．北京：外文出版社，2014：388.

③ 邓小平．邓小平文选：第 2 卷．2 版．北京：人民出版社，1994：332.

能越权，不得法外设定权力；凡是授权的事项，必须明确责任，不许推诿扯皮。

二是健全科学配置权力的制度。邓小平指出，“权力过分集中，妨碍社会主义民主制度和党的民主集中制的实行，妨碍社会主义建设的发展，妨碍集体智慧的发挥”①。提出合理分解权力，不是搞西方的三权分立，而是让不同性质的权力由不同主体行使，构建决策权、执行权和监督权既合理分工而又协调制约的权力结构。要健全分事行权、分岗设权、分级授权、定期轮岗制度，对权力集中的部门和岗位适度分解权力，将重点岗位的权力分解到多个岗位，将集中于某一层级的权力合理分解到多个层级，将集中于某一人的权力分解为多人行使。特别是严格执行定期轮岗制度，对在权力集中部门和岗位工作达到规定期限的，需要调换岗位和部门任职，防止形成利益集团和独立王国。

三是明晰权力边界、工作流程。法国学者孟德斯鸠指出，“为了防止滥用权力，必须通过事物的统筹协调，以权力制止权力”②。反腐倡廉法规制度建设要围绕授权、用权、制权等环节，合理确定权力归属，划清权力边界。要规范工作流程，对行使权力的方式、顺序和时限做出明确、具体、严密的规定。强化程序观念，该报告的必须报告，该打招呼的必须打招呼，该履行的职责必须履行，该承担的责任必须承担，少些“迈过锅台上炕”做法，也少些“事后诸葛亮”行为。通过明确权力边界和使用程序，使各级领导干部做到可以行使的权力按规则行使，该由上级行使的权力下级不得行使，该由领导班子集体行使的权力班子成员个人不得行使，不该由自己行使的权力决不行使。

2. 完善用权公开机制

强化权力制约监督，必须完善用权公开制度。习近平指出：“要

---

① 邓小平．邓小平文选：第2卷．2版．北京：人民出版社，1994：321.

② 孟德斯鸠．论法的精神：上卷．北京：商务印书馆，2012：185.

强化公开，推行地方各级政府及其工作部门权力清单制度，依法公开权力运行流程，让权力在阳光下运行，让广大干部群众在公开中监督，保证权力正确行使。”[①]《决定》要求：“坚持权责透明，推动用权公开，完善党务、政务、司法和各领域办事公开制度，建立权力运行可查询、可追溯的反馈机制。”落实这些重大任务，需要把握以下重点：

一是坚持权责透明。权力运行不见阳光，或者有选择地见阳光，就会滋生腐败。必须要阳光用权，接受人民无所不在的监督，而编制权责清单无疑非常关键。要结合党和国家机构改革和职能调整情况，对种类繁杂、数量庞大和程序烦琐的各种权责进行系统梳理，力求编制科学，谨防有失偏颇。编制过程中，要遵循依法依规和公开透明原则，广泛听取基层民众、专家学者和社会各界的意见，实现部门权责与民心所向的统一。要遵循减少层次、优化流程、提高效率、方便办事的原则，公开权责清单，包括机构职能、法律依据、实施主体、职责权限、工作流程、监督方式等。各级干部最好的用权方法就是推进权力运行的公开化、规范化，以公开促公正、以透明保廉洁，让暗箱操作失去空间。

二是完善办事公开制度。要坚持以公开为常态、不公开为例外，推进党务、政务、司法和各领域办事公开制度。在党务公开方面，各级党组织要严格执行党务公开条例，将党的领导活动、建设工作的有关情况，按程序在党内或者向党外公开。在政务公开方面，各级政府要严格落实政府信息公开条例，完善政府新闻发布制度和信息公布制度。在司法公开方面，严格执行公开审判制度，推动立案、庭审、裁判标准、裁判理由、司法政务、诉讼服务等公开，拓展司法公开的广度和深度。此外，要依法依规推进厂务公开、村（居）

① 中共中央文献研究室．习近平关于全面依法治国论述摘编．北京：中央文献出版社，2015：60.

务公开、公用事业单位办事公开，完善相关制度保障。在公开的内容方面，要像列宁所说的，“不应当光谈报告年度内做过什么事情，而且应当指出报告年度内有哪些主要的、根本的政治教训”[①]。

三是建立权力运行反馈机制。实现权力运行可查、可追溯，能促使隐性权力公开化、显性权力规范化，有效规范权力运行，特别是决策权的行使。首先，要运用大数据、云计算、人工智能和“互联网+”技术理念，结合党风廉政建设和部门工作职责，建立强大的权力运行信息系统。其次，加强“留痕”管理，全面客观记录权力运行过程。要明确“留痕”责任，细化内容要素、规范工作程序，实现步步留痕和全程记录，有效防止因链条中断造成痕迹灭失。最后，合理利用“留痕”信息，完善容错纠错机制。“留痕”信息能够准确记录干部履职过程，可以提供原始的证据支撑。对犯错的干部，不能搞“一刀切”。要做到“三个区分开来”，激励广大干部主动担当作为。同时，注意“留痕”不搞形式主义。

3. 完善责任落实机制

强化权力制约监督，必须完善责任落实机制。习近平指出，“要围绕责任设计制度，围绕制度构建体系，强化上级党组织对下级党组织和党员、领导干部的监督，做到责任清晰、主体明确、制度管用、行之有效”[②]。《决定》要求：“坚持权责统一，盯紧权力运行各个环节，完善发现问题、纠正偏差、精准问责有效机制，压减权力设租寻租空间。”落实这些重大任务，需要把握以下重点：

一是坚持权责统一。马克思指出，**“没有无义务的权利，也没有无权利的义务”**[③]。在现代民主法治社会里，用责任制约权力，保障

---

① 列宁．列宁选集：第4卷．3版．北京：人民出版社，2012：659.

② 习近平．在第十八届中央纪律检查委员会第六次全体会议上的讲话．北京：人民出版社，2016：23.

③ 马克思，恩格斯．马克思恩格斯选集：第3卷．3版．北京：人民出版社，2012：172.

权力在法治轨道中运行，是通行的做法。目前在权责配置上，还存在规定权力过多、明确责任较少，甚至是有权无责等现象。因此，必须严格设定职责权限，完善权责清单制度，盯紧权力运行各个环节。要明确各个岗位和各种事项的责任主体，变事后监督为事前事中监督，着眼源头防治，着眼抓早抓小，把监督关口前移一步，在实践中提高监督实效。要以有效问责强化制度执行，既追究乱用滥用权力的渎职行为也追究不用弃用权力的失职行为，既追究直接责任也追究相关领导责任，督促各级党政机关和领导干部谨慎对待权力，认真履职尽责。

二是完善识错纠偏问责的有效机制。要围绕授权、用权、制权等环节，完善及时发现问题的防范机制、有效纠正偏差的整改机制、强化责任担当的问责机制，切实做到管好关键人、管到关键处、管住关键事、管在关键时。《中国共产党问责条例》要求对失职失责性质恶劣、后果严重的责任人实行终身问责。党的十八届四中全会提出，“建立行政机关内部重大决策合法性审查机制，建立重大决策终身责任追究制度及责任倒查机制”[①]。目前，在生态环境领域实行终身追责制度，可以在更多领域建立追责制度，倒逼领导干部尽心履职、依法用权。当然，要保障好问责对象的合法权益，对影响期满、表现良好的干部，按照干部选拔任用规定正常使用，真正做到“惩前毖后、治病救人”。

三是压减权力设租寻租的空间。当前，利用权力设租寻租是腐败的新特点之一，主要表现为一些公职人员通过违规插手招投标、协助“公关”甚至直接参与造假等方式，向特定关系企业或亲友输送利益。要使权力在正确的轨道上运行，必须压减权力设租寻租的空间。要大力推动权力监督信息化，完善电子政务建设，运用“制

① 中国共产党第十八届中央委员会第四次全体会议公报．北京：人民出版社，2014：9.

度+技术”手段，把风险防控的关键节点和要求内嵌到审批、监管等平台，使权力运行全程留痕，可视、可控、可查、可纠。要认真执行民主集中制，坚持集体领导和个人分工负责相结合，严格执行领导班子议事决策规则，完善“三重一大”决策监督机制。特别是加强对主要领导和关键岗位的监督，防止个人权力专断、搞“一言堂”。

四、构建一体推进不敢腐、不能腐、不想腐体制机制

坚定不移反对腐败，是由中国共产党的性质和社会主义国家的性质决定的，是我们党一以贯之的政治立场。马克思、恩格斯指出，腐败现象是私有制和国家的伴生物，无产阶级“为了防止国家和国家机关由社会公仆变为社会主人”①，可以采取选举罢免制和工薪制，防止人们去追求升官发财。列宁认为，对于一个掌握了政权的共产党来说，“最严重最可怕的危险之一，就是脱离群众”②，“必须把欺骗分子、官僚化分子、不忠诚和不坚定的共产党员，以及虽然‘改头换面’但心里依然故我的孟什维克从党内清除出去”③，主张进行文化建设，用共产主义思想道德教育党员干部。马克思主义经典作家关于腐败问题的探索，为社会主义国家进行反腐败斗争提供了理论基础和行动指南。

我们党从成立之日起就高度重视反腐败斗争。1932 年至 1934 年在中央苏区，我们党开展了党的历史上第一次较大规模的惩腐肃贪运动。叶坪村苏维埃主席谢步升因贪污被执行枪决，成为党的反腐败历史上第一个被判处死刑的“贪官”。在党的七届二中全会上，毛泽东告诫全党同志要防止党执政后的腐化现象，“务必使同志们继续地保持谦虚、谨慎、不骄、不躁的作风，务必使同志们继续地保持

① 马克思，恩格斯．马克思恩格斯选集：第 3 卷．3 版．北京：人民出版社，2012：55.
② 列宁．列宁选集：第 4 卷．3 版．北京：人民出版社，2012：626.
③ 同②564.

艰苦奋斗的作风"①。新中国成立以来，我们坚持一手抓法律制度建设，一手抓思想道德教育，始终坚定不移反对和惩治腐败。1992 年，邓小平在南方谈话中强调，"在整个改革开放过程中都要反对腐败"②。1995 年 11 月，最高人民检察院反贪污贿赂总局成立，标志着我国检察机关惩治贪污贿赂犯罪的工作进入专门化、正规化轨道。2007 年 9 月，国家预防腐败局成立，在监察部加挂牌子。这是我国第一次设立的国家级预防腐败的专门机构，同时负责预防腐败的国际合作和国际援助。在党的领导和推动下，反腐败工作逐渐进入专业化、法治化、规范化发展轨道，反腐力度持续增强，反腐效果不断提高。

党的十八大以来，以习近平同志为核心的党中央在全面从严治党的过程中，对反腐败斗争基本规律的认识逐渐深化。2013 年 1 月，习近平在党的十八届中央纪委二次全会上指出，"把权力关进制度的笼子里，形成不敢腐的惩戒机制、不能腐的防范机制、不易腐的保障机制"③。党的十八届四中全会通过的《中共中央关于全面推进依法治国若干重大问题的决定》，明确要求"形成不敢腐、不能腐、不想腐的有效机制"。党的十九大报告指出，"强化不敢腐的震慑，扎牢不能腐的笼子，增强不想腐的自觉"。2019 年 1 月，习近平在十九届中央纪委三次全会上的讲话中第一次提出，"要深化标本兼治，夯实治本基础，一体推进不敢腐、不能腐、不想腐"④。党的十九届四中全会通过的《决定》要求，"构建一体推进不敢腐、不能腐、不想腐体制机制"，注重系统集成、协同高效，有利于提高反腐败斗争的质量和水平。

---

① 毛泽东．毛泽东选集：第 4 卷．2 版．北京：人民出版社，1991：1438－1439.

② 邓小平．邓小平文选：第 3 卷．北京：人民出版社，1993：379.

③ 中共中央文献研究室．习近平关于全面从严治党论述摘编．北京：中央文献出版社，2016：177.

④ 习近平．取得全面从严治党更大战略性成果　巩固发展反腐败斗争压倒性胜利．人民日报，2019－01－12（1）.

1. 强化不敢腐的震慑

不敢腐是前提，通过加大惩治力度，形成巨大的震慑作用，让意欲腐败者不敢越雷池半步，为不能腐、不想腐创造条件。习近平指出："要坚持无禁区、全覆盖、零容忍，坚持重遏制、强高压、长震慑，坚持受贿行贿一起查，坚决减存量、重点遏增量。"①《决定》要求，"坚定不移推进反腐败斗争，坚决查处政治问题和经济问题交织的腐败案件，坚决斩断'围猎'和甘于被'围猎'的利益链，坚决破除权钱交易的关系网"，"促进反腐败国际合作"。落实这些重大任务，需要把握以下重点：

一是坚持"打虎"零容忍。要推动全面从严治党向纵深发展，对那些在党的十八大以来仍不知敬畏、不收敛不收手的领导干部要深挖细查、严惩不贷。要重点查处政治问题和经济问题相互交织的腐败案件，坚决打击在党内培植个人势力、结成利益集团、妄图攫取党和国家权力的阴谋行径。加大重点领域和关键环节反腐力度，坚决斩断"围猎"和甘于被"围猎"的利益链，坚决破除权钱交易的关系网。对巡视发现的问题，该查处的就查处，该免职的就免职。对现在重要岗位、可能进一步提拔重用的年轻干部等干部问题线索，要重点查处。同时，要坚决防止带病提拔。不管级别有多高，谁触犯法律都要问责、都要处理，打破"刑不上大夫"的传言。

二是坚持"拍蝇"不手软。群众对身边腐败和作风问题深恶痛绝。要深入推进扶贫领域腐败和作风问题专项治理，以作风攻坚促进脱贫攻坚。开展民生领域专项整治，聚焦群众痛点难点焦点，解决教育医疗、环境保护、食品药品安全等方面侵害群众利益的问题，严肃查处基层干部贪污侵占、虚报冒领、截留挪用、优亲厚友等"微腐败"。深挖涉黑腐败和黑恶势力"保护伞"，坚决清除包庇、纵

① 习近平．全面贯彻落实党的十九大精神 以永远在路上的执著把全面从严治党引向深入．人民日报，2018-01-12（1）．

容黑恶势力的腐败分子，严肃查处“村霸”、宗族恶势力和黄赌毒背后的腐败行为。坚持群众身边问题靠身边党组织解决，强化问题导向、有的放矢，分类解决、逐项推进。加大督查督办、直查直办和通报曝光力度，对查结的问题线索进行抽查复核，对失职失责的从严问责。

三是坚持“猎狐”不停步。积极参与全球反腐败治理，参与全球性政党高层对话，加强廉洁丝绸之路建设，推进二十国集团、亚太经合组织、金砖国家、中非合作论坛等多边框架下的国际合作，推进构建国际反腐新秩序。积极与其他国家商签引渡条约和刑事司法协助条约，开展职务犯罪案件引渡合作。加强反腐败综合执法国际协作，举办反腐败资产追缴培训班，召开国际反腐败执法合作会议，深化与美国、欧洲等重点国家和地区务实合作，积极遣返外逃人员。完善刑事缺席审判制度，对外逃的嫌犯和被告人形成强力震慑。继续开展“天网”行动，发布敦促外逃人员投案自首的公告，宣示有逃必追、一追到底的坚定决心。要做好反腐败的对外宣传，为反腐营造良好的外部环境。

2. 扎牢不能腐的笼子

不能腐是关键，通过强化监督制约、扎紧制度笼子，使胆敢腐败者无机可乘，巩固不敢腐、不想腐的成果。习近平指出，“把权力关进制度的笼子里，首先要建好笼子。笼子太松了，或者笼子很好但门没关住，进出自由，那是起不了什么作用的”[①]。《决定》要求，“深化标本兼治，推动审批监管、执法司法、工程建设、资源开发、金融信贷、公共资源交易、公共财政支出等重点领域监督机制改革和制度建设，推进反腐败国家立法”。落实这些重大任务，需要把握以下重点：

---

① 中共中央文献研究室．习近平关于全面从严治党论述摘编．北京：中央文献出版社，2016：200.

一是尽快补齐制度短板。邓小平在南方谈话中指出，“对干部和共产党员来说，廉政建设要作为大事来抓。还是要靠法制，搞法制靠得住些”①。要打造一个严密有效的制度笼子，在设计之初就要尽可能科学全面，不要“牛栏关猫”；在投入使用后要不断查漏补缺，不开“天窗”、不留“暗门”。从党的十八大以来查处的案件看，一些领导干部的落马，尤其是形成窝案的，往往涉及重大工程、重点领域和关键岗位。因此，必须坚持“靶向治疗”，加强对权力集中、资金密集、资源富集部门和行业的监督，推动审批监管、执法司法、工程建设、资源开发、金融信贷、公共资源交易、公共财政支出等重点领域监督机制改革和制度建设，铲除腐败滋生的土壤。抓住反腐败的重点领域，可以带动反腐败工作全局，取得反腐败斗争的战略性胜利。

二是推进反腐败国家立法。党的十八大以来，反腐败立法取得了重大进展。我们修改完善了刑法、刑事诉讼法、国际刑事司法协助法等相关法律，制定监察法，出台有关法律解释、监察解释、司法解释，反腐败的国家法律体系不断健全。同时，制定和修改了一系列党内法规，如党内监督条例、纪律处分条例、问责条例等，党内法规体系不断完善。面对依然严峻复杂的反腐败斗争形势，必须更好发挥法治的力量，继续健全完善各项党内法规和国家法律。既要总结十八大以来反腐败斗争的成功经验并使之转化为制度、上升为法律，又要积极传承中国古代反腐立法的成功经验、批判借鉴国外反腐行之有效的做法。探索制定一部专门的、综合性反腐败法律，整合分散在各种法律条文中有关反腐败的规定。

3. 增强不想腐的自觉

不想腐是根本，通过加强思想道德和党纪国法教育，使党员干部从思想源头上消除贪腐之念，实现不敢腐、不能腐的升华。习近

① 邓小平．邓小平文选：第3卷．北京：人民出版社，1993：379.

平强调："要加强反腐倡廉教育和廉政文化建设，督促领导干部坚定理想信念，保持共产党人的高尚品格和廉洁操守，提高拒腐防变能力，在全社会培育清正廉洁的价值理念，使清风正气得到弘扬。"①《决定》要求："加强思想道德和党纪国法教育，巩固和发展反腐败斗争压倒性胜利。"落实这些重大任务，需要把握以下重点：

一是筑牢拒腐防变的思想堤坝。理想信念是领导干部精神上的"钙"，党纪国法是领导干部行为上的"标尺"。列宁指出，"政治上有教养的人是不会贪污受贿的"②。理想信念、党纪国法意识不可能凭空产生，要炼就"金刚不坏之身"，必须用科学理论武装头脑，不断培植我们的精神家园。要深入学习马克思列宁主义、毛泽东思想和中国特色社会主义理论体系，特别是习近平新时代中国特色社会主义思想，把理想信念建立在对科学理论的理性认同上、对历史规律的正确认识上、对基本国情的准确把握上。要加强思想道德和党纪国法教育，完善相关体制机制，引导党员、干部和行使公权力人员坚定理想信念宗旨，严守纪律规矩、严明公私界限、严格家风家教，解决好世界观、人生观、价值观这个"总开关"问题，在腐败诱惑面前做到"风雨不动安如山"。

二是厚植清正廉洁的文化土壤。习近平指出，"领导干部要不忘初心、坚守正道，必须坚定文化自信"③。没有文化的底蕴和滋养，信仰信念就难以深沉而执着。要深入发掘中华优秀传统文化、革命文化、社会主义先进文化中的清廉文化，用来培育党员、干部的政治气节和政治风骨。要倡导和弘扬忠诚老实、光明坦荡、公道正派、实事求是、艰苦奋斗、清正廉洁等价值观，旗帜鲜明抵制和反对关系学、厚黑学、官场术、"潜规则"等庸俗腐朽的政治文化。深入开

① 中共中央文献研究室．习近平关于全面从严治党论述摘编．北京：中央文献出版社，2016：176.

② 列宁．列宁选集：第4卷．3版．北京：人民出版社，2012：588.

③ 习近平．增强全面从严治党系统性创造性实效性．人民日报，2017-01-07（1）.

展“不忘初心、牢记使命”主题教育，营造“清正廉洁作表率”的社会氛围。要通过发展清廉文化，提高领导干部的人文素养和精神境界，去庸俗、远低俗、不媚俗，做到修身慎行、怀德自重、清廉自守，永葆共产党人政治本色。

三是提高不敢腐、不能腐、不想腐的协同性。习近平指出，“不敢腐、不能腐、不想腐是相互依存、相互促进的有机整体，必须统筹联动，增强总体效果”①。不敢腐、不能腐、不想腐相互融合、环环相扣，体现了内因与外因、他律与自律的辩证关系。要加强各级反腐败协调小组建设，构建党委统一领导，纪检、监察、政法、审计等部门之间协作配合的工作平台。在推进“不敢腐”的过程中，注重挖掘“不能腐”和“不想腐”的功能；在推进“不能腐”的过程中，注重贯通“不敢腐”和“不想腐”的实践；在推进“不想腐”的过程中，注重发挥“不敢腐”和“不能腐”的约束。通过相关制度固化警示教育内容、方式和成果，将其作为一体推进“三不”的一个重要抓手。监督执纪“四种形态”是一体推进“三不”的重要载体，贯通规、纪、法，兼具教育警醒、惩戒挽救和惩治震慑功能。深化运用监督执纪“四种形态”，实现政治效果、纪法效果和社会效果的统一。把“严”的主基调长期坚持下去，巩固和发展反腐败斗争压倒性胜利。

① 习近平．一以贯之全面从严治党强化对权力运行的制约和监督　为决胜全面建成小康社会决战脱贫攻坚提供坚强保障．人民日报，2020－01－14（1）．

图书在版编目（CIP）数据

民族复兴的制度蓝图/靳诺，刘伟主编．-- 北京：中国人民大学出版社，2020.6
（“认识中国·了解中国”书系）
ISBN 978-7-300-28269-5

Ⅰ.①民… Ⅱ.①靳… ②刘… Ⅲ.①中国特色社会主义—社会主义建设—研究 Ⅳ.①D616

中国版本图书馆 CIP 数据核字（2020）第 103279 号

国家出版基金项目
“十三五”国家重点出版物出版规划项目
“认识中国·了解中国”书系
民族复兴的制度蓝图
靳诺 刘伟 主编
Minzu Fuxing de Zhidu Lantu

出版发行	中国人民大学出版社		
社　　址	北京中关村大街 31 号	**邮政编码**	100080
电　　话	010－62511242（总编室）		010－62511770（质管部）
	010－82501766（邮购部）		010－62514148（门市部）
	010－62515195（发行公司）		010－62515275（盗版举报）
网　　址	http://www.crup.com.cn		
经　　销	新华书店		
印　　刷	涿州市星河印刷有限公司		
开　　本	720 mm×1000 mm 1/16	**版　　次**	2020 年 6 月第 1 版
印　　张	19.75 插页 1	**印　　次**	2024 年 6 月第 3 次印刷
字　　数	256 000	**定　　价**	89.00 元